松沢成文 著

Matsuzawa Shigefumi

実践
マニフェスト改革

―新たな政治・行政モデルの創造―

東信堂

まえがき

現在、アメリカ合衆国大統領選挙の予備選挙で、民主党の候補者指名争いが大きな注目を集めている。有色人種のバラク・オバマ上院議員と女性のヒラリー・クリントン上院議員、ともに大統領に選出されれば史上初という組み合わせで、歴史的かつ壮絶な選挙戦が繰り広げられている。演説の名手と謳《うた》われるオバマ候補、全米一の切れ者として舌鋒鋭いクリントン候補、両者の丁々発止の討論会を見ていると武者震いがしてくる。「言葉」の力、心を揺さぶるスピーチに惚れ惚れするのは私だけではあるまい。正々堂々と自身の信条と政策を明確に訴え、有権者に分かりやすく選択肢を提示する。これぞ民主政治の真骨頂だ。私が、マニフェスト改革で目指している政治の姿である。オバマ候補のキーワードは「変化」、クリントン候補は「政策実行力」という。これは政治変革の基本ではないか。未来に向かって夢を描き、その夢を実現するという使命を責任持って実行するのが政治の本来の姿なのである。

二四年前の一九八四年(昭和五九年)、私は、まさにアメリカ合衆国大統領選挙の真っ只中にいた。当時は、共和党現職のレーガン大統領と民主党の挑戦者モンデール上院議員の選挙戦である。私が松下政経塾の現地現場研修の舞台として選んだのは民主政治の先進国であるアメリカであり、草の根民主政治を実際に体験するのが目的であった。若かった私は無鉄砲にも、選挙キャンペーン中のモンデール候補の候補者付きにしてほしいと民主党本部に志願した。さすがにこれはきっぱり断られたが、幸いベバリー・バイロン下院議員の秘書として、本場の大統領選挙や連邦議員選挙を目の当たりにするという貴重な経験ができた。その時、体得した「本物のアメリカン・デモクラシー」は私の政治信条の礎《いしずえ》となっている。

一方、日本に目を転じると、国政は著しい機能不全に陥ってしまっている。参議院選挙以降の「ねじれ国会」における膠着。与党による数を頼んだ強行採決の連続。安倍総理大臣の敵前逃亡のような突然の辞職。小沢民主党代表の公約違反の大連立構想の失敗とその後の辞任騒動。大変失礼だが、福田総理大臣と小沢代表の党首討論は、その内容、気合い、表現力、どれをとってもお粗末で、諸外国の政治家のディベートとは比べるのも恥ずかしい。誰の目から見ても「国政の劣化」は明らかである。活力ある民主政治を創り出すことを、政治改革の基本に据えて改革に取り組んできた私にしてみれば、残念どころか悲しみすらを感じる。

今、国政に必要とされているのは、明確な政策を盛り込んだ「本物のマニフェスト」を掲げて、国民と本気の約束をし、国民の信任を得て、確実に実行することだ。有権者の信頼と信任なくして、政治の正当性を語ることはできない。私は、そう確信している。この信念と志を同じくする政治家・経済人・有識者とともに、つい先ごろ、新たな国民運動「せんたく」を始動させたばかりだ。

私は、真の民主主義の「モデル」を地方政治において挑戦し続けていく。さらに、さまざまな地域で本物の民主政治が燎原の火の如く広がることを願っている。そして、その改革の炎が「かがり火」となって、国政の改革を導いていくことを願ってやまない。

さて、前著『実践　ザ・ローカル・マニフェスト』では、マニフェストの作成、選挙、実行、評価という各ステップを追って紹介した。マニフェストとは何か、その作成過程、初めてのマニフェスト選挙、マニフェストに掲げた政策の実行、そして一年目の進捗評価など、一期目前半の二年間の実践の中での成功や困惑、新たな発見などをまとめた。

本書は、マニフェスト・シリーズの続編として一期目の四年間と二期目の初年度を振り返り、それを総括し「マニフェスト改革」の実践記録として取りまとめたものである。「政策実施⇓評価⇓改善⇓実施」という「行政のマニフェスト・サイクル」、そして一期四年間の「実績評価⇓再選出馬決意⇓新マニフェスト作成⇓選挙」という「政治のマニフェスト・サイクル」という二つのサイクルによって、私は地方の政治・行政の改革を進めてきた。その実践の中で、挑戦したこと、苦労したこと、そして確信を深めたことなどを、努めて客観的な「マニフェスト論」として書き記したつもりである。また、この五年間で、日本のみならず韓国まで波及したマニフェストの展開過程をできる限り収録した。

マニフェスト改革の実践はこれまで実例がないだけに、これからマニフェスト改革に挑戦しようとする方々にとっては、さまざまな試行錯誤や苦闘の実態を包み隠さず記録した本書は、「生きた参考書」としてお読みいただけるものと思う。また、マニフェストによって、愚直に日本の政治・行政の改革に取り組んできた私の信念をご理解いただければ幸いである。

最後になるが、私のマニフェストの作成を支援してくださったサポートチームの皆さんをはじめ、政策の実行に努めてくれている県職員、進捗評価を行っていただいた評価委員会やＮＰＯ関係者、そして、ご議論いただいた県議会議員の方々、こうしてマニフェスト実践に際してご指導いただいた皆様に感謝の意を表するとともに、心より御礼申し上げたい。

また、マニフェスト運動をリードしてこられた早稲田大学マニフェスト研究所の北川正恭教授、並びに韓国におけるマニフェスト運動への道を切り開いていただいた慶應義塾大学の曽根泰教教授、韓国亜州大学の金永来教授のお三方によるご教導にも心から感謝申し上げたい。さらに、この本をまとめるにあたって、中央大学の礒崎初仁教授や東信堂の下田勝司社長をはじめ、多くの皆様のご協力をいただいた。ここに厚く御礼申し上げる次第である。

平成二〇年四月

神奈川県知事　松沢　成文

目次／実践　マニフェスト改革――新たな政治・行政モデルの創造――

■資料

※本書に収められている写真データは、神奈川県、(社)日本青年会議所神奈川ブロック協議会、山﨑健二郎さんからご提供いただきました。

実践　マニフェスト改革

―新たな政治・行政モデルの創造―

序章　政治改革とマニフェスト

私にとって、マニフェスト改革の実践は、政治家として必然である。それは、私の政治信条の基本が、「政策」と「改革」にあるからだ。マニフェストは、「政策」中心の政治・行政を創造するツールであり、同時に、選挙、政治、行政を根本から「改革」する発火点になるものだからである。

1　神奈川県議会議員からの出発

私は、二八歳のときに神奈川県議会議員に初当選し、以後七年間、三五歳まで県議会議員を務めた。私が、政治家としての第一歩を踏み出した舞台が神奈川県政であったことは私の政治信条に影響を与えた。

当時は、長洲一二知事の全盛期であった。「地方の時代」の旗手として、神奈川県は全国の自治体を政策面でリードしていた。都道府県初となる情報公開条例、アジア最先端と言われたかながわサイエンスパーク、新たな国際交流のあり方を示した民際外交、先進的な環境アセスメントなど、先進政策など枚挙にいとまがない。これは長洲知事が、「神奈川が変われば、日本が変わる」と唱導し、職員も一丸となって、「日本最先端」の政策開発にまい進したからにほかならない。

長洲知事は、官僚出身知事がほとんどの時代にあってユニークな「学者知事」であり、就任当時は、「火星人」とも揶揄されたことがあったという。それまでの「知事像」とはかなり異なる独特な面を持っていた。

長洲知事の「補佐官」を務めた久保孝雄氏（元神奈川県副知事）は、著書の中で次のように指摘している。

「長洲県政の政策形成の基礎になった考え方は、大きく分けて四つあったと思います。すなわち、①理念と哲学のある県政、②政策主導の県政、③参加型の県政、④行政の民主化・効率化・公開化、の四つです。」（『知事と補佐官』敬文堂、五五頁）。

これらは現在のような地方分権時代の自治体には、当然のように求められる方針である。しかし当時、「三割自治」といわれ、機関委任事務や補助金などによって「国の出先機関」そのものであった自治体にとって、長洲知事のこの考え方は、まさに「青天の霹靂《へきれき》」であったのである。

長洲知事のこうした県政の基本は、知事になった現在、深く共感を覚えるものがある。議員としてこの長洲県政に身を置いていた中で、自然と政策主導の「長洲イズム」が確実に、私自身の中にも浸透していったように思う。

2　政策主導の政治をつくる

このように神奈川県議会議員からスタートした私の政治家としての経験から、一つ目の私の政治信条を明らかにしておきたい。

長洲知事の「地方の時代」というスローガンには、私たち議員も大いに刺激を受け、「地方から日本を変える」というスローガンに共鳴し、意気軒昂に活動を進めていた。地方の時代は、地方分権の出発点である。その基本には、中央政府からの地方政府の自立があった。地方の自立には、「権限の自立」、「財政の自立」、「人事の自立」が必要だといわれるが、私が最も重要だと考えてきたのは「政策の自立」である。

私は、松下政経塾時代から、神奈川県の進める先進的な政策については、現場に足を運んで調査・

研究を続けていた。議員になってからも、教育や環境問題などの現場に直接出向いて、政策課題を調査し、担当者とも政策論議を重ね、最先端の政策形成を目指すという姿勢を貫いてきた。

県議会議員時代における政策立案の一つの成果として、三六年ぶりの議員提案による政策条例の可決成立がある。平成元年九月に可決した「神奈川県屋外広告物条例の一部を改正する条例」である。これは、政治活動用のポスターが電柱等に無秩序に掲出されることを規制し、街の美観の確保、選挙運動の公正さの確保、県民の政治への信頼確保などを狙った条例改正であった。

その当時、昭和二二年の地方自治法施行以来、四三年間のうちで、神奈川県では議員提案による条例は九回しかなかったのである。それが、電柱への政治ポスター掲示を規制しようという私の代表質問をきっかけに、各会派が一致協力して決議案を可決し、さらには議員提案条例と進んだのである。このときの経験を、平成三年に著した『県政にタックル！最年少議員の奮闘記─地方からの政治改革』(ぎょうせい発行)に、次のように記している。

「……それと同時に、もう一つ重要な意義があったと私は考えている。それはこの政策的な条例改正が、議員立法で成立したという点である。

近年、議会の形骸化が指摘されて久しい。議会に提出される法案、条例案などの政策議案は、そのほとんどが行政側から提案され、議員提案は極めて少ない。これは国会も地方議会も同じである。政策の立案、作成は行政府が行い、議会はそれに多少色をつけて追認するだけの議会に成り下がってしまっているともいわれている。つまり、議会の政策形成能力が問われているのが現状なのだ。（中略）

しかしながら本来的には、議会は立法府といわれるように、その重要な任務の一つは法律や条例をつくることである。それが故に、議員は法案や条例案の提出権が認められているのである。今日の議会は、もう一つの重要な任務である行政の公正・適正な執行をチェックすることのみに終始し、自ら政策立案するという任務を忘れている。これが日本の議会政治の大きな問題であると思う。

こうした観点に立って、今回の条例改正を考えると、議会の政策形成能力の向上、議会の活性化に向けて、多少なりとも役に立った、一つのきっかけになったのではないかと私は考えている。今回の議員提案による条例改正は、形の上ではほんの小さなものだったが、その小さな改正を行うにも関係するさまざまな問題が存在することがわかった。そして、それらの問題を議員同士が勉強し合い、協力し合うことによって克服し、一つの結果を出すことができたのである。その意味で私は、今回の事業は大きな意義があったし、この事業に参画できたことを幸せに思っている。」（同書二七三頁〜二七六頁）

「議会は立法府である」という私の信念は、衆議院議員を経て知事になった今でも変わらない。すなわち、行政府のみでなく、立法府も「政策主導」「政策中心」であるべきだということだ。政策とは、県民・国民の生活を守り、向上させる「手立て」である。現在、暮らしの現場で何が問題となっているのか、住民は何に苦しんでいるのか、人々はどのような要望を持っているのか、それらを的確に把握し、その問題解決のための方向づけ、プログラムを作ることが「政策形成」なのである。私は、生活を守り、向上させるためには、「最先端」「先進」の政策を目指すべきだと訴えている。それは、県民の生活を「最優先」とする以上、当然のことだと考えているからだ。

マニフェストは、政策中心の政治・行政を実現する手段である。先進の政策、政策中心の政治を実現する政治活動を続けてきた私にとって、その意味からもマニフェストは必然であったと思う。

3　国会議員から知事へ

その後一〇年間、私は衆議院議員を務め、国政でも「官から民へ」「国から地方へ」を基本に、構造改革を成し遂げるためさまざまな活動をしてきた。国会の中で、「政治改革実行」を目指し、「構造改革なくして日本の再生はあり得ない」というスローガンを掲げて議員活動にまい進してきた。政治改革、特殊法人の改革・民営化などに取り組んできたのである。

さまざまな改革に取り組んだ中でも、郵政民営化の改革は、自民党衆議院議員の小泉純一郎氏らとともに党派を超えて「郵政民営化研究会」を組織して政策の提言や実現に向けた運動を繰り広げた。この時には、既得権益を守る霞ヶ関や族議員からの強い逆風を身をもって感じた。その後、小泉氏は内閣総理大臣となり、「聖域なき構造改革」「改革なくして成長なし」とのスローガンのもと郵政民営化を断行した。これには、私たちの改革構想の実現として、党派を超えてエールを送ってきた。郵政民営化の実現は構造改革の成功例として歓迎したいと思っている。もちろん、改革はここで終わりではなく、ユニバーサル・サービスの確保をはじめ、さまざまな課題に取り組み続ける必要がある。

その後、私は国会議員から知事へと一大決心をして転身した。なぜ国会議員を辞めて、知事に立候補を決意したのかをよく聞かれる。私は国会議員の一〇年間で、霞ヶ関＝中央政府の構造改革は、内部からではとても難しいとつくづく感じてきた。霞ヶ関とそれを取り巻く業界団体、族議員など、既得権益を擁護する力がとてつもなく強大だからだ。

日本の政治を根本的に変えていくには、その政治の土壌から、すなわち地方の政治から変えていかなければならないという考えをもつようになった。歴史を振り返れば、室町幕府や江戸幕府が崩壊したとき、内部の改革派が新しい政権をつくったのではない。地方から新しい勢力が生まれ出て、地方の政治をしっかりと治め、そして仲間を呼び集めて連合体をつくり、幕府＝中央政府を倒してきたという歴史がある。

こういう歴史の流れから考えると、権力が大きくなりすぎた中央集権体制を、地方分権という新しい国のかたちに変えていくには、やはり地方から立ち上がらなければならないと考えるようになった。

折りしも、これまでにない「改革派知事」が次々と現れ、それぞれの地域を変え始めていた。彼らは地方から日本を変えていこうという共通の問題意識を持っていた。

こうした新しい流れからも、日本を改革して新しい国に変えていくには、中央政府の中からの改革ではなくて、むしろ改革派の知事や市町村長がそれぞれ地域で良い政治を実現させ、そして連携して改革勢力をつくり霞ヶ関と闘い、新しい日本をつくっていく。この方が実現可能性が高いと思うに至った。そこで国会議員を辞して知事選に挑戦したのである。

4　改革あるのみ

国会議員から知事へと転身してきた私にとって、政治家としてのもうひとつの信条は「改革」である。「政治改革」「構造改革」「制度改革」など、私の政治への取組みは「改革」の連続であるといえる。

そもそも私が政治を志す大きな要因となったのは、日本政治への国民の不信を何とかしなければならないという「政治改革」への強い思いである。日本には、自由民権運動や大正デモクラシーなど、真の民主主義の実現を目指した誇るべき政治の歴史もある。しかしながら、「金権選挙」「政治腐敗」「政官癒着」などの言葉に象徴されるように、政治に対する信頼や尊敬は、地に落ちたと言っても過言ではない。これは、目を覆うばかりの選挙の際の低い投票率にも表れている。まさに政治が劣化しているのである。こうした政治を根本から改革しなければならないというのが私の変わらぬ信念である。また、既得権でがんじがらめになった古い制度や構造も思い切って変えていかなければ、日本は世界の中で取り残され、国民生活を守ることはできない。

後に述べるように、マニフェストは政治のあり方を選挙から変えていく「改革のツール（道具・仕掛け）」である。「改革」を信条とする私にとってマニフェストは選挙・政治・行政を根本から変えていく上で、必然の手法である。

第一章　ローカル・マニフェストの展開

1　選挙を変えずして政治は変わらない

マニフェストは欧米諸国で実践されてきた歴史あるものだ。その名称はさまざまだが、政権成立後にどのような政策を実現するのかを示した具体的公約集として定着している。イギリスは「マニフェスト先進国」と言われ、一八〇〇年代からマニフェストが政党の公約として普及し、選挙が近づくと、各政党が作成したマニフェストが街角の売店などでも販売される。イギリスの場合には、地方選挙でも基本的には政党を選ぶという選挙の形式をとるため、政党のマニフェストを基本に有権者は選択をすることになる。このように政党が作成するマニフェストを「パーティ（政党）・マニフェスト」と呼ぶ。

日本でも平成一五年一一月の総選挙から登場したマニフェストは、「パーティ・マニフェスト」である。これに対して、自治体の首長が掲げるマニフェストは「ローカル・マニフェスト」と呼ばれる。平成一五年三月の統一地方選で、私を含めた数名の知事候補者が掲げたものがローカル・マニフェストである。すなわち政党ではなく、首長候補自らが当選後に実現する政策を掲げたマニフェストなのである。

こうしたローカル・マニフェストは、政治の歴史の中では、イギリスなどをモデルとするパーティ・マニフェストとは異なる日本独自の新しい概念である。

実際にローカル・マニフェストを用いて選挙を戦うことは、政治における未知のチャレンジであった。すなわち、平成一五年にローカル・マニフェストに挑戦した時には、マニフェストによってどのように地方政治が変革され、どのような効果を生むのか未知数であったのだ。

後述するが、その後、地方議会の会派や議員がマニフェストを掲げて選挙に臨む場面も増えてきている。こうした会派や議員のマニフェストも「ローカル・マニフェスト」の一角に加えてもいいだろう。

私が神奈川県知事選に出馬する意志を固めつつあった頃、平成一五年一月二五〜二六日に三重県四日市市で開かれた「シンポジウム三重」(三重県主催)において、北川三重県知事から「マニフェスト宣言」が出された。私自身は公務の都合で、シンポジウムには参加できなかったが、私の政策ブレーンの数人がこのシンポジウムに参加し、報告を受けた。その瞬間、「地方政治改革のツールはマニフェストだ！」と私は直感した。

北川氏の提案は、次のようなものだった。

「従来の選挙公約はあれもやります、これもやります式の『ウィッシュ・リスト』（願望集）であったために、選挙は具体的な政策をめぐる選択にならない。当選後はそれを守ったかどうかを点検されることもないため、本当の民主政治になっていない。英国のように、具体的な数値目標と期限、財源を明記した政策を『マニフェスト』として提示することによって、具体的な政策を争う選挙になるし、政治家は当選後その実現に責任を負うという本当の民主政治が生まれるのだ。」

北川氏自身は、すでに次期知事選に出馬しないことを宣言していたが、そのシンポジウムに出席していた知事のうち、統一地方選で改選を迎える増田岩手県知事と片山鳥取県知事はいずれも、マニフェスト作成における一定の限界を指摘しつつも、来たる選挙で自らマニフェストを作成して出馬することを明言した。

平成一五年二月五日に、私はいよいよ知事選出馬を決断し、記者会見に臨んだ。その直後に、北川知事から、直接、「マニフェスト選挙をやらないか」との提案を受けた。もちろん腹は決まっていたので「挑戦します」と即答した。政治を変えるには、その入口にある選挙を変えなければならない。選挙を変えずして政治は変わらない。こうして、北川知事の呼び掛けに呼応した改革派首長とともに、私のマニフェスト改革が始まったのである。

2　マニフェストの広がり、国民運動に

平成一五年四月の統一地方選挙の際には、私のほかに、北海道の高橋知事、岩手県の増田知事、福井県の西川知事、福岡県の麻生知事、佐賀県の古川知事がマニフェストを作成し、選挙を勝ち抜いた。惜しくも落選した候補者でもマニフェストを作成した方もいた。また、市長選挙でも、岐阜県多治見市の西寺市長、愛知県犬山市の石田市長などがマニフェストを提示した。統一地方選以降も、埼玉県の上田知事をはじめ、知事あるいは市町村長が次々とマニフェストを作成し、当選を果たしてきた。まさに燎原の火のごとく、全国にマニフェスト首長が広がり、地方政治・行政の改革に取り組んでいる。

そして、平成一五年一一月の衆議院総選挙、平成一六年の参議院議員選挙でも国政レベルでの「政党のマニフェスト」が提起されるようになった。国政においても、政策中心の選挙への道が開かれつつある。

こうした動きに押されて、公職選挙法は平成一五年一〇月に改正され、国政選挙期間中にマニフェ

ストの冊子を配布できるようになった。選挙期間中に限り、「国政に関する重要政策等を記載したパンフレット等」すなわちマニフェストの配布が認められる。しかし、冊子のページ数と部数の制限はないが、配布場所は公選法で規定する法定ビラと同じように、街頭演説会場や選挙事務所内などに限定され、新聞折り込みや戸別配布も禁止されている。最大の問題は、対象となる選挙が、衆議院と参議院の本選挙のみで、地方選挙や補欠選挙は除くとなっていることだ。（マニフェストを配布できないという苦労は第二章で紹介する。）

今後は、地方選挙でも堂々とマニフェストを配布することができるように、法律を改正する必要がある。もちろん頒布も可能にして、書店やキオスクでも有権者が気軽に入手できるようにすることも重要だ。インターネットのホームページでのマニフェスト公開も、より自由にできるようにすべきだろう。

知事当選後も、私は、マニフェストを国民運動にすべく北川正恭教授（早稲田大学マニフェスト研究所所長、早稲田大学大学院教授）と連携をして「マニフェスト運動」を進めてきた。

北川教授は、平成一六年九月、私を含めて五つの県知事のマニフェストを評価検証する「ローカル・マニフェスト評価検証大会」を開催したのを皮切りに、一一月には市町村長レベルの「ローカル・マニフェスト推進大会」を開き、「首長連盟」などを結成していくことを宣言した。

そして、平成一七年二月四日には、私も呼びかけ人のひとりとなって「ローカル・マニフェスト推進首長連盟」とNPOや研究者等による「ローカル・マニフェスト推進ネットワーク」が設立された。テーマは、「ゲームを変えよう」である。お任せ政治、無責任政治を一掃して、政策中心・有権者本位の政治を実現する、新たな「ゲーム」を目指すという運動の始まりだった。さらに、五月二二日には、「ローカル・マニフェスト推進議員連盟」の結成をみた。各地におけるローカル・マニフェスト推進ネットワークの結成も進み、平成一七年六月一二日に、「関東ローカル・マニフェスト推進ネットワーク」、「かながわローカル・マニフェスト推進ネットワーク」が結成され、私を含めて中田横浜市長、阿部川崎市長らも参加して記念フォーラムが横浜で開催された。

こうしてマニフェストは地方選挙の中に着実に定着していった。そのダメ押しにもなったのは、平成一九年一月、東国原宮崎県知事が「そのまんまマニフェスト」を掲げて当選したことだろう。東国原さんが、タレントとしての知名度・人気だけではなく、きちんとマニフェストで政策を掲げ、真面目に選挙戦を戦ったことが評価された。ここに、マニフェストは、日本において「一般用語」となったといえよう。

3　「法定ビラ（マニフェスト・ビラ）」解禁

このような地方政治でのマニフェストの定着を背景として、平成一九年二月二八日に公職選挙法が改正され、知事、市町村長の選挙において、告示後に、マニフェストを掲載したビラが頒布できるようになった。ただし、これはA４判で両面刷りのビラであり、具体的な政策を書き込んだ冊子型のマニフェストにはほど遠いものである。しかしながら、地方選挙の改革としては一歩前進といえる。配布場所としては、街頭演説の場所、個人演説会の会場、選挙事務所、それに新聞の折込みによるとされた。ただし、ポスティング（各戸配布）やホームページでの掲載は禁じられたままである。

平成一九年四月の選挙ではこの「マニフェスト・ビラ」を、人口に応じて、神奈川県では二種類まで、合計で三〇万枚まで作成が可能となった。しかも、公費負担によって、このビラを作成できるようになったのである。

私は、これまで地方選挙においてもマニフェストを配布できるようにしようと、さまざまな運動を展開してきた。例えば、全国知事会においても呼び掛け、「ローカル・マニフェスト」の配布を可能にするための公職選挙法を改正するよう働きかけをしてきた。こうした運動の成果として、ようやく少しずつではあるが公職選挙法の改正が進んできたのである。マニフェストをより広く配布できるよう、また、インターネットをより自由に活用できるように、今後ともさらなる法改正に向けて運動を続けていく必要がある。

4　マニフェストの普及と定着

平成一九年四月の統一地方選挙では、多くの道府県で議会議員の選挙なども同日に行われたが、議員の選挙でもマニフェストが活用されたのも、この選挙の特徴だった。

実は、平成一五年の岩手県議会議員選挙において、政策立案能力の向上、議員提案条例などを掲げた民主・自由・政和会の三会派による「議会版ローカル・マニフェスト」が、初めて提示された先駆例であった。その後も、各地で徐々にではあるが、会派によるマニフェストや議員によるマニフェストなどが提案されてきた。

今回の神奈川県議会議員選挙においても、政党の地方支部がマニフェストを掲げるなどの動きが見られた。全国的には、さらに多くの会派や政党地方支部などでマニフェストを掲げて選挙に臨んだ例があると聞いている。

私は、政党の地方支部や会派がマニフェストを掲げることは、政策中心の政治を実現していく上では、推奨されるべきことだと考えている。特に、首長は議会改革に関する政策をマニフェストに盛り込みづらく、むしろ議員もしくは会派が積極的に取り組むことが望ましいものである。

いずれにしても、首長のみではなく、議会の側にも政策中心の選挙・政治を志向する流れが生まれてきたことは、地方政治の改革のためには意義のあることだ。今後、首長と議会の間での政策論議が、さらに深まることで、政策中心の政治が展開されることを期待したい。

この平成一九年四月の統一地方選挙では、全国一三都道県で知事選挙が行われた。読売新聞（三月二四日夕刊）によれば、「一三都道県で、立候補者四四人中、三四人がマニフェスト・ビラを作成予定で、最終的には東京都知事候補（一四人）のうちの七人を除いて、すべての都道県の四一人の知事候補者がマニフェスト・ビラを掲げることになる見込み」と報じていた。

いずれにしても、今回の統一地方選挙では、「マニフェスト選挙定着」（読売新聞四月九日）という評価が一般的となった。

一方、毎日新聞（四月一〇日）に掲載された早稲田大学マニフェスト研究所によって行われたマニフェストの評価によれば、今回当選した一三人の知事のマニフェストのうち「合格点は五人のマニフェスト」と手厳しい意見であった。（幸い私は「合格点」であったが。）

マニフェストが選挙で定着するとともに、これからは「中身の勝負」という段階に入ったといえるだろう。今後、各候補者などマニフェストを作る側には、マニフェストの内容をいかによりよいものとしていくか、あるいは、いかに分かりやすい内容にしていくかなど、より一層の工夫が求められると思う。また、内容だけではなく、マニフェストを作成するプロセスに市民参加の機会を設けるなどの努力も求められるだろう。同時に、有権者の側でも、しっかりとマニフェストを読み解き、選択眼を養うことが求められる。あるいは、マスコミにも、マニフェストを解読し、有権者が比較考量しやすいように比較表を掲載するなどの工夫が期待される。

マニフェスト改革は、候補者である政治家と、有権者やマスコミとの共同作業によって進化していくものと考えられる。

5　マニフェスト大賞グランプリ受賞

平成一八年より、ローカル・マニフェスト推進地方議員連盟の主催により、マニフェストのベストプラクティスを発掘し、表彰する「マニフェスト大賞」がスタートした。第一回は、地方議会・会派、議員を対象として実施された。この際に応募は、全国の一三六団体・二二一件であった。審査の結果、マニフェスト大賞グランプリには、岩手県議会三会派の「ローカル・パーティマニフェストによる議会活性化」が選ばれた。この他、最優秀成果・会派賞には神奈川県葉山町議会の新葉クラブの「葉山まちづくり町民会議の設置に向けた取組み」が、最優秀成果・議会賞には、北海道栗山町議会の「栗山町議会基本条例の制定」が、最優秀アイデア賞には神奈川県藤沢市議会の佐賀和樹議員（立志の会）の「クレジットカードを利用した公金等の支払い」と東京都国分寺市議会の三葛敦志議員（無会派）に、ベスト・ホームページ賞には三重県議会に、さらに、審査委員会特別賞には、北海道福島町議会、三重県四日市市議会、大分県由布市議会の小林華弥子議員のそれぞれに贈られた。

これらの議会や議員等の取組みは、議会の政策形成能力と自己改革の実力を発揮した先進的な事例として高く評価することができる。

さて、平成一九年の第二回のマニフェスト大賞は、表彰対象に第一回の地方議員に加えて、地方自治体の首長（知事・市町村長）も対象とし、全国のベストプラクティスを集めることで、さらなる政策提言意欲の向上と情報発信を目指すものとして、充実が図られた。そして、今回の募集では、三三八団体・五四七件と、昨年の三倍近くの応募があった。この内訳は、首長部門では四五件、議会部門では二九三団体五〇二件となった。この応募数だけみても、明らかにローカル・マニフェストが着実に広がっていることを示している。

当然、私もこのマニフェスト大賞首長部門へ応募させていただいた。

マニフェスト大賞受賞式

平成一九年八月末の締め切り後、一〇月五日には、予備審査により各部門のノミネートが絞り込まれ、首長部門のノミネートには、東国原宮崎県知事、古川佐賀県知事、齋藤山形県知事、中田横浜市長など一〇名が残った。私もノミネートに名前を残すことができたが、いずれ劣らぬ強豪ぞろいの激戦となった。マニフェスト大賞地方議会ノミネートの中には、「議長マニフェストによる県議会改革」として神奈川県議会　松田良昭議長も選定されていた。

ここからが、本格的な審査だ。マニフェスト大賞の審査は、北川正恭委員長のほか一〇名の審査委員が当たられ、首長部門グランプリの審査基準は、次の九項目にわたる厳密な選定が行われた。

1　生活者起点度：実現した政策は、生活者起点の内容になっているといえるか？
2　目標設定：期限・財源・数値・工程表など、マニフェスト（公約）の目標は明確になっているか？
3　配布実績：配布等・住民へマニフェストを理解してもらうよう努めたといえるか？
4　政策実現度：マニフェスト、公約に設定した目標と比べた達成度はどうか？
5　評価・透明性：達成状況について自己評価・第三者評価は行っているか？
6　実現のための工夫：公約を実行するために行政体制などで工夫しているといえるか？
7　分権度：地方分権の流れに即した内容となっているか？
8　貢献度：ローカル・マニフェスト推進・普及のために努力したといえるか？

9　審査委員判断

平成一九年一一月九日に開催された授賞式の場には、ノミネートされた東国原知事らも参列し、審査結果を待った。その結果、私は、マニフェスト大賞首長部門グランプリに選ばれる栄誉に浴することができた。

審査委員である塚本壽雄早稲田大学大学院教授からの講評によれば、「(松沢知事の)今回のマニフェストは、作成過程への県民参加や配付のあり方に始まり、内容的にも一一本の条例制定の公約、高い数値目標率などさらに斬新かつ完成度の高いものとなった。部局長マニフェストなど実現・評価体制においてマニフェスト・サイクルも徹底している。神奈川県議会での「議長マニフェスト」の登場などの波及も特筆される。なお、出版・国際交流などマニフェスト普及への努力も目立つ。」とのコメントをいただいた。

マニフェスト大賞首長部門では、他に東国原宮崎県知事と相原奥州市長が審査委員特別賞を受賞された。マニフェスト大賞地方議会部門では、少数会派によるマニフェストの作成と政治倫理条例の制定が評価され、福井県議会の県民連合が受賞された。また、他の賞では、ベスト・ホームページ賞に藤沢市議会議員の原輝雄氏らが選ばれた。

このマニフェスト大賞は、今後も地方の首長や議会の間の「善政競争」の場として、ますます発展することを期待したい。私も受賞時のスピーチの中で話したように、マニフェスト大賞をいただいたことを、マニフェスト大使に指名されたものと受け止め、マニフェストの一層の進展に努力を惜しまないつもりである。

6 韓国への波及とマニフェスト交流の展開

韓国においては、平成一八年（二〇〇六年）五月三一日に行われた地方選挙では、初めてマニフェスト選挙が導入され、選挙の民主化に向けた大きな改革となった。また、平成一九年（二〇〇七年）一二月の大統領選挙においても候補者がマニフェストを掲げて選挙戦を戦ったと報道されている。さらに、平成二〇年（二〇〇八年）には国会議員選挙もあるので、さらに今後、韓国におけるマニフェスト改革が大いに進展することが予想され、引き続き注目していきたい。

韓国におけるマニフェスト運動は、平成一八年（二〇〇六年）二月一日にマニフェスト推進本部が設立され、五月の地方選挙に照準を合わせて、本格的にマニフェスト推進を訴えていった。

平成一八年（二〇〇六年）二月三日には、韓国において「地方選挙と政治発展に関する日韓比較」国際学術大会が、「社団法人わが国（ネナラ）研究所」の主催により開催された。この会議には、私をはじめ一三名の訪問団で参加し、韓国マニフェスト推進（実践）本部の皆さんとも交流する機会を得た。

これは、社団法人わが国（ネナラ）研究所所長であり、マニフェスト政策選挙推進本部の代表でもある金永来《キムヨンレ》教授からの招請を受けたことによって実現したのである。金永来氏は、韓国では政治学会会長も務め、慶應義塾大学にフェローとして来日し、日本の政治改革について研究してきた学識者である。平成一七年四月に出版した拙著『実践 ザ・ローカル・マニフェスト』を読んで関心をもち、さらに同年六月一二日に設立された「かながわローカル・マニフェスト推進ネットワーク」の記念フォーラムにおける私たちのパネルディスカッションを聴いて、「是非とも韓国の国際学術会議に招聘したい」と思われたそうだ。

その後、平成一七年八月二三日、金永来氏が、曽根泰教教授（慶應義塾大学大学院教授、かながわローカル・マニフェスト推進ネットワーク幹事）とと

韓国マニフェスト国際学術大会での基調講演

もに、私を訪ねた際に、国際学術大会への参加を要請したのである。さらに、金教授とも親交のある孫鶴圭《ソンハッキュ》京畿道知事からの招請もいただき、「地方選挙と政治発展に関する日韓比較」学術大会において、「日本の地方自治と選挙制度」と題して基調講演をする機会を得た。

私とともに訪問したマニフェスト推進ネットワークのメンバーは、韓国側のマニフェスト推進本部の皆さんとも交流を深め、具体的な日韓交流に発展していくこととなった。平成一八年（二〇〇六年）四月には韓国の各地で開催されたマニフェスト研修会に、ローカル・マニフェスト推進ネットワークから講師を派遣し交流が進展した。

また、韓国マニフェスト実践本部（平成一八年（二〇〇六年）六月に推進本部から改組）の皆さんをはじめ、いくつかのグループが日本を訪問し、神奈川県においても地方行政の改革に関して取材や研修をした。印象に残っているのは、平成一八年三月の一週間、韓国のテレビ局ＫＢＳのクルーが来日し、私への密着取材などによって、テレビのゴールデンタイムに二週にわたって「マニフェスト特集」を組んだことである。

さらに、平成一八年一一月九日には、かながわローカル・マニフェスト推進ネットワークが「マニフェスト日韓交流フォーラム」を開催し、金永来教授を招待し、「選挙時におけるローカル・マニフェスト事前評価のあり方」をめぐって日韓の実践経験を交換し、日韓のマニフェスト交流を深めた。

平成一九年（二〇〇七年）六月には、第二回の学術大会がソウルにおいて開催され、私は前年に引き続いて、招聘を受けた。「日本おけるマニフェスト改革〜神奈川県での実践〜」と題して、私の一期目から二期目にかけての「マニフェスト改革の実践」に関して報告する機会を得たのである。二回目の学術大会には、韓国中央選挙管理委員会が主催団体に加わり、さらに、公式晩餐会が国会議長の主催によって盛大に開催された。日本からは県議会議員、市議会議員を含め、前回の約三倍となる総勢三〇名の訪問団が会議に参加し、さらに交流を深めることができた。韓国においてもマニフェストが市民権を得て、公式に認知されたことを示すものだった。

第二章　マニフェスト改革の実践

1　「お任せ政治」からの脱却

一期目の四年間は、マニフェスト改革を徹底して貫いた四年間であった。マニフェスト導入を決意した理由は二つある。ひとつは政治改革、もうひとつは行政システムの改革である。しかし、その実現には、ひとつひとつ突破していかなくてはならない壁が存在していたのも事実である。「マニフェストは選挙の時に掲げるだけでは駄目だ」ということを、身をもって体験してきた四年間でもあった。

平成一五年四月の知事選に立候補するに際して、私は神奈川から日本の政治を変えていこうという大きな目標を立てた。政治を変えるには、その基盤となっている選挙から変えていかないと駄目だ。

選挙は従来型で戦っておいて、当選した後で政治を改革していくというのは絶対に無理なことだ。選挙と政治は密接不可分だからである。政治を変えたいのであれば選挙から変えなければならない。そこで、私は、「マニフェスト」という新しい仕組みを選挙に導入したのである。

マニフェストは、「政権公約」「政策宣言」などと訳されるが、その定義は、「検証可能な具体的な政策を示した新たな公約」ということになろう。しかし、マニフェストは選挙の時だけに意味をもつものではない。もちろん、選挙の時に具体的な政策を提示して、有権者に信任をいただき、当選後はその約束をもって政治・行政を進めることが基本である。大切なことは、マニフェストをどのように実行しているのか、毎年自分自身による自己評価と第三者による外部評価も含めて評価を行い、その結果を公表し、政策がどこまで進んでいるかを有権者に対して情報公開していくことだ。こうして有権者に政治・行政をチェックしていただく仕組み、すなわち「マニフェスト・サイクル」をつくっていくことが改革のポイントなのである。(「マニフェスト・サイクル」の方法と実践については、第四章で詳述する。)

これまでの選挙のように、「明るい福祉社会をつくります」「治安を改善します」などの抽象的なスローガンを掲げるだけで、具体的にどのような政策を実施するのかを問われても、「それは当選してから考えます」というようなことでは、有権者は候補者の判断も選択もできない。選挙の際に、具体的に検証できる具体的な政策が情報公開されていないのである。

これでは選挙の時も、当選後の政策実行の段階でも、有識者が公約をチェックし、評価することができない。極めてあいまいなスローガンによって場当たり的な政治が続いてしまう。この結果、政治家の責任も曖昧になっている。これでは「無責任選挙」であり、「無責任政治」が横行してしまうのも当然である。

有権者にしてみれば、「白紙委任」の「お任せ政治」になってしまい、政治に常にコミットしていこうという気力を失ってしまうのも無理はない。この結果は、投票率に表れている。投票に行っても政治は変わらないと有権者が諦めてしまい、目を覆いたくなるような低い投票率が続いている。これは民主主義の危機であると思う。

こうした状況を変えていくためにも、選挙のときに、具体的な政策を明示し、有権者ときちんと約束を交わし、当選後はその政策をどこまで進めているかを評価・公表し、判断をあおぐという、いわば有権者と常に対話をしていくような政治を実現しなければならない。そうした政治をマニフェストによって実現できると考えたのである。

こうした考えのもとで、私は、平成一五年四月の神奈川県知事選挙において、三七項目からなるマニフェストを提示し、一〇〇万票を超える票を得て、二位の候補者に三六万票の差をつけて、当選を果たすことができた。こうして、一期目の「マニフェスト改革」をスタートすることとなったのである。

2 マニフェストの総合計画化

マニフェストは有権者としての県民の皆様と政治家としての私との約束である。当選後は、県行政の長としての私は、マニフェストを県行政としての政策にきちんと位置づける必要があった。このため当選直後に、まず、マニフェストを土台に総合計画を策定することに着手した。従来、総合計画は少なくとも二年位の期間を費やして策定することが慣例になっていた。これを私は、半年間で策定するよう指示した。県議会では、これまでなかった特別委員会を設け、この「マニフェストの総合計画化」を徹底的に議論することになった。

これまでの地方政治では、このような政策を巡る本格的な議論が不足していたというのが実情である。地方政治は知事と議会の二元代表制で成り立っている。マニフェストの導入により積極的な政策議論が展開されるならば、両者の政策形成能力が高まることになる。つまりは、地方政治が政策を中心に運営されるという土壌が形成されていく。

こうして就任一年目（平成一五年度）には、マニフェストを土台とした総合計画「神奈川力構想・プロジェクト51」の策定を完了した。また初年度から、暴走族追放条例の制定、県庁ベンチャー制度の創設など、マニフェストに掲げた政策を着実に進めることができた。

とはいえ、「マニフェスト・サイクル」の実現への道のりは決して平坦なものではなかった。さまざまな困難をひとつずつ克服しながらマニフェスト改革を進めたのである。

3　議会とマニフェスト

一期目・四年間を終わってみれば、議会と知事との間の政策論議は着実に深まり、政策中心の県政が実現できたと胸を張れるようになった。とはいえ、特に一期目の初期段階において、マニフェスト実践に際して、大きく立ちはだかったのは県議会の存在であった。平成一五年の六月定例会以降、マニフェストが議論の的となった。一年目だけで、県議会本会議及び予算委員会では、マニフェストに関連する私への質問が一八〇項目にも及び、マニフェスト批判が噴出したのである。

これは、私と県議会が政治的な対立関係にあったという面も否めないが、他方でローカル・マニフェストという仕組みが本質的に抱えている課題があったと見るべきであろう。

マニフェストの実現を図る上では「予算」が必要であり、政策によっては「条例」が必要である。政策を実施する上で不可欠な二つの要素は、議会が議決して初めて成立する。首長と議会との二元代表制をとる地方政治では、首長と議会の間の制度的な機関対立が前提となっている。

二元代表制のもとでは、首長のマニフェストが百パーセント実現されることの方が稀であるといってもいい。オール与党体制の首長であれば、選挙以前の政策的な調整の上でマニフェストが作成され、当選すればそれがそのまま自治体の政策として認知されることもあるだろう。オール与党という体制では、そもそも選挙において政策を戦わせる選挙が成立しにくいものと考えられる。マニフェストは、複数の候補者が選挙戦において特色ある政策を戦わせてはじめて、有効な選択のツール（仕組み）となる。

本来、首長が掲げたマニフェストは、当選後、改めて自治体の方針にするかどうかをめぐって、もう一方の代表機関である議会と論議されることが健全な地方政治の姿であるといえよう。

神奈川県では、こうした政策論議が、まずは総合計画の策定をめぐって実際に展開されたわけである。総合計画以外にも、いくつかの計画や条例、あるいは新たな税制の導入などを巡って、相当な議論が行われ、議会に否決されたり、議会による修正を受けて成立した議案もあった。

二元代表制のもとでの、マニフェストのダイナミズムはまさに一期目四年間の神奈川県政の中でいかんなく展開されたといってもいい。後でも述べるが、これは政治学でいう「ディバイデッド・ガバメント」（首長や大統領と議会の多数党が異なる場合の政治体制）における政策実現、政治運営、意見調整の課題である。神奈川県では、試行錯誤はあったものの、議会と首長の間で、さまざまな調整手法を積み重ね、マニフェストに掲げた政策の実現に向けて、議会とともに歩んできたということができる。

4　職員とマニフェスト

二つ目の影響は、知事と職員の関係だ。県職員の中では、マニフェスト改革について当初は戸惑いや混乱をもって受け止められたと思う。これまでの知事は、スローガンや方向は示すものの具体的な政策は、当選後に職員が作成する案をもとに、政策形成するというスタイルが通例となっていた。

それが、私の場合には、具体的な数値目標や実現手法、期限、財源まで示した「具体的な政策」を引っ提げて県庁に入ってきたのである。これまでとは全く違う対応を職員は迫られたので、戸惑いも無理はなかった。

幹部会議においても、マニフェストに掲げられた政策をどのように実施に移していくかについて侃々諤々《かんかんがくがく》の議論があった。その上で、幹部職員もマニフェストに掲げた政策を県の政策として位置づけ、総合計画策定に全面的に取り組むこととなった。マニフェストの内容を具体化し、実現していくためには、職員の理解と協力は不可欠であり、さまざまな形で率直に議論できる関係をつくることができたことは、マニフェスト改革実現の鍵になった。

その後、マニフェストの政策が実行され、県庁改革についても職員自身が目標を持って、自ら考え行動し、挑戦する姿勢に変化してきた。「職員からの政策提案制度」の導入によって、若手職員からのユニークな政策提案がなされるようになってきた。「ポストの公募制度」導入により、意欲と適性のある職員が自発的にチャレンジするようになってきた。

このようにマニフェストは、政策を中心とした行政運営を進める上で、職員に対しても変化をもたらしてきた。まさに「マニフェスト効果」だと思っている。

5　対話から政策へ、現地現場主義の実践

マニフェスト効果によって、議会や職員との間で政策中心の県政運営が次第に実現してきた。その一方で、私自身は、県民との対話から政策や改革を発案するという「現地現場主義」を徹底して実践した。マニフェストにのみ依拠して政策を進めるだけでは十分ではないことは当然であろう。県政の課題は日々生起し、新たな政策に取り組まなければ、県民の生活を守り向上させることはできない。

実はこの政策形成に当たっても、私は従来の手法と全く異なる方法をとることとした。これまでの知事は、県庁の知事室にいて、各セクションから上がってくる情報を幹部職員から報告や説明を受け、そうした情報に基づいて新たな政策の判断を下すというのが通常のスタイルである。現場の問題は、現場の職員にまかせ、幹部職員からの情報、すなわち「間接情報」で政策判断を下すことが多い。

私は、これを改めたいと考えた。私自身が問題の現場に直接赴き、現地を見て、その場で地域住民や当事者の方とひざ詰めで対話をすることから始めることとした。その中で、政策を県民や現場の職

「ふれあいミーティング」で県民と直接対話

員とともに考えていくことにしたのである。

「現地現場主義」を説いた松下政経塾・塾主の松下幸之助氏は、「政治は国家の経営だ」と言われ、「店はお客様のためにある」との顧客至上を説かれた。だとすれば、県政をあずかる知事は、「県の経営者」であり、「お客様である県民」のために粉骨砕身することは当然のことである。「県民本位の県政」を実現するためには、さまざまな現場に足を運び、県民と直接対話し実状をしっかりと把握しなければならない。

この現地現場主義は、県民と知事の間のコミュニケーションの充実でもある。知事は大変に忙しいため、県民との対話をないがしろにして、大組織や大企業、あるいは声の大きい人の意見ばかり聞くようになってしまう傾向が強いのではないだろうか。そうなると県民からみれば、一部の人の意見で政治が動かされているのではないかという不満が生まれ、政治に対する不信につながってしまう。現場でのコミュニケーションは、県民と政治の距離を縮め、県政を身近に感じてもらうという政治改革の基礎をなすものだと考えている。

「現地現場主義」の実践としては、知事になって一年目には、「ふれあいミーティング」という県民との直接対話の集会を始めた。これは毎年県内八カ所を巡回して開催するもので、一〇〇人、二〇〇人、多いときは四〇〇人を超える県民に集まっていただき、テーマを決めて侃々諤々《かんかんがくがく》の議論をする。

二年目には、「移動知事室」を始めた。これは県内六カ所に地域県政総合センターがあるが、まる一日、そこに「知事室」を移動して、その地域にどっぷりとつかって、地域の皆さんや出先機関の県職員と対話をする。地域の企業を回る、あるいは県政で問題となっている現場を訪ねる。こうした地域に密着する活動である。

三年目からは、さらに「ウイークリー知事現場訪問」と「マンスリー知事学校訪問」をスタートした。文字通り、週に一回は県政の課題になっている地域をタイムリーに訪ねて現地取材を実施したり、月に一回は学校の現場を訪れて教師・生徒・保護者の皆さんと意見交換を実施するのである。

この現場訪問は、一期目の四年間で、延べ一一五回、一四九箇所に上った。私の公用車の走行距離も一六万キロメートル、地球四周分の距離に相当する距離を走破した。こうした実績を「現地現場主義～対話から政策へ」という本にまとめて出版し、県民の皆さんに情報をフィードバックしている。

後述するが、こうした現場での「対話」が、新たな政策や予算を考える上で、そして次のマニフェストを作成していく上で、大変に重要な役割を果たすことにもなるのである。

こうして私は、現地現場主義を貫きつつ、マニフェストの実現に向けて徹底的にこだわりをもって県政改革に取り組んできた。こうした基本姿勢のもとで進めてきた政策や改革の実践実例を、実現過程の苦労や工夫などを交えて、第三章で紹介していくこととする。

第三章　マニフェストによる政策実践事例

この章では、マニフェストに掲げた政策について、実現に向けて具体的にどう進めて行ったのか、そしてその実現の過程を見ていただきたい。

政策へのアプローチは、政策の性質によって異なる。そこで、紹介する政策は五つの異なる分野から選抜した。政策ごとに次のような意味があると考えて選抜したので、その点を踏まえてお読みいただければ、参考になるものと思う。なお、いずれの政策も基本的には、一期目四年間の実績を取りまとめているが、最後の「多選禁止条例」に関しては、二期目において成立を見るまでをフォローすることとした。

1　安全・安心まちづくりの推進

治安対策は県民要望ナンバーワンの政策である。切迫する状況の中で、実効性のある施策をいかに迅速に実施していくのかが問われている。警察力増強が非常に重要な政策であるが、組織の異なる警察本部と知事部局がどう連携を図っていくのか、県民の自主活動といかに協働するか、新たな条例でどのような対策を打てるかなど、難しい課題も多い。窮地に立った時の飛躍的な発想が、政策実現を可能にしていく。その結果は、見事に数字に表れてきた。ただ、そのプロセスをきちんと押さえておきたい。

2　政策主導のマネジメント改革

マニフェストは政策主導の政治・行政を作る仕組みである。その実現には、職員一人ひとりの意識改革を含む、組織のマネジメント改革が必要となる。すなわち政策主導のマネジメントを実現することだ。組織改革においても、現地現場主義が出発点となる。現場の職員とひざ詰めで対話を重ね、その中から、職員が抱えている課題や希望を汲み取っていくことだ。その上で、リーダーとして、明確な組織ビジョンを示していくことが求められる。私は、職員に政策開発において「先進力」と政策実施における「協働力」を持つべきだと訴えている。その上で、職員の「やる気」を最大限に引き出していくためのマネジメントの改革を打ち出してきている。これまでの四年間、先進的な政策を実現できたのは、職員とビジョンを共有し、互いに意欲を持って取り組むことができたからである。

3　水源環境税

「水」は命の源である。「食」への不安が高まる中、安全でおいしい水の供給は公共サービスの基本といえる。そのためには、「緑のダム」といわれる水源の森林の保全、河川やダム湖の浄化、上流域と下流域の協働、都市と水源地の連携など、幅広い政策パッケージが必要とされる。しかも、利水という公共分野は、長期的な視点に立って、かつ安定的な対策でなければならない。私は、選挙では「禁句」と言われる「増税」をあえてマニフェストに掲げ、安定財源を確保して、一〇〇年先の神奈川の水を守るチャレンジに取り組んだ。議会とのバトルは実に厳しかったが、この政策の実現過程で、議会とも職員とも一体となって取り組むという貴重な経験を積むことができた。

4　道州制と首都圏連合

地方から日本を変えるという信条のもと、私はさまざまな構造改革、制度改革を提案してきている。その象徴ともいえる改革が道州制の提案であり、首都圏連合の実現に向けた実践である。大きな改革であるから、反対・抵抗も多い。それゆえに、緻密な理論構築や粘り強い交渉とたゆまぬ努力など、水面下での「水かき」も相当なものがあった。大言壮語しているだけでは、国のかたちを転換していく改革は成就しないのだ。反対勢力が多い場合でも、正々堂々と正論を展開していくうちに、思わぬところから同志が登場したり、世論の応援が盛り上がってきたり、そして、いつか気づくと賛成が多数となっている。まさに隔世の感ありといった変化を最も感じているのがこの政策である。

5　多選禁止条例

政治制度改革は私の取り組んできた大きなテーマの一つである。知事の多選制限を条例によって実現するという、時間的分権による民主主義のシステム化は何がなんでも実現したかった改革である。二元代表制のもとで、議会との政策議論がこれほど紛糾した条例も珍しいだろう。しかも、全国知事会、政党、中央省庁、さらには憲法問題もからんで学界までも議論に巻き込み、全国紙の一面でも注目される「一大事」となった。他の政策や改革も同様なのだが、特に多選禁止条例は、地方で先例を作り、それを「てこ」に地方から国を揺さぶり、新たな法律改正まで迫るという、「地方から日本を変える」という「王道」を示すものとなったと自負している。

先にも述べたように、二転三転する議会との攻防は、今振り返るとまるで「ドラマ」のようだという感じさえするのだが、その時々は、まさに息をつく間もない真剣勝負の連続であったのだ。ぜひ、その息遣いを感じてほしい。

第1節　安全・安心まちづくりの推進

(1)　治安確保はまちづくりの基本

かつて日本は世界でも類を見ない治安のよい社会であったが、昨今では、毎日、凄惨な事件やおぞましい犯罪がニュースに上らない日はないくらいだ。こうした状況は、なんとしても改善しなければならない。安全・安心の社会づくりは、あらゆるまちづくりの基底である。産業・雇用も子育て・教育も、犯罪の魔手に脅かされていては、安心して取り組むことはできない。暮らしやすさの最低条件が治安であり、それを守ることは、行政が何をおいても実現すべき基本的な責務だと、私は信じている。

そうした犯罪のない安全・安心の社会をつくっていくには、三つの視点からの政策アプローチが必要である。

まず、第一は犯罪の抑止である。そのためには、警察力に頼るだけでなく、住民自身が「自分たちのまちは自分たちで守る」という強い自衛意識のもとに、自主防犯組織を立ち上げ、行政・警察や学校などと連携しながら活発に行動する必要がある。もちろん、行政としてこうした活動へのバックアップも必要である。

第二は、犯罪の検挙である。犯罪を犯した者は、必ず逮捕され刑罰を受けなければならない。そうなることによって、犯罪が減り、再犯も起こりにくくなり、犯罪者も更生されていく。そのためには警察力の量的・質的強化が不可欠となる。

第三は、犯罪被害者への支援である。運悪く犯罪に巻き込まれてしまった時、被害者やその家族は窮地に陥る。経済的にも精神的にもサポートできる体制を作り、社会復帰の支援などが必要となるのである。

こうした三つの政策がバランスよく確立されてはじめて、安全・安心な社会がつくられる。私は、そうした信念を持って治安回復に全力を傾けてきた。

(2)　マニフェストでの位置づけ

神奈川県においては平成七年から一四年まで八年間連続して刑法犯認知件数が増加を続け、平成一四年は一九万一七三件となり戦後最悪となった。私が知事に就任した平成一五年には、若干減少したものの犯罪の多発傾向は引き続いており、特に、路上強盗や空き巣など県民の身近で起こる犯罪の増加傾向が顕著であった。

こうした危機的状況に対して、多くの県民が不安を抱くのは当然であり、治安回復は最重要課題であった。私はマニフェストの政策の中でも、特に緊急に実施すべき政策として次のように「安全・安心」を挙げた。

政策35　犯罪対策
犯罪の急増と凶悪化・粗暴化に対応して、警察官の増員（一、五〇〇名）と専門能力の向上、交番の増設、交番相談員等の配置、組織の情報化等の体制整備を進め、神奈川の「安全」を取り戻します。

こうした政策により、犯罪検挙率を平成七年並の五〇％程度に回復させようというのが目標だ。この検挙率については、マニフェスト作成時に入手できた最新のデータが平成一二年時点の二四・五％であったため、それを平成七年の水準である五〇％程度まで戻すことは実現可能と考えて目標を設定した。

その後、平成一四年には一九・二％とさらに低下していたことや国の検挙率の算定方法が変更されたことなどから、県の総合計画では、平成一八年までに検挙率二五％を目指すという形で修正して位置づけた。このようにマニフェストで掲げた目標などを変更した場合には、その理由を示して、マスコミを通じてすべて公表している。しかし、政策そのものの趣旨を改変するというような変更は一切していない。

「警察官一、五〇〇人増員」という政策が注目されたのは、県民ニーズが高かったことに加え、警察官増員のための財源を行政職員の一、五〇〇人削減により生み出す、という手法を明記したからであろう。県財政が逼迫している中で、増員に必要な財源をどのように捻出していくのか、マニフェストでは、政策実現の具体的な工程や財源を示さなければならない。その結論が、行政職員を四年間で一五〇〇人削減し、財源を生み出すというものであった。

政策36　暴走族根絶条例

暴走族が様々な犯罪を引き起こし、無関係の市民をターゲットにした凶悪事件も生じていることから、公共の場での集会の禁止、暴走のあおり行為の禁止、オートバイ等の没収（使用凍結）などを定める「暴走族根絶条例」をつくります。

この「暴走族根絶条例」を平成一六年度までに制定することを提起したのである。また、暴走族が暴力団の予備軍になっているケースも多いことから、警察、地域、NPOと協力した暴走族の解散指導や更生支援についても条例に盛り込むこととした。

(3) 暴走族対策への取組み

①遅れていた神奈川の暴走族対策

まず、暴走族対策から紹介したい。神奈川は暴走族が多い県の一つと言われ、暴走族は、交通法規違反や迷惑行為だけでなく、市民を巻き込んだ凶悪事件まで引き起こしている。私が県議会議員であった平成元年には、片瀬江ノ島駅付近で、暴走族に注意をした市民が殴る蹴るの暴行を受け死亡する事件が起こっている。また、治安だけでなく青少年の健全育成の観点からも、実効性のある規制が喫緊の課題だった。

全国の多くの自治体が既に暴走族の追放や根絶条例を制定していたが、神奈川県では暴走族のメッカといわれる湘南海岸などを抱えているにも関わらず、「暴走族根絶条例」が未制定という現状に疑問を感じていた。知事に立候補する以前から、各地でさまざまな人たちと対話を重ねた中で強く印象に残ったのが、鎌倉で暴走族追放運動に取り組んでいるＮＰＯだった。このＮＰＯの活動家の皆さんから、暴走族の実情やさまざまな訴えをうかがい、私は早急な対策の必要性を強く感じたのである。

②マニフェスト達成第一号

知事就任直後の平成一五年七月には、県交通安全対策協議会の「暴走族問題専門委員会」から、暴走族追放に向けた関係機関などの責務や暴走行為の禁止などを盛り込んだ、総合的な条例の早期制定を求める最終報告書をいただいた。さらに県民意見の集約を行い、知事当選からおよそ半年間で条例案を練り上げた。

平成一五年の一二月議会定例会に、「神奈川県暴走族等の追放の促進に関する条例」案を提案し、議会からも異論が出ず、無事に条例は成立した。翌年四月一日から施行され、マニフェストに掲げた政策の達成第一号となった。

この条例は、「暴走族を許さない社会環境の醸成」、「暴走族への加入阻止・離脱促進」、「暴走族の取り締まり強化」という三本の柱から構成されている。これまで取り締まることができなかった暴走族の行為や、その周辺で集団暴走を助長する行為などについても罰則を伴う禁止規定を設けた。

条例制定後、暴走族は、平成一四年は一、〇〇三人だったが、平成一八年には三二二人、さらに平成一九年末には二五八人と大幅に減少した。暴走行為や参加人員も大幅に減少し、条例制定の効果が認められた。今後、さらに県民総ぐるみで暴走族追放の取組みを展開していきたい。

(4) 犯罪対策への取組み

①警察力の増強

次に、治安回復に向けて警察力の増強に取り組んだ。当時、神奈川県の警察官一人が担う人口は、全国平均に比べかなり多く、都市部を中心に犯罪が多様化、複雑化している中で、警察官の絶対数が不足しているのは明らかだった。また、警察官が不在の「空き交番」も増加しており、県民が地域の安全に対する不安を抱く一因となっていた。

そこで、平成一九年四月までに、警察職員の一、五〇〇人増員や警察ＯＢ等による交番相談員などの警察の人的体制の整備を目指した。

警察官増員を実現していく上で最大の壁となったのは、警察官の定数が警察法に基づく警察庁の政令で決められ、国が決定権を持っているということである。自治体が勝手に増員すれば、一方的に富裕団体とみなされ国から厳しい指導を受けることになる。治安は住民の基本的ニーズであり、かつ警察官の人件費のほとんどを地方が負担している実態にもかかわらず、地方には決定権がないのだ。ここ数年は国の警察官増員計画の下で定数が増やされ、神奈川県も平成一三年度から一五年度までの三年間で一、〇四〇人増加してきた。しかし、このペースでは目標とした一、五〇〇人の増は困難であることが判明した。

一方で、行政職員の数を一、五〇〇人削減し、財源を生み出す方向は打ち出したものの、これまでに前例がない方法ゆえ、具体的な方策の詰めが必要となった。このため、平成一五年六月、知事部局と警察本部の人事・財政部門の幹部職員によって「警察力向上のための知事部局・警察本部連絡会議」を新たに発足させた。

②警察官等の実質的増員一、五〇〇人の達成

この警察力向上連絡会議では、警察官の増員方策、県職員の県警への派遣、非常勤職員の活用、警察署・交番の増設などについて検討がなされた。検討の結果、啓発や相談を担当している警察官の代わりに非常勤職員や県職員を活用することにより、現場で治安業務に当たる警察官を四年間で実質的に一、五〇〇人に増やすという方策が編み出された。

警察官の増員は、今後四年間で一、〇〇〇人の増員を目標とした。最終的には、四年間で警察官八四八名までの増員ができた。

非常勤職員は、空き交番対策や相談などに対応する「交番相談員」、「警察安全相談員」、「駐車対策サポーター」、「暴走族相談員」などを増員することとした。これは、四年間で五五二名の増員を図った。

県職員の活用は、知事部局に県職員を「くらし安全指導員」として配置し、これまで警察官が行っていた防犯、少年非行防止、交通安全等の教育活動、街頭キャンペーン等を担当することとした。最

終的には、四年間で一〇〇名の配置で対応することができた。こうした仕事を県の職員が分担して行うことにより、一人でも多くの警察官がパトロールや犯罪捜査など第一線の現場に出ることができるようにしたのである。

こうした工夫の積み重ねによって、警察官等の実質的な一、五〇〇人の増員を達成することができた。

③自主防犯活動と民間事業者との協働

平成二〇年二月末で、自主防犯活動団体は一、五二五団体、そして一五万八、三八人の県民の皆さんが各地域で自主的に防犯活動に取り組んでいる。私は、「ウイークリー知事現場訪問」や「移動知事室」などの機会を通じて、一〇回以上、防犯活動現場を訪問し、一緒にパトロールを行い、

ウイークリー知事現場訪問で自主防犯活動に参加

皆さんから生の声をうかがってきた。そうした中で平成一七年度から、パトロール中の万が一の怪我などに備えての事故給付金制度や必要な物品を購入するための補助金制度などを創設した。

一方で、民間事業者との協働・連携も広がってきた。平成一七年五月に、「神奈川県犯罪のない安全・安心まちづくり推進協議会」を設立し民間の業界団体にも加わってもらうこととなった。さらに、各種の民間事業者の方々と「地域安全に関する協定」を結び、具体的な協力をいただいている。平成一八年七月の警備会社にはじまり、自動販売機を設置運営する企業の団体、社団法人日本自動車連盟神奈川支部、神奈川県ケーブルテレビ協議会、神奈川県自動車整備振興会などと協定を締結している。協定に基づき、営業所、車両又は自動販売機等に防犯ステッカーの貼付やケーブルテレビでの啓発イベントの放映などがなされた。

④具体的な成果

さまざまは警察力増強や、平成一七年四月に施行した「神奈川県犯罪のない安全・安心まちづくり推進条例」による施策展開によって、この四年間で、刑法犯認知件数が大幅に減少し、検挙率も大きく改善されるなど、目に見える成果が表れている。

刑法犯認知件数は、平成一四年は約一九万件であったが、平成一五年からは減少を続け、平成一七年には刑法犯認知件数の減少数、減少率（前年比）は全国一位となった。さらに、平成一八年は約一二万件、平成一九年には約一一万件に減少し、これは、平成一四年のピーク時と比較すると、約四〇%の減少となっている。検挙率についても、平成一四年には、一九・二%と落ち込んだが、平成一九年には、三九・八%と大きく回復している。

これは数多くの自主防犯活動団体の方々と行政、県警察による三位一体となった治安回復への取組みが実を結んだものであり、県民との協働の成果として誇りに思っている。

(5) 次なる課題

前述のように、治安を回復し安心なくらしを取り戻すためには、犯罪の取り締まりなどの治安対策だけでは十分でない。例えば、ご家族・遺族等を含む犯罪被害者の方々への支援が重要である。犯罪被害者の方々は犯罪により身体的被害を受けるばかりでなく、周囲の無理解から精神的な「二次被害」を受けることも少なくない。犯罪者の人権擁護も必要であるが、被害者の人権が危うくされるという不条理な状態にあるのだ。

今後は、犯罪被害者等の方々への総合的な支援施策を展開するため、「犯罪被害者等支援条例」の制定や、民間団体による個別のニーズや精神的ケアなどに関する支援との連携が必要だと考えている。

第2節　政策主導のマネジメント改革

(1)　マニフェストでの位置づけ

私は、政策主導の政治・行政を実現するために、マニフェストという仕組みを導入してきた。つまりマニフェスト型の行政運営とは、政策主導のマネジメントを意味する。これを実現するためには、県庁の職員一人ひとりが政策を開発し、政策を確実に実施していく主体にならなければならない。

すなわち、四年に一度マニフェストが提案され、有権者の信任を受け、そのマニフェストをもとに県政運営の基本方向や重要政策が示され、職員はその実現に向けて全力で取り組むことになる。しかし、社会は日々動いており問題は日々発生してくる。それに対処するためには、現地現場に出向き、問題に直面している人々とのひざ詰めの討論を重ね、感性を研ぎ澄まして現場からの声を聴き、情報を集め、そこから政策を組み上げていくというサイクルを不断に続けていくことが求められるのである。

私は、職員に「日本をリードする最先端の政策を作り出してほしい」「先進性を発揮してほしい」と訴え続けてきた。

さらに、職員に求められるのは「先進力」ばかりではない。政策を形成し、実現していく上で、例えばＮＰＯやボランティアの皆さんの協力、あるいは企業や大学との連携などが不可欠な時代である。こうした社会のさまざまな主体と連携・協力し、新しい公共サービスを作り出していくという「協働力」が職員には求められているのである。

一方で私は、厳しい財政情勢の中、職員数の削減や給与の抑制、さらに事業の見直しなどを含め、「小さくても活力のある県庁」をコンセプトに「行政改革」を進めてきた。これは、財政再建に向けて、職員にとっては多くの痛みを我慢してもらってきたことを意味する。今後も少子高齢化が進み、医療・介護・福祉分野への負担といった義務的経費の増大が予測される中で、政策的経費を生み出していくためには、行財政改革を継続していかなければならない。

とはいえ、「職員も減らせ、役職も減らせ、給料も減らせ」だけでは、職員は萎縮するだけだ。コスト削減は大切だが、職員のやる気まで削ってはいけない。むしろ、職員のやる気が引き出されるような仕組みをつくることも、質的な意味での行政改革における重要かつ不可欠な視点なのである。

さらに、「お役所」の中に民間の風を取り入れ、組織の活性化と政策能力の向上を図るため、外部人材の導入を図ることも重要なポイントである。

そこで、平成一五年のマニフェストには、次のようなマネジメント改革を掲げた。

政策12　県庁ベンチャー

職員の意欲と能力を引き出すため、新しい政策やプロジェクトを提案した職員に、担当のセクションやポスト・予算をまかせる「県庁ベンチャー支援制度」を実施します。当面五つの政策（プロジェクト）を採択します。

政策14　民間人登用

知事のスタッフを充実させるとともに、部長級二人、課長級三人の計五人以上の幹部職ポストについて民間人からの登用を行い、スピードと躍動感のある県政運営を行います。

政策7　パートナーシップ

「NPOとの協働」を県政の基本方針とし、合計三〇本の政策提案等を行う連携プロジェクト「パートナーシップ30」を推進します。

(2)　マネジメント改革

①職員とコミュニケーション

私のいう「現地現場主義」は、単に現地に赴くことを意味するのではない。現場の当事者との対話を大切にすることがその根本にある。県庁のマネジメント改革も、第一歩は、職員との対話からスタートすることにした。

インターネットの時代であるから、電子メールやホームページを活用したらどうかとも考えたが、まずは、直接一人ひとりと対面して意見交換を始めることにした。もちろん、一万数千人に上る職員全員と会うためには長い時間がかかることは分かっている。問題は、対話した人数ではなく、そこで交わした対話の中身である。そこから、現場の第一線にいる職員が、今何を感じ、どのような課題を抱えているのかを掴み取ることが肝要だと思っている。

平成一五年の夏から職員との意見交換会をスタートすることにした。はじめは、幹部職員との朝食会を行った。次に、一般の職員とも朝食会を開こうと思ったが、それでは時間外勤務になる可能性があるとか、会場に出向くまでに事故があった場合にはどうするかなどの指摘があった。そこで、昼休みの時間にあくまで職務を離れて自発的に参加するという形式で昼食会を開催することにした。自発的な参加であるから、申し込みも各セクションを通す必要はなく、上司に相談する必要もない。自分でメールなどにより、直接、知事室(当時は、秘書課)に申し込んでいただくこととした。

平成一五年度は若手・中堅職員に絞って募集した(実績一四回、八〇人)。一六年度は技術職や中堅職員(実績二〇回、一四九人)、一七年度は中堅職員(実績一三回、七九人)、一八年度は新採用職員(実績四回、四三人)と対象を変えながら続けてきている。

当日は、平均七、八名の職員と私が同じお弁当を食べながら、意見交換を進めていく。はじめは、職員から自己紹介を含めて、職場での課題、感じていること、私への質問や提案などを自由に、順番に話をしてもらう。その後、私から質問への答えや意見への感想などを話している。職員の中には、提案書を持ってくる者、自分の著書をプレゼントしてくれる者、中には農園で育てた野菜を持ってきてくれる者までいて、和気藹々《わきあいあい》と意見交換を進めてきている。もちろん、いただいた意見や提案は、できるものから対応するよう、私から関係するセクションに指示を出すこともある。

これまで出会って対話をしてきた職員たちは、いずれも「やる気」を持って、積極的に政策や改善を提案しようと、それぞれの職場でチャレンジを試みてきているという。ただし、必ずしも各職場でそうした提案やチャレンジを上手に受け止める風土や土壌が十分ではないようだ。そこで、私は、マニフェストに掲げた改革も含めて、「やる気第一主義」の県庁組織改革に取り組むことにしたのである。

②職員提案制度で県庁内ベンチャー支援

「県庁ベンチャー支援制度」として、マニフェストに掲げた政策は、「職員提案制度」として、若い職員の政策や事業の提案や改革案を私が直接受け、優れたものを選抜して実施するという制度として、平成一五年度から募集をスタートした。

一五年度の段階では、提案者が所属しているセクションの事業への新規事業や改善提案を募集し、最大一事業あたり一、〇〇〇万円の予算を用意し、最長三年間の事業期間とした。急遽の募集であったが、応募総数は四二件にのぼり、この中から最終的には私が直接審査し、九事業を採択した。

一六年度からは、現在の所属セクションの仕事に限定することをやめて提案者が自由に政策テーマを決められるようした。さらに、採択された場合には、該当セクションへの人事異動を認め、一事業あたりの予算も最大二、〇〇〇万円に増額することとした。

応募件数は、初年度はそれまでに蓄積されたアイデアが一気に噴出した感があったが、その後は二〇件から三〇件程度で推移してきた。件数の多少に関わらず、若手職員からは、実に意欲的で、斬新なアイデアの政策提案がなされてきた。

一例を挙げれば、初年度に出先機関の職員から提案のあった「あしがら竹林再生事業」は、地域の里

職員提案による竹林再生事業の現場に移動知事室で訪問

山で荒廃の進んでいる竹林の再生に向けて、地元の皆さんと一緒に竹林整備のモデル事業を進めるとともに、竹を活用した新たな製品の開発や竹林整備のボランティアの育成を図るというものだ。竹製品の中でも、都内の豆腐料理専門店に納入した豆腐用の竹製容器や、竹のすだれを活用した砂防設備、あるいはイベントで使われる竹灯籠などが好評で、収益も上がるようになり、地元の皆さんにとっても経済的に成り立つ事業に発展しつつある。こうした活動が注目され、ＮＨＫテレビの人気番組「難問解決～ご近所の底力」で「殿堂入り」を果たした。

③民間人登用制度～新しい「血」で組織活性化

民間から積極的に人材を集める「民間人登用制度」では、平成一五年度の臨時調査担当部長を皮切りに、ＩＴ担当課長も民間から採用した。一六年度以降、産業技術総合研究所所長は日産自動車から、県産木材利用推進課長は伊藤忠商事ＯＢから迎え入れるなど、延べ八名の民間人登用を行ってきた。

また、ソニーの人事担当経験者や日産の社員教育担当経験者などを県立高校の校長として迎え入れたのも、その一環である。これまでに一〇人の民間人校長が県立高校の教育現場で民間の発想をもって改革の先頭に立って活躍している。

こうした民間経験者の皆さんは、それぞれ高い専門能力と民間でのマネジメント経験を生かして県庁の業務改革を進めてくれた。例えば、日産自動車から迎え入れた産業技術総合研究所所長は、「日本で一番お客様（県内中小企業）に貢献する公設試験場」をめざし、具体的なものづくり技術支援強化として、中小企業からの相談件数、依頼試験収入、受託研究収入を三年で三倍増するという数値目標を立て、平成一七年度には見事にこれを達成した。また、東海大学病院から迎えた病院事業庁長は、「県立病院のブランド化」を目指すとともに、七年連続赤字だった県立病院事業をわずか一年で黒字化に転換させた。ほかにも、ＪＴＢ出身の観光振興担当課長によるユニークな観光振興の新規キャンペーン展開など、具体的な成果が次々と生まれている。

そして、この民間人登用制度は、慣例主義にひたりがちな県庁の「お役所文化」を大きく変革していることは間違いない。

④ＮＰＯとの協働施策＝新しい公共の創出

「お役所文化」は、行政組織の内部にいると気づかないが、自発的な意思によって公益的な活動を行っているＮＰＯの「組織文化」ともかなり異なっている。これからは、公共サービスの分野で、ＮＰＯと協働することは不可欠である。そのためには、ＮＰＯの「視点」や「発想」に学ぶこと、あるいは「組織文化」や「マネジメント・スタイル」を理解することが必要になってくる。ＮＰＯとの協働の実践は、行政の「文化」や「マネジメント」を外部の視点から見直すきっかけにもなる。

マニフェストには、「政策提案」「政策実施」「政策評価」の各分野で一〇本ずつの目標を掲げたが、四年間の実績では、「政策提案」一八件、「政策実施」一五件、「政策評価」八事業の合計四一件に上った。

また、ＮＰＯによる政策評価では、例えば、研修事業に関する大変厳しい評価をいただいたが、担当セクションでは、前向きにその評価を受け止め、事業の改善に生かしている。この評価を担当したＮＰＯは人材育成の専門家が設立したもので、高い専門性を持っているＮＰＯだと聞いている。

こうした政策は、「協働型社会」の実現という目標とともに、県のマネジメント改革、職員の意識改革を目的としている。公共サービスを協働で担うＮＰＯと行政組織は組織風土も仕事の進め方も違う。そうした異なる組織文化、マネジメント・スタイルに触れて、自己改革を促し、新しい公共を創造するというねらいを込めた政策である。

さらに、私は、職員に自らボランティア活動に取り組むよう推奨してきた。私としては職員に年に一度でも二度でもいいから、自分の時間を使ってボランティア活動に取り組んでほしいと思っている。元来、職務において「社会に貢献する」という役割を担う公務員には、職務を離れた日常においてもボランティア活動に参加し、率先垂範してもらいたいのである。職員たちも、私の思いに応えてくれて、海浜清掃や森林整備のボランティアに参加したり、平成一八年には、若手職員の有志によって職員の自発的なボランティア活動推進組織として「かながわ職員ボランタリー倶楽部」が設立された。

ボランティア活動には、私も可能な限り参加するようにしている。現場で、県民の皆さんや職員と一緒に汗を流し活動を体験することにより、直接、間接に学ぶことが多い。そして、改めて「公務員とは何か、何をすべきか」ということを再認識する機会にもなる。

このようなボランティア活動の実践は、職員の中には初めての体験であった人もいたかもしれない。こうした経験を通じて、職員の中に着実に社会貢献の精神や協働の姿勢が芽生えつつあると、私は信じている。

⑤やる気第一主義の人事制度

適材適所が人材マネジメント＝人事の基本であるが、本人の「やる気」は「適材」を見極める際の基準として重要なものである。

そこで、自分の勤務したいポストや業務に応募できる「庁内公募制度」を平成一五年度から導入し、一五年度は所属長等の三つのポストと一般職員の一一ポスト・事業を公募対象とした。

職員とともに海岸清掃のボランティア活動に参加

その後も含めて所属長等で一九ポスト、一般職員向けには専門の業務分野の公募も含めて八三の公募を行ってきた。

公募制度のほかに、平成一八年度には、昇格を伴わずに上位の職務・職責にチャレンジできる「ポストチャレンジ制度」、職員自らが異動を希望するセクションの所属長に対して、直接、人事異動希望通告が行える「庁内ＦＡ（フリーエージェント）制度」を導入した。

こうした新しい人事制度によって配置された職員は、その後の活躍を見ても、目を見張るものがあり、この制度が職員の「やる気」から「やりがい」につながっていることを示している。

⑥退職者キャリアバンクの創設

いわゆる「天下り」は、官民癒着による不正の温床となるなど、役所の不明朗な慣行として批判されている。また、不適切な天下りは外郭団体への公的資金還流など既得権益の温存にもつながり、行政改革の観点からも一掃していく必要がある。一方で、高齢化の進展に伴い、定年を迎えた職員たちにはまだまだ社会で働ける有用な能力と意欲を備えた者も少なくない。そうした能力ある職員を受け入れたいという企業や団体が存在することも事実である。

そこで、不明朗・不適切な天下りを極力廃止し、オープンなシステムにより、有能な退職者の再就職を図る仕組みとして、平成一八年四月から「退職者キャリアバンク」をスタートさせた。これは退職後の再就職を希望する職員が、「人材情報登録シート」に登録し、求人を希望する企業等からの「求人」とのマッチングを行う。

同時に、「退職者の再就職に関する取扱要領」を定め、在職中の職務と密接な関係のあった民間企業への再就職の制限や報酬・雇用期間の制限などを盛り込んで、不正を生まないためのルールを確立し、あわせて再就職に関する情報公表を的確に行うことを規定した。

職員の人材マネジメントの視点からは、人生八〇年時代のライフサイクルに合わせた職員のキャリア開発が必要だと考えている。これまでは、在職中にいかに有用な職員を育成するかという視点からの研修が中心であったが、今後は、県庁を退職した後も、社会の中で自らの能力などを生かして働き続けられるような職員のライフプランを視野にいれたキャリア開発を用意していく必要があると思う。

(3) We have a dream. We have a mission.

かつて、松下政経塾の塾生であった頃、私は神奈川県庁に政策ヒアリングにしばしば訪れたことがある。その当時、長洲県政の時代、神奈川県はまさに「政策先進県」として全国に名がとどろいていたからである。情報公開条例、環境アセスメント、ともしび運動、頭脳センター構想など、枚挙にいとまがない。

また、かつて神奈川県は職員による「自主研究グループ」が何十グループもあり、参加者も延べ九〇〇名以上と言われ、「自主研究活動」のメッカと呼ばれていた。そうした職員による政策研究からは、『在日韓国・朝鮮人』に関する研究など、世間の注目を集めた研究成果も少なくなかった。また、こうした研究の厚みを基礎に、全国の自治体職員を中心とした会員数一七〇〇名という「自治体学会」が生まれたのも、この神奈川においてである。私も、県議会議員の当時、職員の自主研究グループや自治体学会のシンポジウムに参加し、職員の皆さんと同じテーブルについて、熱い政策論議を交わした経験もある。

こうした職員による政策研究は、先駆的な政策開発の基礎となるものである。今後、職員による自主的な研究活動が再び活性化することを期待しており、そのための支援方策も導入していく用意がある。

また、若手職員からは、大学院等での研究や海外調査などによって新たな政策情報を収集する機会がほしいという積極的な意見も聞かれる。今後は、費用負担の適正化や成果の生かし方などにも留意しながら、意欲ある職員の自己研鑽や研究の機会を確保していくために国内外の大学院等に留学する場合、その費用の一部を負担するなどの新たな制度も作っていきたい。

私は、一期目も二期目も初登庁の際に行われる就任あいさつを「We have a dream. We have a

mission.」という言葉で締めくくった。

「私たちには、この神奈川を日本一先進的で住みやすい地域にするという夢(dream)がある。そして、私たちには、それを実現する使命(mission)がある。」

これが、私が職員に訴え、共有したいメッセージなのである。

第3節　水源環境税

(1)　禁断の新税導入をマニフェストに

①なぜ、禁を破ったか

「私たちが飲んでいる水が汚れてきています。水源地を守る。そしてその水源の回りにある森林を守る。そのためには、私は県民の皆さんから少しずつご負担をいただいて、水源環境税、森林環境税というものを導入していきたいと思います。私たちの森林、水源を守るのは、私たちの力です。こういう環境を大事にする心を神奈川県から育てていきたいと思います。」

平成一五年四月、神奈川県知事選立候補にあたっての政見放送で、私は、神奈川の水源環境を守ることの重要性と、新税を創設してその財源を確保したいと、有権者に訴えた。

「選挙に増税は禁句」という常識をあえて破ってまで、私はどうしてもこの政策を県民に訴えたかった。そしてマニフェストに「新しい環境税の導入」を掲げて知事選に臨んだ。

水源環境保全と新税の創設を政策に掲げるにあたって私が着目したのは、神奈川の持つ「地域性」

である。神奈川は、水資源にたいへん恵まれた県だ。県の北西部には、津久井、丹沢・大山、足柄・箱根などの山並みが連なり、水源の森林を形成している。神奈川の先人たちは、昭和一三年から六〇年以上にわたって、この水源地に四つのダム（相模ダム、城山ダム、三保ダム、宮ヶ瀬ダム）を整備してきた。それらのダムを源とし、県土を縦断して相模湾に注ぐ相模川、酒匂川の二つの水系によって、本県の上水の九割以上は賄われている。神奈川県は、県土面積こそ狭いものの（全国で下から五番目）、水源地と水の消費地が一つの県の中にコンパクトに収まっている。これは、全国的に見ても極めて珍しい。

今日、八九〇万の神奈川県民は渇水を心配することなく水の恩恵を享受しているが、先人から贈られた貴重な水資源を、良好な状態で次の世代に引き継いでいくことは、今を生きる私たちの責務だ。そして、水の供給地と消費地が同一県内にある神奈川では、県民の意思と決断さえあれば、自分たちの水は自分たちで守っていこうという行動を起こすことができる。それが、神奈川の持つ地域性の強みであり、神奈川ならではの取組みが可能なのだ。

この水源環境の保全・再生は、私の前任である岡崎前知事も早くから必要性を訴え、「水源の森林づくり事業」の実施や、知事の諮問機関である「神奈川県地方税制等研究会」における「生活環境税制」に関する検討など、新税導入も視野に入れた先進的な取組みを進めてきた。

②水源環境の大切さ

マニフェストづくりのために、こうしたこれまでの県の取組みをたどる中で、私は神奈川の水源環境が抱えている問題の深刻さを改めて認識させられた。私も何度か山に入り、現地を訪れたが、手入れ不足のためやせ細ったスギ、ヒノキが密生し、下草も生えない荒廃した森林が至るところにある。これでは、森林が本来持つ保水力は低下し、大雨が降ると表土ごと流されてしまう。「緑のダム」といわれる水源の森林は、林業の担い手不足のため荒れ放題となっているのである。

また、水の「質」の問題も深刻だ。夏に相模湖を訪問した際に目の当たりにしたことがあるが、アオコの大量発生により湖面は一面緑色になっており、水道原水のカビ臭や浄水障害などの影響が出ている。主要な水道水源である相模

ウイークリー知事現場訪問で森林の現状を踏査

湖・津久井湖は、生活排水の流入などによる富栄養化の状態にあるのである。

現在の日常生活の中で水に不自由しないからといって、私たちがこのまま放置しておけば、さらに深刻な事態に陥ることは明らかだ。手遅れになる前に、水源環境を保全・再生していくための新たな仕組みづくりを急がなければいけない。私は、そんな焦燥感を強く感じた。しかし、県の財政状況は非常に厳しく、重要課題が山積している中で、しっかりとした財源を確保していかないと、この政策は絵に描いた餅に終わってしまう。

そこで、水源環境の保全・再生に向けて、今まで以上に充実した取組みを継続的に行うためには、安定的な特別の財源が是非とも必要である。今を生きる私たち県民一人ひとりが、広く、薄く負担しながら水源環境の保全・再生を支えていく、安定的な財源措置を構築していくことがどうしても必要なのだ。さらに、地方分権の理念を踏まえると、自分たちの地域の環境は自分たちが守っていく、そして、そのための財源についても、国に頼るのではなく、自分たちが責任をもって負担するという考え方も必要だと考えた。

こうした思いから、私は、神奈川らしい水源環境税創設にチャレンジしようと決心し、マニフェストに〝禁断の〟増税策を盛り込んだのである。

(2) マニフェストでの打ち出し

①マニフェストに掲げた政策

水源環境保全・再生に関して、私はマニフェストに次の二つの政策を掲げた。

> **政策23　水源の森林**
> ＮＰＯやボランティアとも連携して、丹沢、大山などの水源地域の森林再生に取り組み、「水源の森林《もり》づくり」を推進します。

これは、県民との協働により、県民の水がめを支える水源の森林の再生や水源地域の活性化を進めていこうという政策である。

> **政策25　森林環境税**
> 森林環境税（仮称）など新しい環境税の導入を提案し、県民参加型の環境保全のしくみをつくります。

そして、県民参加型の仕組みで水源の森林づくりや里山保全を進めるために、平成一七年度導入をめざして、県民が広く薄く森林再生等の費用を負担する『森林環境税（仮称）』の条例制定を提案するというものだ。なお、「導入にあたっては、早期に県民の皆様に案を提示し、そのご意見を十分に踏まえて導入の適否、賦課の方式、金額などを慎重に検討」することとしている。

この新税の規模については、マニフェストで「たとえば世帯あたり月三〇〇円の負担で年間約一二三億円の環境保全の財源が生まれます」と記述している。

(3)「地方税制等研究会」からの報告書

知事就任後の平成一五年一〇月に、「神奈川県地方税制等研究会」から「生活環境税制のあり方に関する報告書」が提出された。

この「地方税制等研究会」は、財政運営の健全化を図り、安定性を備えた地方税体系を構築するために、課税自主権の行使による独自の税源充実策や地方税制度の抜本的な改善策などについて、調査、研究、提言を行うことを目的に、財政学や経済学の専門家をメンバーとして、平成一〇年に設置された知事の諮問機関である。平成一二年五月には、研究会から「生活環境税制」に関する提言が出され、水源環境保全・再生に関する施策と税制措置に関する提案がなされた。その後、平成一三年度には、研究会のもとに、ＮＰＯや企業関係者、研究者等を構成員とする「生活環境税制専門部会」を設置し、水をめぐる諸課題への新たな対応やその費用負担のあり方について検討が進められた。

「生活環境税制のあり方に関する報告書」は、この専門部会での二年間にわたる議論を踏まえて、神奈川の水源環境を保全するための具体的な施策と、その事業規模、新たな財源の必要性や税制措置を中心とする具体的な費用負担の方法について、考え方を整理していただいたものだ。

この報告を土台に検討を重ね、平成一六年六月議会定例会に「水源環境保全施策と税制措置の方向性」を提出し、議会との議論が始まった。

(4) 厳しかった議会との攻防

①「増税ありきではないか」という痛撃

新たな税制措置の方向性を平成一六年六月県議会に提案したものの、審議はスムーズに進まなかった。議会からは、「増税ありきの議論だ」「事業内容が明確にならないと議論できない」といった反発が噴出し、審議はストップしてしまったのだ。多くの県民に直接関わってくる、こうした大きな制度設計を進めていくには、いくつもの高いハードルを越えなければならない。また、議会や県民との絶え間ないキャッチボールが不可欠だ。私としては、できるだけ柔らかい素案の段階から議会で議論していただきたいという思いであったが、課税方式だけが先行しては県民の理解は得られないという議会の指摘ももっともだ。

こうした議会からの指摘を踏まえ、具体的な事業内容や事業規模等を精査し、改めて次回県議会の九月定例会に報告する方針を決め、作業をスタートした。担当職員は夏休み返上で作業に追われ、また、途中経過の“たたき台”をもとに、県の最高意思決定機関である「政策会議」での何度かの議論を経て、「水源環境・再生基本計画（仮称）素案」をまとめ、県議会平成一六年九月定例会に報告した。

②厳しい議論の応酬

「素案」を示した県議会九月定例会では、水源環境税の使途の範囲、特に素案に盛り込んだ山梨県側上流域への対策や都市部の緑地保全などに充てることに関して、議会側からの批判が続出し激しい論戦となった。

前述のように、神奈川県は水がめと水の消費地が同一県内にあるが、その水がめであるダムの集水域は県外に広がっている。例えば、主要な水源河川である相模川の上流域は山梨県だ。そこで、ダム湖の水質を改善していくために、山梨県内の森林整備や生活排水対策を進めていくことが不可欠であることから、「素案」には県外上流域の森林整備を山梨県との協働で進めていく事業や、山梨県側の流域内の市町村が実施する公共下水道や合併浄化槽の整備に対する支援などの事業を位置づけた。

また、都市部の住民も含めてすべての県民が、水源環境を守るという意識を持って行動するようにならないと水源環境保全の取組みは成功しない。このような考えから、「素案」には「上下流の交流連携の推進」や水環境教育の場としての里山やまちの谷戸、湧水地の保全などの施策も盛り込んだ。

これに対して、「県外上流域の施策は相手（山梨県及び同県内市町村）のある話であり、現段階で事業費は確定できないのではないか」、「水源環境税は水源地域の保全に特化すべきであり、都市部の緑の保全や環境教育は一般財源で実施すべき」、「必要な施策を最小限に絞るべき」といった批判が相次いだのだ。県の当局側はそれぞれの事業の必要性を説明したが、議論は平行線をたどった。このように、水源環境税が個々の施策の是非や課税規模という、具体的な議論の段階に入ってくると、それぞれの立場からさまざまな意見が噴出したのだ。

③さらに山あり谷ありの議会との議論

次の県議会一二月定例会でも、「増税せず既存財源でやるべきだ」、「必要事業をさらに精査すべきではないか」など、厳しい意見が出た。税制措置の議論に入る前に、施策事業に関する議論がまだ不十分だという声も強かった。

いよいよ平成一七年二月定例会に条例案提案に踏み切った。ところが、議論は硬直状態となって、前に進むことができなくなってしまった。否決の危機が迫ったとき、議会関係者との深夜に及ぶ調整の末、窮余の策として、条例提案を撤回するという「前代未聞」といわれる策を講じなければならなかった。

平成一七年六月定例会には、これまでの議論を踏まえ、さらに条例案を見直し、改めて提案をすることとした。私からも、担当した当局の職員たちからも、必死に条例案を議会に説明し、理解を求めた。ところが、まだ議論が尽くされていないと、継続審査の扱いとなり、結論は先送りとなった。とはいえ、前回の定例会よりも、一歩前に進み、議論が深まってきたという感触を得た。

平成一七年九月定例会では、条例案に対して、新たな税負担を充てるべき施策の範囲などについてさらに議論が重ねられ、一部修正を受けて条例案が可決された。ようやく水源環境保全・再生の仕組みづくりは実現をみたのである。

④地方分権と課税自主権

その後、今後二〇年間の取組み全体を示す「かながわ水源環境保全・再生施策大綱」と、この施策大綱を踏まえ、最初の五年間に取り組む「実行五か年計画」を策定した。この計画に盛り込んだ一二の事業の実施に必要な年間約三八億円の財源は、水を利用される県民の皆様に広くご負担をいただく形で、安定財源である個人県民税について一定額を上乗せする超過課税をお願いすることとした。あわせて、税収の使途を明確にするために新たに特別会計と基金を創設した。平成一九年四月から、ようやく新規の税が徴収され、この財源をもとに、本格的な水源環境の保全・再生に取り組んでいくこととなった。

このように、水源環境保全・再生の仕組みづくりは、二〇年後の将来像を見据え、総合的で体系的な施策を、「住民の負担」による安定的な財源をもって、継続的に実施しようとするものである。税財政の地方分権を進展させる上で重要な自治体の課税自主権を具現化するチャレンジであり、地域施策の実現に「受益と負担の関係」の明確化が求められる中、「住民自治の原点」の取組みというべきものと自負している。水源環境税を通じて、将来にわたって環境を守ることは、現在の私たちの責務であるという高い志を県民と共有できたことは、今後、環境問題に県民と協働して取り組む上で貴重な財産となったと思っている。

環境問題は、身近な課題から地球温暖化対策まで、いずれも私たち人類のみならず地球全体の課題としてますます重要性を増しており、環境対策は最重要課題であると認識している。

第4節　道州制と首都圏連合

(1)　国のかたちの大変革

明治維新以来、わが国の中央集権型の統治システムは、欧米先進国へのキャッチアップなど国の発展に大きな成果をあげ、世界に類をみない平等な社会を実現させる上で有効に機能してきた。

しかし、新興諸国の経済発展や経済のグローバル化の進展など、社会経済のありようが大きく変化し、従来のような高度経済成長も期待できない中で、中央集権型の統治システムが制度疲労をきたし、世界の経済社会システムの状況変化に十分な対応ができなくなっている。経済政策、産業政策、農業政策など、欧米先進国どころか、東南アジアを始めとする新興諸国にも後れをとっていると言わざるを得ない。

私は、この国の仕組みを、新しい時代に適切に対応できる構造にするためには、政治・行政の分野における地方分権改革、地域主権社会の実現が不可欠だと確信している。

平成一五年のマニフェストでは、県政の「三つの基本方向」の一つに「地域主権の県政＝神奈川の力で日本の構造改革を進める」を据え、「首都圏連合を実現し、道州制への転換を図るなど、地域主権の取組みを進める」ことを掲げた。そして、政策の第一のパートに、地域主権型社会の実現への具体的な公約として「道州制」と「首都圏連合」を掲げた。これは、私が真の地方分権型社会こそが県民生活の向上をもたらすという強い信条を持っていたからである。

政策2　首都圏連合

生活圏、経済圏の拡大に伴う行政課題の広域化に対応して、新たな広域政府「首都圏連合」の設置を提案し、首都圏全域を対象とする広域政策を推進します。

政策3　道州制

すでに一三〇年が経過した現行の「都道府県制」から「道州制」への転換を提案し、分権型の地域主権国家の実現を図ります。

⑵　道州制についての基本的考え方

①「護送船団方式」からの脱却

これまでわが国では、国が政治行政の権限を保持し産業界を育成するとともに、地方を指導して落ちこぼれる地域のないよう各種の措置を行ってきた。いわゆる「護送船団方式」の政治・行政であった。法律で画一的な基準をつくり、国庫補助金で地域振興を図り、地方交付税で地域間格差を補てんしてきた。

現在、この「護送船団方式」は行き詰まりを迎えている。画一的な法律では地域社会の多様な課題に対応できなくなっているし、国庫補助金は政官業の癒着を生み出し、政策決定をゆがめている。地方交付税は地域の自助努力を妨げ、巨大な累積債務を生み出した。こうした方式をいったん廃棄して、「小さな中央政府」と「地域自立」の新しいシステムをつくる必要がある。

道州制の導入は、政治・行政システムを護送船団方式の中央集権型社会から地域主権型社会へ転換させる改革であり、道州制導入のポイントは「経済自立」と「政策自立」にある。

②地域の経済自立

地域の自立には「経済の自立」が不可欠である。国庫補助金や交付税に依存したままでは、個性的な地域づくりはできない。もちろん「経済の自立」は、地域にとって良いことばかりではない。厳しい地域間競争が待っているし、既に地域間格差の問題も大きな政治課題となっている。

しかし、経済のグローバル化によって、この競争は限られた国のパイを分け合うゼロ・サム型の競争ではなく、各地域が海外と直接交渉し、交流と発展を図る共存共栄型の競争になっていく。競争の質が変わっているのである。

経済圏を同一にする地域が道州に再編され、経済的に自立した道州によりさらに地域間競争が熾烈になっていくだろう。いい意味で競争が激しくなれば、地域の個性や資源が引き出され、国全体の経済活力は確実に向上する。つまり、善政競争が展開されていく。日本経済の国際競争力を回復させるためにも、道州制による経済自立が必要なのである。

③地域の政策自立と立法権の分権

もうひとつ、地域自立には「政策の自立」が不可欠である。これまでのように国が法律で細かく基準をつくり、自治体がこれを忠実に実施するというやり方では、地域の多様なニーズに応えるサービスは提供できないし、地域の自立は図れない。今後は、自治体が自ら政策を考え、自治立法（現行の条例）でそれを具体化することが重要である。道州ほど広域になれば、各種の政策的な取組みが可能となる。

もちろん、外交など国が担うべき政策や全国的に統一すべき事項、例えば、通貨などマクロ経済政策や年金など社会保障政策については、法律で定める必要がある。しかし、道州が担う課題については道州の自治立法に委ね、その政策判断を尊重すべきである。地方分権一括法の施行により行政権の分権は一定程度進んだが、立法権の分権はほとんど行われておらず、現在の地方分権改革は未完の改革である。

真の地方分権改革のためには、道州制の導入とともに、大幅な立法権の分権が伴わなければならないのである。

④参議院を分権国家の「動脈」に

次に、道州制に移行した際の国政の仕組みについても触れておきたい。道州制が地方分権型社会の実現を志向するものである以上、道州制に移行した場合に重要なのは、道州や市町村が国政に対して意見を反映させる仕組みをつくることである。道州制は、国の政治行政改革とセットで検討されなければならない。すなわち、道州といえども国の法律には縛られるから、自治体側が国の立法行為に何らかの関与をなしうる仕組みが必要になる。

そこで私は、国会の第二院（現在の参議院）を、地方選出の議員によって構成される地方代表の機関にすることを提案したい。参議院については、衆議院の「カーボンコピー」などと言われ、その存在意義が問われてきた。単一主権国家の日本であえて公選議員による二院制をとる必要性は薄い。平成一七年八月の郵政民営化法案をめぐる両院の対応や、さらに先の参議院議員選挙の結果、衆参の与野党政治勢力が逆転し、国会の機能不全さえ指摘されている状況をみても、現行の二院制には問題が多いといえよう。そこで、フランスやドイツ連邦の上院のように、参議院を地方の意思を国政に反映させる、いわば分権国家の「動脈」の役割を果たす機関とし、その議員は道州議員と市町村議員の代表者(兼職を認める)によって構成するものとしてはどうだろうか。もちろん、この改革には憲法改正を伴う。そもそも私は、国と地方のあり方についても、また道州制についても憲法に明記すべきだと考えている。

⑤道州制＝分権国家の実現は地方主導で

道州制を導入すれば、内政に関するほとんどの機能は道州と市町村が担当することになるから、国の省庁は大幅にスリム化できるし、しなければならない。まず各省庁の地方支分部局は、法務局などを除いてほとんど不要になろう。また、省庁は大幅に縮小するから再編統合が求められる。各省庁に残される機能は、国際的な問題を中心とする情報収集と政策立案の機能であろう。各省庁は、既得権益を守るための後ろ向きの姿勢を改め、むしろ道州制の導入を「政策官庁」として脱皮する好機として前向きに捉えるべきである。このように、道州制の導入は国の「統治機構」を組み替える構造改革なのである。

道州制に対しては、いまだに反対論や慎重論もある。当然ながら、もっとも強い反対・抵抗の主体は、権限とポストを奪われる霞ヶ関であろう。これまでも地方制度調査会の答申の多くが、各省庁の反対と抵抗で実現してこなかった。

しかし、そもそも地方分権型社会のありようを国から示してもらうなどという考え自体が間違っている。むしろ地方が主体的に分権国家の姿を提示し、地方主導で進めることによって、はじめて真の分権国家が実現するはずである。その意味で、私は、現在の全国知事会を始めとする地方六団体の対応には、まだまだ不満がある。地方自らの問題を、「今しばらく国の動向を注視して」などという議論がなされているようでは、地方分権改革への熱意を疑われても仕方ない。道州制こそ、地方から国に「戦い」を挑んでいくべき課題なのである。

私たち地方の首長や議員は、地方分権改革は国から与えてもらうものではなく、地方自らが勝ち取るべきものであるということを、今一度肝に銘じるべきである。そうした意味も込めて、私は「地方分権」ではなく、「地域主権」という言葉を使っているのである。

(3) 道州制実現に向けての取組み

①全国知事会への提案

平成一五年七月、私が知事になって初めての全国知事会議が、岐阜県で開催された。折りしも、道州制そのものではないが、北東北三県の合併構想や九州、近畿圏などにおける都道府県の広域連携の研究など、全国的に広域的な連携に向けた機運が醸成されつつあるという時期にあった。

こうした状況を踏まえ、私は、都道府県知事自らが道州制を正面から受け止めた研究に着手すべきと考え、すかさず全国知事会に「道州制の研究会」設置を提案した。

しかし、私の提案に対して、各知事達の反応は驚くほど低調であった。研究会の設置に賛同する知事もいたが、それぞれの議会との関係や自らの地位の問題なども含め時期尚早との意見や慎重論が多く、結果的に研究会の設置は認められなかった。

私としては、出鼻をくじかれた思いで非常に残念な結果となったが、逆に道州制導入への思いを強くしたのも事実である。

また、知事就任当初は道州制導入と訴えても、神奈川県議会においては「何を夢のようなことを言っているのか」「現職知事が現行の都道府県を否定するのか」といった、議論自体がタブーのような雰囲気があったのも事実である。

②小泉総理から言質をとる

味方は意外なところから現れた。平成一五年年一一月の総選挙における自民党のマニフェストに「道州制基本法の制定など、道州制導入の検討を進める」ことと「モデルケースとして北海道に道州制特区を創設する」ことが、公約として掲げられたのである。

こうした中、一二月一日、首相官邸において「内閣総理大臣と知事の懇談」が行われた。私は、この席で小泉総理に対し、私の道州制に対する思いを述べ質問をぶつけた。これに対して、小泉総理からは「道州制を進める。その際には地域の意見を尊重する。知事達の取り組みを歓迎する」と発言が返ってきた。小泉総理と私の構造改革の思いは一致しており、わが意を得たりという思いであった。改めて、道州制導入に向けた取り組みを強化し、スピードアップする必要性を感じた。

③全国知事会に研究会設置

こうした流れを受け、平成一六年八月の全国知事会議において、「道州制研究会」の設置が決定された。まだまだ慎重派の知事もいるものの、実に二五人もの知事が研究会に参加することとなった。一年前の会議では一人の知事の賛同も得られなかったことを考えると、隔世の感があった。

この「道州制研究会」の初会合は、早速八月二七日に開催され、各知事から道州制に対する思いが述べられた。マスコミの報道は概ね好意的で、特に、全国の過半数の知事が参加していることに大きな意義を認め、「現実味を帯び始めた道州制論議」といった見出しを掲げた報道もなされた。

ようやく全国知事事会においても、多くの知事が道州制の導入に賛成するようになってきた。今後は、道州制の推進体制をしっかりと構築し、知事会と改革派の国会議員が道州制推進の「政治連合」をつくり、スクラムを組んで霞ヶ関の官僚と族議員の抵抗を乗りこえなければならない。

④国における展開

その後の道州制論議は、国においては、第二八次地方制度調査会が「道州制のあり方に関する答申」を行い、広域自治体改革の具体策として「道州制の導入が適当」とし、区域割りの例を含めて、道州制の制度設計について提言を行い、さらに、道州制担当大臣が設けられた。

また、平成一八年五月には、「道州制特別区域における広域行政の推進に関する法律案」が国会に提出されるに至った。さらに、安倍総理大臣の下に設けられた「道州制ビジョン懇談会」は平成二〇年三月に中間報告を行い、「三年以内に道州制基本法をつくり、十年で道州制に完全移行すべき」と謳い上げ、いよいよ現実的な議論となってきたのである。

(4)　首都圏連合の取組み

私は、道州制の導入を目指しているが、実際、道州制の導入を短期間に実現するのは難しい。他方で、生活圏、経済圏の拡大に伴い、都道府県域を越えて、早急に対応しなければならない行政課題も山積している。

そこで、私は、首都圏の緊急に対応すべき広域課題に対して、県域を越えて協働し、そうした実績を踏まえて将来の道州制実現につなげていくという戦略を描いた。そのための受け皿として、地方自治法上の「広域連合」としての首都圏連合の設置を構想したのである。

市町村については、最近の平成の大合併も含め、何度か歴史的な合併の流れがあり大きく行政区域も変わっているのに対し、都道府県は明治時代から一二〇年間の長きにわたり、ほとんど合併もなければ境界の変更もない。さまざまな公共交通機関などがネットワーク化され、経済活動は広域化し、首都圏全体がひとつの生活圏、経済圏となっている現代に、「ちょんまげと草履」の時代のままの都道府県域で適切な対応が可能などと考える人はいないはずだ。

①首都圏によるディーゼル車排ガス規制

首都圏連合が対応すべき広域化課題の一つは環境問題への対応である。かつて、東京都の石原知事がディーゼル車から排出されるスス状の粒子状物質をペットボトルにつめ、記者会見において「東京都民は、発ガン性のあるこれだけのディーゼル車の煤煙を吸っているのだ」とアピールしたことを記憶している人も多いと思う。

ただ、トラックは東京都内だけを走るわけではなく、首都圏を広域的に移動している。そして当然、排気ガスは首都圏のつながった空を流れる。従って、大気の環境に関わる規制は、少なくとも同一の経済圏を構成している首都県全体で取り組む必要がある。

そこで、「首都圏サミット（八都県市首脳会議）」において協議が行われ、神奈川、埼玉、千葉の各県でも、東京都と同様の条例を作ることとなり、この動きが国の背中を押し、後のＮＯｘ・ＰＭ法の改正につながったのだ。

この取り組みは自治体連携の先進事例となり、地方が国をリードした事例として全国にインパクトを与えた。その反面、このような緩やかな広域連携の限界や課題も明らかにした。すなわち、神奈川県の条例成立が遅れ、罰則の導入が他団体より半年遅れとなり、千葉県では議会から罰則規定の見直しが求められ混乱するなど、四都県間の足並みの乱れが露呈した。そして、首都圏全体での規制がスタートするまでに四年の年月を費やした。もし、首都圏全体で環境政策を一元的に推進できる行政体があったら、おそらく一、二年で実現できたであろう。

国には省庁の縦割りがあり、首都圏には都道府県の横割りがあるため、首都圏で共通の行政施策を実施するのにどうしても時間がかかる。だからこそ生活圏や経済圏の大きさにあわせた新たな行政体が必要なのである。

②国際競争力を失う首都圏の港湾、空港

もう一つ例を挙げると、港湾と空港政策の分野である。

現在、東京湾には、国際港湾として、横浜港、川崎港、東京港、千葉港、木更津港、そして横須賀港の六つの国際港があり、しかも所管する自治体が全て異なる。かつて横浜港や東京港は、アジアが誇る国際港であり、昭和五五年には世界でも横浜が一二位、東京が一八位のコンテナ取扱量をであったが、平成一八年度には、それぞれ二七位、二三位まで転落している。ちなみに、同年の世界のベスト5は、シンガポール、香港、上海、新せん、釜山の順で、いずれも東南アジアの港湾となっている。もし、東京湾全体の港湾行政を一括して管理する行政体があれば、六つの港湾の集約や機能特化など総合調整により、最高のパフォーマンスを発揮するなどの対応が可能になるのだ。

また、空港についても同様なことが言える。三四〇〇万人もの人口を抱える首都圏であれば、国際空港が二つあることなど、世界の常識である。しかるに、首都圏経済再生の鍵を握る羽田空港の国際化が、成田空港を抱える千葉県の反対によって思うにまかせない中で、続々と整備の進むアジア各国の空港との競争に既に大きな遅れを取っている。

このように港湾行政においても、空港行政においても、現在の体制のままでは、我が国や首都圏がさらされている都市間競争や国際経済競争に満足に対応できず、「ジャパンパッシング（日本外し、日本素通り）」による経済的損失は計り知れない。

③首都圏連合の意義

このように首都圏の自治体が共同で取り組むべき広域課題は山積している。経済・産業振興や環境対策だけではない。防災対策や治安対策が首都圏で統一的に実施されれば効率的かつ強力なものとなり、青少年問題などにもより効果的な対策が講じられる。首都圏を一体とした観光も新たな魅力を生むだろう。

私は、単に地方分権を叫んでいても実現するものではないと思っている。具体的な課題解決に向けた実践こそが、何よりも改革の力となる。その意味で、首都圏連合の取組みは、二一世紀の「この国のかたち」に指針を示す象徴的なプロジェクトとなるはずだ。

ＥＵが国の壁を乗り越えてつくられたように、各都県が自治権を持ちながらも、共同して取り組む必要のある広域行政の分野については、首都圏連合に一定の権限を移譲し、各都県がその決定に従う。国から環境、産業、防災等の権限を受け入れて、首都圏の広域政策を計画的に展開できる行政体を構築する必要がある。

首都圏連合の設置によって、首都圏全体の利益を考え、一元的にマネジメントができ、首都圏は必ず再生できる。首都圏連合によって、首都圏の住民福祉は間違いなく向上するのである。

④首都圏サミットでの提案

この首都圏連合のコンセンサスをどのように形成してきたのか簡単にたどってみたい。

まず、首都圏サミットへの提案に先立って、県庁内に「二十一世紀の県政を考える懇談会」を設置し、各分野の代表の方々に参画いただき、半年ほどかけて首都圏連合の内容の理論武装と進め方について戦略を練った。

　平成一五年一一月、川崎市で首都圏サミットが開催され、首都圏連合についての議論がスタートした。このとき私は、首都圏連合の設置を目指した検討組織の設置や常設事務局の設置など具体的な提案を試みた。この提案に対し、各首長からは率直な意見が出され、激しい議論が展開された。提案は、各首長にとっては自らの権限を縛ることにもなるし、議会や住民への説明などの必要な手順や障壁、特に、地方自治法に基づく広域連合制度を活用する点を考えると、簡単に賛同できないのも当然だ。

　最終的に、座長の阿部川崎市長が、広域行政に関する「事務レベルの検討組織」を設けるという折衷案を提示し、合意することができた。

　そして、翌一六年五月の首都圏サミットにおいて再度協議することとなった。そのサミットで、今度は、石原東京都知事から「事務所スペースを東京都が無償で提供する」

首都圏サミット

との提案がなされ、事務局設置の方向に向けて動き出すことになった。さらに、同年一〇月のサミットにおいて、この事務局の名称が「首都圏連合協議会」と決まり、さらに一歩前進をみたのである。

⑤首都圏連合フォーラムの設置

この首都圏連合協議会においては、各自治体からテーマ別の担当者を出し共同で取り組んできた。これまでに、ゲームソフトの規制などの「青少年の健全育成問題」、三位一体の改革についての緊急提言など「地方分権改革の実現」に向けた取組み、花粉症対策などの「環境問題」など、広域でないと実効性が上がらない課題に着実に実績を積み重ねている。

そして、こうした取り組みをさらに発展させるのが「首都圏連合フォーラム」である。これは、首長以外に、企業や経済団体、NPOなどの民間人、各界の有識者、自治体の議員が同じテーブルについて、首都圏が抱える重要な課題について議論を行う協議体である。平成一七年一一月の首都圏サミットにおいて、私から設置を提案し各首長から快く賛同いただくことができた。

以後、首都圏連合協議会と首都圏連合フォーラムが協働し、「TOKYOBAYツーリズム基本構想」を策定し、この構想に基づき東京湾における新たな旅客船の運行実験や広域周遊モデルコースの提案「二一世紀の船出プロジェクト」など具体的な協働事業を実施している。

(5) 今後の取組み

道州制も首都圏連合も、ともに国のかたちを変えていく大きな改革である。一期目の最初には、私の提案に対して本当に冷ややかな反応から始まったが、四年目には明らかに反応が前向きに変わってきた。

しかし、大きな改革は始まったばかりである。首都圏あるいは日本という大きな船の舵を切るのは容易なことではない。二期目にあたって、引き続き地方分権を強力に進めていくために、地方からの政治的な圧力を強めていく必要を感じている。また、法制度を整えて、手続きを透明化していくことも求められる。あるいは、道州制に向けて目に見える事業展開も示していきたい。首都圏では、未来志向の共同プロジェクトのアイデアを出し合い、実現に向けて大いに議論の輪を広げる必要があるだろう。

また、首都圏連合だけではなく、一期目の後半から私の提案によってスタートした山梨・静岡・神奈川の三県による新たな広域連携プロジェクトである「山静神サミット」も、地震・火山の防災対策や富士・箱根・伊豆の観光振興などを中心に推進していきたい。

地方分権改革の実現は、さまざまな施策を展開する上で基礎となるものであり、この国のかたち、統治機構そのものを変える大改革であり、私が最も重要と考えるテーマなのである。引き続き、具体的な取り組みを通じて着実に実績を積み重ねることにより道州制論議をリードしていきたい。

第5節　多選禁止条例

(1) 政治家としての信念

知事の多選禁止の制度化は、私の二〇年来の主張である。神奈川県のような大規模自治体においては、首長の多選制限の制度化は是非とも必要であり、その制限は法律で一律に行うのではなく、地方自治体が自らの統治ルールとして条例によって行うべきだ。こうした考えのもと、平成元年一二月、当時神奈川県議会議員であった私は、県議会本会議において、当時四期目であった長洲一二知事に対し多選の弊害とその改革案について指摘をした経緯もある。

私は、平成一五年のマニフェストの中に、県政の停滞と腐敗を防ぐための知事の多選禁止(三期まで)の制度化を盛り込んだ条例案を一七年度までに提案すると掲げた。

政策5　多選禁止

常設型の「県民投票制度」や知事の多選禁止(三期まで)を制度化します。これらの県政の基本方針などを定める「自治基本条例」の制定を提案します。

(2) 私の主張する多選禁止とは

二元代表制を敷くわが国の地方政治にあっては、首長は、ヒト、モノ、カネを一手に握る独任制の機関であり、最高権力者である。このような強力な政治権力を持つ首長が長くトップの地位にとどまることで、行政運営の独善化やマンネリ化、人事の偏向、議会とのなれあい、利益団体との癒着などさまざまな弊害が生じやすいとの指摘がある。私も同感である。

また、民主政治は分権の思想で成り立っており、その参考となるものの一つが、アメリカの制度とその根底にある政治思想である。アメリカの民主政治の基礎には分権思想があり、その一つに「権力は常に腐敗を伴う。ゆえに政治権力の分散と制限が必要である」というものがある。こうした思想に立って、民主制を維持するため、政治権力の「機能的分権」として立法・司法・行政の三権分立を、「地域的分権」として各州の自治権を認める連邦制を、そして「時間的分権」として大統領や州知事の多選制限を、統治システムの中に組み込んでいる。つまり、多選制限は権力の長期集中化を嫌う民主主義のきわめて当然の要請なのである。

では、なぜ多選制限を法律で一律に行うのではなく、条例によって行うべきなのか。わが国には大小様々な地方自治体があり、都道府県をみても人口六〇万人強の鳥取県から一、二〇〇万人を超える東京都まで大きな格差がある。また、神奈川県内の市町村をみても、人口約三、五〇〇人の清川村と約三六〇万人の横浜市の人口差は千倍にもなる。このように人口規模が違い、政治風土も大きく異なる地方自治体の統治システムを画一的に論じることには無理がある。

今まさに地方分権改革が大きく進展しつつあり、自治体には自己決定・自己責任の原則が強く求められてきている。すなわち、地方分権とは、住民に身近な自治体が地域の実情を踏まえ、地域のことは地域で決定しその責任も持つというものであり、地方政治の仕組みにおいても同様であると考えている。

多選の弊害の内容や程度は、その自治体の規模、首長の持つ権限や影響力の大きさ、さらには政治風土によって違ってくるであろう。従って、首長の多選制限を政治のルールとすべきか否か、どのようなルールにするかは、まさに自治の問題であって各自治体が主体的・自発的に取り組むべき問題なのである。そして制限すべきと判断した場合には、自ら条例によって定め律することこそが地方自治の本旨に合致している。

(3) 一期目の条例提案

①多選自粛条例の提案

私が、ちょうど多選禁止をマニフェストで約束をした平成一五年頃、自治体自らが首長の多選制限に向けた具体的な動きを見せ始めた。まず、平成一五年三月に全国で初めて、東京都杉並区で区長の四選を自粛する条例が公布され、県内では、同年七月には川崎市において市長の四選自粛条例が、また、翌一六年八月には、都道府県としては初めて、埼玉県において知事の四選自粛を定める条例が公布された。ただ、これらの条例の多くは現職一代限りの自粛条例であった。とはいえ、多選禁止を条例で定めることに対する法的な疑義が指摘されていた中にあっては、大きな前進と言えるものであった。

私自身は、条例で知事の多選禁止を定めることは可能だと考えてはいたものの、知事の多選を条例で禁止することは、現行法体系のもとでは法的疑義があると指摘されていることに配慮し、多くの方々のご理解をいただくためにも、まず第一段階として、他の先行自治体のように禁止ではなく自粛を定める条例を制定しようと考えた。また、マニフェストの中で自治基本条例の中に知事の四選禁止を定めることを宣言していたが、自治基本条例から切り離して単独条例として定めることとした。

そして、平成一七年一二月県議会定例会に、私一代限りの多選自粛条例を県議会に提案した。しかし、議会からは、「一代限りの自粛条例は個人の政治信念を宣言するに過ぎないもので、条例にするまでもない」といった指摘がなされ、残念ながら否決されてしまった。

②全国へのアピール・同志との共闘

そこで、平成一八年七月に島根県で開催された全国知事会議の場で、私は条例により知事の在任期間を制限することができるよう、関係法令の改正を国に働きかけることを提案した。この提案は、全国知事会の中に設置されている総務常任委員会で審議されることとなった。私は、八月に開催された総務常任委員会の場でも、改めてその必要性を訴えたのだが、他県からは慎重や反対の意見が相次ぎ、なかなか進展がみられなかった。

折りしも、平成一八年七月以降、岐阜県や福島県で知事の不祥事が相次いで明らかとなり、地方自治への信頼を失墜させる深刻な事態となった。その中には、長期間在職していた知事もいたことから、マスコミでも多選の弊害の問題が大きく取り上げられ、多選制限の必要性の世論が巻き起こってきた。

その後、平成一八年一〇月に開催された「県・横浜・川崎三首長懇談会」の場では、首長の任期制限を公約としている横浜市長、川崎市長とともに、首長の在任期間制限を可能にするよう取り組む決意を共同声明として表明した。

一方、一連の知事の不祥事を受けて、国政のレベルでも動きが始まった。平成一八年一一月、自民党は選挙対策要綱を改正し、四選を目指す知事・政令市長の公認又は推薦はしないことを決定した。

これによってすでに同様の方針を打ち出している民主党、公明党といった主要政党で、多選首長は推薦しないという方針が出揃ったのである。

同じ頃、総務省においても、議論の高まりを受けて学識者による「首長の多選問題に関する調査研究会」を発足することを発表した。

このような政党や国の動き、世論の盛り上がりの中で、国会議員の中からは「知事の多選を法律で一律に制限してしまえ」という意見も聞かれるようになってきた。

私は、「法による一律制限」はまさに中央集権の発想そのものであり、地方分権の時代には相応しくない危険な方向だと大きな危惧をいだいた。多選制限を巡って、「中央集権対地方分権」の戦いが始まったのである。この戦いに勝つためには、地方は手をこまねいていてはだめだ。自らの行動を起こす以外に道はないと思い立ち、私は、それまでどの自治体も踏み込まなかった独自条例による知事の多選禁止を、平成一八年一二月県議会定例会に提案しようと決断したのである。

条例提案に先立って、「外堀」を埋めていくための手を矢つぎ早に打った。

まず、平成一八年一一月一五日に開催された首都圏サミット（八都県市首脳会議）において、首都圏の八自治体が一致団結して、「首長の在任期間を、法律により一律に制限するのではなく、条例により制限できることを明確にするよう、関係法令を改正すること。なお、法令改正までの間に、各自治体が在任期間を制限するための条例を制定することについては、国として妨げないこと」を合意した。

さらに私は、平成一八年一一月二四日に開催された政府主催の全国知事会議の場においても、就任間もない安倍総理大臣に対し、私の主張を述べ法改正の要望をアピールしたのである。

③多選禁止条例の提案と否決

いよいよ平成一八年一二月の県議会定例会を迎え、「神奈川県知事の在任の期数に関する条例」、いわゆる知事多選禁止条例を提案した。

県議会の反応は、やはり厳しいものであった。多選禁止そのものに反対する意見もあったが、反対の最大の理由は、総務省がこの条例の違法性を指摘していること、そして、総務省の調査研究会が議論をしているのだから国の動きを見極めるべきではないか、といった点であった。地方自治の本旨に則った地方分権時代に相応しい法解釈や地方分権を勝ち取るためにも国と闘うべきだという私の主張については、一部の会派の理解を得るにとどまり、一年前の多選自粛条例に続いて、再び否決という結果となった。

私は、この条例の意義は単に神奈川県知事の多選を禁止するにとどまらず、いわば地方分権改革をリードしていくという意味合いも併せ持つものだと考えていたので、一石を投じたという点で意義があったと考えている。とはいえ、結果を出せなかったので、悔しい思いを噛み締めたし、なんとしても捲土重来《けんどちょうらい》を心に誓った。

(4) 二期目の攻防〜条例制定までの道程

①新たなマニフェストで再チャレンジ

こうして私は、一期目の四年間の中で、残念ながら知事多選禁止の制度化を実現することはできなかった。しかし、さまざまなチャレンジを重ねる中で、また政治家としての直感として、私の主張が徐々に浸透しつつあることを認識した。今後行われる首長選挙においては、この首長の多選制限問題は必ず争点の一つになるとの確信を深めていった。

そこで、二期目に向けたマニフェスト2007「神奈川力全開宣言」の「条例マニフェスト」のなかで、改めて次のように知事の多選禁止条例の制定を掲げることとした。再チャレンジのスタートである。

条例10　知事多選禁止条例（知事の在任の期数に関する条例）

幅広い権限を有する知事が長期にわたり在任することによって、独善的な組織運営、人事の偏向、議会との癒着などの弊害が生じるおそれがあります。こうした弊害を防止し、清新で活力ある県政を確保する民主政治のルールとして知事の在任を連続三期までに制限する条例の制定をめざします。

平成一九年四月の知事選挙で再選を果たすことができた私は、早速、多選禁止の制度化に向けて動き始めた。

まず、最初の舞台は、平成一九年五月一八日に開催された全国知事会議であった。私は、この全国知事会議においても、首長の在任期間制限を条例でできることを法的に明確にするための法改正の提案を再度主張した。しかし、またもやこの会議においても議論は盛り上がらず、賛同を得ることはできなかった。どうやら、反対の知事さんたちは、自分の立場を制限するような議論はしたくないというのが本音なのであろう。

一方、五月二三日、自民党は党改革実行本部の首長多選問題小委員会を開催し、首長の多選制限に関する党としての考えをまとめるべく動き始めていた。

五月三〇日に開催された首都圏サミット（八都県市首脳会議）でも、首長の多選禁止問題が大きなテーマの一つとなった。そして、平成一八年一一月一五日に同会議において合意した内容とほぼ同様の意見を全会一致で合意し、意見表明をした。

さらに、五月三〇日に発表された総務省の「首長の多選問題に関する調査研究会」の報告は、多選禁止を憲法上許容するものであり、在任期間を制限するか否かや、制限するとした場合の方法は基本的に「立法政策の問題」であるとの見解を示した。しかし、多選制限の制度化に当たっては法律にその根拠を置かなければならないとし、私が主張してきていたように地方自治体が独自の条例で多選禁止を定めることができるという見解までには至らなかった。

さらに、私は、単独での要望活動も展開した。五月三一日には菅総務大臣に、また、六月四日には塩崎官房長官に面会し、それぞれに首長の在任期間を条例で制限できるよう法改正を直接要望した。

そうした中、自民党は、首長の多選禁止の法制化に向けて着々と動き始めた。七月に迫った参議院議員選挙に向けた選挙公約・マニフェストに「知事と政令指定都市市長の連続四選目の立候補禁止を法制化するとともに、一般の市町村長の多選については、条例により禁止できるよう慎重に検討を進める」ことを盛り込んだのである。

②全国知事会議での議論

いよいよ多選禁止の法制化が現実のものとして動き始めた中で、全国知事会の中で知事の多選禁止問題を審議していた総務常任委員会の委員長である岡山県の石井知事は、この問題に対して何らかの形でまとめる必要に迫られていた。そこで、総務常任委員会に先立ち、私の考えを全国の知事に改めて伝え、意見を求めることとなった。

六月一八日の総務常任委員会の当日、集められた意見が披露された。ところが、それらの意見は、多選制限自体についても賛成、反対、もっと議論が必要というように大きく分かれていた。また、仮

全国知事会議で訴える

に制限するとした場合の方法についても、条例で決めるべきという意見から、法律で一律に制限すべきという意見まで、幅広いものであった。

私はこの委員会のメンバーではなかったが、私の提案によりこの問題が審議されていたことから、当日この委員会に出席し、改めて全国知事会としての意見集約の必要性を訴えた。それでも総務常任委員会としての意見集約することが難しかったため、次回の全国知事会議の場に議論を持ち越すことになった。

この全国知事会議に先立ち、総務常任委員長の取り計らいで、私は「在任期間を制限するかどうかや、制限する場合の在任期数などを条例に委ねるべきである。知事や政令市長の在任期間を全国一律に制限するという方式は、まさに中央集権の考え方であり、地方分権を推進する立場からは到底容認することはできない」という主張を全国の知事に訴えたのである。

七月一二日から一三日にかけて熊本県で全国知事会議が開催された。多選制限の議題に入った時、心なしか会場の空気が緊張したように感じた。会議での各知事の意見は、引き続き、賛成、慎重、反対と大きく分かれ、仮に制限するとした場合の方法についても、条例で決めるべきという意見から、法律で一律に制限すべきという意見まで、一致には程遠かった。ここで意見集約に達しなければ、法による一律制限で押し切られてしまう危険を感じていたので、私は、私の意見に賛同しかねている知事が合意できるよう譲歩した形の再提案を行うことにした。にもかかわらず、この再提案に対しても賛否両論が噴出し、意見集約に至らなかった。こんなことでは、「闘う知事会」とは、とても言えない。それまで全国知事会での議論をリードしてきた私としては、大変残念であったが、何とかしなければと、次なる決意を固めたのである。

③多選禁止条例の二度目の提案

一方で、多選禁止条例の制定に力強い後押しとなる出来事があった。七月四日、中田横浜市長が菅総務大臣に対して「首長の多選制限に関する要望」を行った際、菅大臣から「首長の多選制限については地方の自主性を尊重する方向で考えたい」との発言があったとの報道である。自民党が知事と政令指定都市市長の全国一律四選禁止の法制化を公約に掲げている中で、地方自治制度を所管する総務大臣の発言は重く、私としては大きな味方を得たと確信したのである。

国が全国一律制限の法制化に動き出す前に、何としても地方自らが条例で多選禁止を定めることができるという実績、実例を示す以外には地方分権型の多選禁止の実現できない。神奈川県以外には、その先陣を切るものはいない。そうした緊迫した情勢の中で、来たる九月県議会定例会に再度、知事多選禁止条例を提案することを決意したのである。

私の究極的な目標は、あくまでも各自治体が自らの判断で条例によって首長の多選禁止を定めることができる仕組みを実現することにあった。このため、今回の条例化に当たっては、前回よりもさらに地方分権改革の観点を鮮明に打ち出すことにした。つまり、この条例を制定する意義は、単に神奈川県知事の多選禁止を制度化するにとどまらず、全国一律規制の制度化に反対の意思を明確に示し、地方分権型の制度構築を進めるための試金石であることをアピールすることにした。

条例を可決するには、県議会議員を説得し、理解を得なければならないことは言うまでもない。私は、前回の条例提案の時よりも、さらに多くの野党的スタンスの議員を知事室に招いたり、さらに自宅を訪ねたりと、あらゆる機会を通じて個別説得を試みた。さすがに二期目の知事選挙で圧勝し、県民の大きな信任を得た直後でもあったので、議員の反応は前回とは違い、かなり好意的になっていたように感じた。

これと併行して、私は八月に就任したばかりの増田総務大臣を訪れ、県議会九月定例会に知事多選禁止条例を提案する旨を伝え理解を求めた。大臣からは、「多選禁止は最終的には個々の自治体で決

める べき問題である」との発言を得た。心強い応援を得た思いであった。

④三度目の正直、全国初の条例成立

平成一九年九月一九日、県議会九月定例会の初日、知事多選禁止条例、すなわち「神奈川県知事の在任の期数に関する条例」を提案したのである。いよいよ、この条例を巡る三度目の県議会での論戦が始まった。

本会議では、まず、「多選制限を制度化する場合には法律にその根拠をおくことが必要と言われている中で、国の動向も明確ではないこの時期に、何故、多選禁止条例を提案したのか」との質問があった。これに対し、私は次のように答えた。

「私は、これまで二〇年近くにわたり、本県のような大規模自治体においては、知事の多選禁止の制度化が是非とも必要であると主張を続けてまいりました。（中略）現段階で国の法改正の動きは明確ではありませんが、このまま地方が何もしなければ、いずれ法律による一律規制という中央集権的な制度ができあがる恐れがあります。また、場合によっては、法改正が先延ばしされ、改革が進まないことも想定されます。そこで、これまでにも先進的な改革にチャレンジしてきた本県の独自の判断によって、多選禁止条例を制定することで、全国一律規制に反対する明確な意思表示をし、国に対して、条例に全面委任するような法改正を促していく覚悟でございます。さらには、もう一つの懸念である、法改正の先延ばしに対しても、本県がこうした先行事例を作ることによって、同様の改革を目指す自治体とも連携しながら、世論を盛り上げ、条例委任のための法改正を強力に働きかけていく所存でございます。（中略）地方分権改革を進展させるためには、国の方針を待つのではなく、地方自らが積極的に発信し、行動していかなければなりません。そうした意味で、この条例は、地方分権改革の試金石でもあります。本県がこの条例を制定し、これを契機に条例委任の地方自治法改正を実現することで、国と地方との協働による地方分権型の制度の確立を目指していきたいと考えておりますので、是非、議会の皆様のご理解をいただきたいと思います。」

また、「神奈川で多選禁止条例を制定する意義は何か」との質問に対しては、次のように答えた。

「知事の多選禁止を国が画一的に定めるという中央集権的な制度ではなく、本県の判断によって、あるいは、各自治体の判断によって条例で定めることは、まさに、地方分権改革の観点からも、重要な意義を持つものと確信をしております。さらに、こうした方向は、地方分権改革の取組みに挙げられている条例制定権の強化にもつながるものと認識をしております。（中略）今まさに、法律で全国一律に規制しようという意見もある中で、本県が、条例制定権を活用し、地方政治改革をリードしていくことが、この条例の制定意義でございます。（後略）」

本会議の後、条例の審議は総務企画常任委員会に移った。この条例の法的課題や意義を中心に激しい議論が続いた。三日目の審議は、とうとう翌日の明け方まで続けられることとなった。

最終的には、この条例には法的課題はあるものの、条例の趣旨そのものや、地方分権改革推進の観点から、神奈川において条例を制定し、新たな仕組みづくりを目指す意義を認めるとの結論に達したのである。

しかし、一部を修正する案が提出され可決された。修正の内容は、条例の根拠となる地方自治法等の改正を見極め、改めてこの条例の施行日を別の条例で定めるという趣旨である。具体的には、条例の施行日を原案の「公布の日」から「別に条例で定める日」に修正するという内容であった。

一〇月一二日、修正を受けた多選禁止条例案は本会議において可決、成立した。これに併せて、県議会は「首長の在任期間の制限が条例に委ねられる法改正を早期に実現されるよう強く求める」という内容を含んだ「真の地方分権改革の実現を

神奈川県知事の在任の期数に関する条例

(目的)

第１条　この条例は、清新で活力のある県政の確保を図るとともに、知事の職に同一の者が長期にわたり在任することにより生じるおそれのある弊害を防止するため、知事の在任の期数について定め、もって民主政治の健全な発展に寄与することを目的とする。

(在任の期数)

第２条　知事は、引き続き３期(各期における在任が４年に満たない場合も、これを１期とする。)を超えて在任することができない。

2　知事の職の退職を申し出た者が当該退職の申立てがあったことにより告示された当該知事の選挙において当選人となり引き続き在任することとなる場合においては、当該退職の申立てに係る選挙の直前及び直後の期を併せて１期とみなして前項の規定を適用する。

附　則

この条例は、別に条例で定める日から施行する。

求める決議」を採択し、県議会としてもこの条例の早期施行に向け法改正を国に強く求めていくことになったのである。ここに四年間にわたる県議会での激論を経て、全国で初めての知事多選禁止条例が成立したのである。

私としては、原案のまま可決されなかったのは心残りではあったが、条例制定の意義について県議会の賛同を得たこと、そして全国初の知事多選禁止条例の制定という大英断を県議会が下したことに感謝している。そして、地方政治改革の先駆的な政策をマニフェストに掲げた公約通りに実現できたことを誇りに思っている。

(5) 条例施行のための法改正に向けて

神奈川県が知事多選禁止条例を成立させたことは、全国的に大きな反響を呼んだ。

国においては、福田総理大臣や町村官房長官、増田総務大臣らが次々とこの条例成立に対する見解を発表し、国会での質疑にも取り上げられた。総務省は依然として、この条例の違法性を指摘している。

マスコミは、新聞各紙が朝刊一面で取り上げ、社説などでも言及してくれた。そうした記事の論調のほとんどは、地方政治改革に一石を投じた意義を評価していた。

各都道府県知事のコメントも報道された。その多くは、あえて批判的な論調のコメントが中心に紹介されていたようだ。

条例成立後、私は間髪を入れず、首相官邸や総務大臣そして各政党の政策担当者などを訪問し、条例の成立や県議会の決議を報告するとともに、早期法改正を要請して回った。

その後も自民党や民主党における多選制限の検討を行っている委員会や部会にも招請され、条例の意義と法改正の必要性を訴えてきた。私としては、この条例が一日も早く施行できるよう、これからも努力も続けていくつもりだ。

私にとって、この条例の制定は首長の多選禁止を制度化するためのスタートに過ぎない。最終的に目指す姿は、あくまでも、国と地方との協働による地方分権型の制度の確立である。国が自治体の首長の多選禁止を条例に全面委任するような法整備を行い、各自治体が首長の多選禁止の是非を判断し、必要があれば条例で定めることができるという制度が確立されることだ。

分権型社会においては、地方における改革は地方自らが主体となって進めるという理念と行動がこの国に定着するまで、私は手を緩めるつもりはない。

第四章　マニフェスト・サイクルの具体的手法

――マニフェスト評価の実践

私のマニフェストに対しては、一期目の初年度が終了した時点から、毎年、第三者評価をいただくとともに、自己評価を実施してきた。いずれも評価結果を公表し、進捗が不十分な場合には、翌年度、この改善にあたる努力を重ねてきた。

これにより、「マニフェスト提示⇒実践⇒評価⇒改善」のマニフェスト・サイクルを実現することができる。後述するように、このマニフェスト・サイクルに関しては「NPO法人自治創造コンソーシアム」の評価研究によっても実証していただいている。

一期目の最終年度は、二月までに第三者評価を実施していただき、この結果概要を含めて「知事の通信簿」を作成し、これらの結果と自己評価を踏まえて、最終的に再選出馬を決定するという、マニフェスト・サイクルに基づいた「再選プロセス」を踏んだ。

他方で、マニフェストの評価とは別に、県の総合計画についても、毎年、「白書」という形で県として進捗状況を公表することとした。

マニフェストの進捗状況について、「第三者評価」と「自己評価」の二本立てで評価することにしたのは、学識者や県民代表からの客観的評価と、私自身の思いも含めた主観的評価の双方を公表し、有権者である県民にフィードバックして総合的な評価を委ねたいと考えたからである。

1　第三者評価の実施

(1)松沢マニフェスト進捗評価委員会(委員長：小池治横浜国立大学教授)　※資料編参照

①中立・公正な評価委員会

第三者評価は、NPOや民間のシンクタンクなどが、自発的に実施していただくことが望ましいが、政策評価手法などは専門的なものであり、その資金調達も困難な面がある。そこで私は、第三者評価を私個人が諸費用を負担する形で実施していただくこととした。ただし、費用を負担するからといって、お手盛りの評価だとの批判を避ける必要があった。

そこで、政策評価に精通している小池治氏(横浜国立大学教授)に、マニフェスト評価の仕組みづく

松沢マニフェスト進捗評価委員会評価結果の報告を受ける

りから依頼することとした。私からの小池氏へのお願いは、「あくまで中立的で公正な評価を実施してほしい」という一点に尽きる。そうした趣旨を汲んでいただき、小池氏は四名の学識者委員を選任された。この学識者委員は、各政策分野に精通し、できるだけ神奈川県の審議会委員などの役職に関わりが少ない学識者である。一般有権者からの評価をぜひとも受けるべきとの小池氏の意見から、公募によって県民委員を依頼することとした。この結果、県民委員六名が選ばれた(任期二年で、延べ一二名)。加えて三年目からは、日韓交流の一環として韓国からの留学生三名が特別委員として参加することになった。

②開かれた評価プロセス

評価委員会の審議経過は、すべてをマスコミ・県民に公開された。密室での審議であっては、やはり中立・公正な評価は担保されない。審議プロセスの情報公開が、民主主義の充実のために重要であるということは論をまたない。さらに、マニフェスト評価の意見は、ＦＡＸやインターネットでも受け付け、委員会の審議において評価の参考とされたのである。

③評価の流れと特色

松沢マニフェスト進捗評価委員会は、三回にわたる集中審議と綿密な進捗状況ヒアリングによって評価が行われた。

第一回委員会において、評価基準や評価方法が決定された。評価基準は、進捗度合いを計る「目標達成度」と行政の取り組み状況を図る「行政対応度」という二つの基準により評価が行われることとなった。

その後、政策の進捗状況に関して、評価委員が直接県庁を訪問し、担当課のヒアリングによって情報収集を行った。第二回委員会では、政策別・分野別の評価検討。第三回は評価結果の集約がなされた。年度によって若干の変化はあったが、概ね同様のプロセスを経て、毎年評価が行われた。

④評価結果の公表

こうした評価結果は、四月末頃私に直接ご報告をいただき、委員の皆さんからは厳しいご意見を含めて、評価のポイントについて意見交換を行った。

その後、小池委員長が記者発表を行い、マスコミを通じて有権者に私のマニフェストの進捗状況を公表していただいた。さらに、評価結果は私の公式ホームページにおいてインターネットでも確認できるようにした。

こうした要領で松沢マニフェスト進捗評価委員会には、毎年評価を実施していただいた。四回にわたる評価に加え、最終段階では県職員の意識変化まで調査いただき、マニフェストによって職員の意識改革が進行した結果も確認されたのである。

(2)マニフェスト検証大会(早稲田大学マニフェスト研究所)

①評価の仕組み

平成一六年九月八日、早稲田大学マニフェスト研究所等の主催による第一回のマニフェスト検証大会が開催され、私を含む五名の知事のマニフェストの評価結果が発表された。この検証大会に先立ち、それぞれの知事に対して、検証を担当した学識者の方々が知事に直接ヒアリングするなどして、①マニフェストの形式要件、②実行過程、③進捗度・成果、④評価者判断の四項目について評点をつけるという評価を行った。私の担当は、竹下譲氏(四日市大学教授)であったが、直接ヒアリングを受け、厳しい質問をいただいた。この結果、竹下氏により、一〇〇点満点で八一点の評価をいただくことができた。

②評価の特色

この検証大会における評価は絶対評価ではあるが、他の知事との評価結果の比較考量がなされるという、いわば「横串」の評価でもあった。五名の知事の就任時期の違いなどもあり、その方法の是非はともかくも、私自身にとっても刺激となったことは事実である。

また、マニフェスト知事が一堂に会した検証大会は、マニフェスト改革において、評価・検証が重要であるという点を、広く知らせたという意味で意義深いものであった。

(3)NPO法人自治創造コンソーシアム(委員長：廣瀬克哉法政大学教授) ※資料編参照

①評価の仕組み

自治創造コンソーシアムはNPO法人として、私のマニフェストのほか、何人かの市長のマニフェストの評価を研究として取り組んだ。特に、三名の学識者による委嘱委員(延べ五名)のほかに、毎回全国から応募された公募委員延べ三七名という体制で評価研究が実施された。この公募委員の皆さんは、研修の機会という位置づけで、自ら参加費を払いかつ旅費を負担して参加されたという。前に、マニフェスト評価の費用負担の課題を指摘したが、自治創造コンソーシアムのこの試みは先駆的であり、公募委員として参加された皆さんに敬意を表したい。

②マニフェスト・サイクルに関する評価

評価内容は、「出来栄えの評価」、「進捗評価」、「マニフェスト・サイクルの評価」を実施し、「市民参加度」や「協働の度合い」を加味しているところがＮＰＯらしい評価といえる。評価結果はインターネットでも確認できる。

私のマニフェストに関しては、四回にわたり評価をいただいたが、特に、毎年の評価結果を踏まえて、翌年度にどのように政策実践への取り組みが「改善」されたかという「マニフェスト・サイクル」を実証的に分析していただいたことは特筆しておきたい。これは、前年の評価において低い評価点だった政策が、翌年度においては、評価点の改善幅が大きくなるという分析である。

このマニフェスト・サイクルに関しては、私自身が毎年の評価結果を分析し、後れをとっていると認めた政策に関しては、より一層の政策推進を行うべく、担当セクションに対して具体的な改善の指示を出してきた。この改善指示によって、翌年度には、進捗率が向上するという成果を生み出すことができたという実感を持っている。そうした実体験を裏付ける分析がこの「マニフェスト・サイクル評価」の結果に表れている。

2　自己評価の実践

私自身もマニフェストの進捗状況を把握し、政策推進の改善を図っていくため、毎年マニフェストの自己評価を実施してきた。第三者評価の結果も参考にしながら、各年度において、必要な取組みを行ってきたかという観点と自分として力を入れたことを含めて評価を行ってきた。自己評価であるから、自分自身の主観も交えて、時には辛目に、時には「頑張った」面を加味して、評価を行ってきた。

評価結果は、原則としてＡ４判の二ページのコンパクトなものとした。一ページ目に評価の総評や概要を示し、二ページ目に三七の政策ごとの評価をＡＢＣＤで評価した結果を一覧で示した。

なお、最終年の自己評価では「詳細版」も発表し、各政策ごとの達成度に加えて今後の方針についても示した。これは一期目のマニフェストについても、二期目においても、引き続き達成に向けて努力を続けることの表明の意味でもあった。

こうした自己評価の結果は、毎年、記者発表を行うとともに、私の政策の実績などを報告するために開催するシンポジウムにおいて、「マニフェスト報告会」として多くの参加者に直接報告を行ってきた。もちろん、評価結果はインターネットでも確認できるようにした。

こうして、「自己評価」については、第三者評価の内容も踏まえて、年度ごとの対応状況について

松沢成文マニフェスト１期４年間の自己評価

－「マニフェスト改革」の成果－

【マニフェスト自己評価の経緯】

○　私は、知事就任１年目にマニフェスト「神奈川力宣言」を土台とした総合計画「神奈川力構想・プロジェクト51」を策定し、２年目は「改革実行元年」、３年目は「改革前進の年」、４年目は「改革目標達成の年」と位置づけ、具体的な政策の実現、改革の実行に取り組んでまいりました。

○　マニフェストの評価には、中立的な立場から客観的な評価をお願いしてきた松沢マニフェスト進捗評価委員会に加え、北川正恭早稲田大学マニフェスト研究所所長及びＮＰＯ法人自治創造コンソーシアムによる「第三者評価」と、私自身による「自己評価」の２種類があります。

○　これまで毎年度終了後、マニフェストの自己評価を実施し、公表してきました。今回は、１期４年間を振り返り、マニフェストの進捗状況などについて自己評価を行いました。

○　第三者評価は既に記者発表などで公表されていますが、私自身の自己評価は、そうした第三者評価の内容も踏まえ、マニフェストを提示した政治家としての立場から、１期目４年間の成果と残された課題を自ら点検し、県民の皆様にご報告させていただくものです。

【自己評価の基準】

○　マニフェストの目標の達成に向けて、１期４年間において、必要な取組みを行ってきたかという観点から、自分として力を入れたこと、やり残したと感じている点などを含めて、総合的に評価いたしました。

○　なお、第三者評価は、最終目標と実際の達成状況との対比による絶対評価を行っている点など、私の自己評価とは基準が異なることにご留意いただきたいと存じます。

【全体評価結果】

○　マニフェストで掲げた37の政策のうち、33の政策については、マニフェストの目標の達成に向けて具体的な成果が表れている、もしくは概ね順調に事業が実施され一定の成果が表れていると評価します。一方、目標達成に向けて課題が残されている政策が４本あると評価します。

　ただし、概ね順調に事業が実施されている政策の中にも、目標達成に向けてなお課題があり、さらなる努力を要すると評価しているものもあります。

○　総じて、<u>１期４年間の成果としては、８割方の出来であった</u>と評価しております。

【マニフェスト・サイクルの確立】

**　４年間の「マニフェスト改革」全体の評価としては、「マニフェスト選挙⇒総合計画化⇒毎年の外部評価・自己評価実施・公表」というマニフェスト・サイクルを確立し、日本の地方政治・行政に新しいビジネスモデルを提供し、大きな変革をもたらしたと自負しています。**

**　さらに、私のマニフェスト改革が他の自治体や韓国にまで普及したことも予期せぬ成果でした。**

評　価	取組みの状況
A	必要な取組みを着実に実施し、目標達成に向けて具体的な成果が表れているもの。
B	必要な取組みを概ね順調に実施し、一定の成果が表れているもの。
C	目標達成に向けて取り組んでいるが、課題が残されているもの。
D	具体的な取組みが十分ではないもの。

【政策別評価の概要】

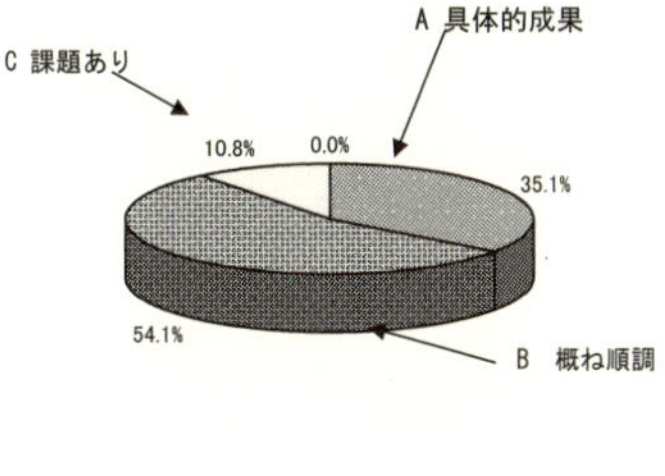

評価	件数	構成比
A	13	35.1%
B	20	54.1%
C	4	10.8%
D	0	0%
計	37	100.0%

マニフェスト自己評価（表）

マニフェスト37項目政策別評価～1期4年間～

政 策	評価	取組みの成果と課題
Ⅰ 地域主権		
1 税財源移譲	B	国庫補助負担金改革を上回る1638億円の税源移譲確保。提唱した三位一体改革推進法が成立。
2 首都圏連合	A	首都圏連合協議会(共同事務局)が具体的活動展開。民間を含む首都圏連合フォーラム開催。道筋付けた。
3 道州制	B	全国知事会で基本的考え方を取りまとめ。道州制担当大臣が設置された。地方制度調査会の答申も。
Ⅱ 県政改革		
4 情報公開	C	ﾀｳﾝﾐｰﾃｨﾝｸﾞやｳｲｰｸﾘｰ知事現場訪問を展開。情報公開度全国9位、議会の政務調査費の公開が課題。
5 自治基本条例	C	検討懇話会提言まとまる。多選自粛条例に続き禁止条例を提案するも議会で否決。早期制定に向けて努力。
6 NPO支援	B	NPO協働推進室を設置、支援強化。人口比法人数は倍増は達成。全国順位は苦戦(11位→17位)。
7 ﾊﾟｰﾄﾅｰｼｯﾌﾟ	A	NPOの政策提案18本。政策実施10本。政策評価8本でﾊﾟｰﾄﾅｰｼｯﾌﾟ30の目標を達成。
8 ﾁｬﾚﾝｼﾞ市町村	B	ﾁｬﾚﾝｼﾞ市町村制度を創設。市町村へ権限移譲具体化進む。移動知事室も県内8カ所で展開。
9 行政改革	A	出先機関2割削減、第三セクター2割削減は19年度当初に達成見込。指定管理者制度328施設で適用。
10 人件費削減等	A	行政職員1500人削減、警察官等1500人増員は19年度当初達成見込。人件費抑制879億円(H15当初比)。
11 県庁ﾜｰｸｼｪｱ	A	ｱｼｽﾀﾝﾄﾜｰｶｰや行政補助員を新設し、雇用を拡大。非常勤職員等も含め、延べ669名の雇用を創出した。
12 県庁ﾍﾞﾝﾁｬｰ	A	職員政策提案は延べ122件、うち22件を採択。竹林再生事業がNHKの「ご近所の底力」で殿堂入り果たす。
13 入札改革	B	18年から新入札制度「かながわ方式」を導入。適正競争と県内中小企業の育成、工事の品質確保を両立。
14 民間人登用	A	病院・産業技術・観光・県産木材等の分野で民間人から課長級以上8人を登用。民間的経営の効果生まれる。
Ⅲ 経済再生		
15 京浜臨海部	B	神奈川口構想協議会で協議。羽田空港国際化や臨海部活性化プランの提案を実施。従業者数は厳しいか。
16 新産業育成	A	ｲﾝﾍﾞｽﾄ神奈川により優良企業42企業立地。経済波及効果9兆3千億円。R&Dﾈｯﾄﾜｰｸ展開。ﾍﾞﾝﾁｬｰ支援も。
17 中小企業等	A	新規求人数が目標を3年連続超過(27万人→37万6千人)。ｺﾐｭﾆﾃｨﾋﾞｼﾞﾈｽ創出支援で融資・補助も実施。
18 ツーリズム	B	観光キャンペーン展開。観光親善大使も任命。入込観光客15年度15233万人→17年度16116万人と回復。
Ⅳ 教育再生		
19 不登校対策	C	地域貢献デーなどで高校生ﾎﾞﾗﾝﾃｨｱ体験の機会拡充。不登校児童生徒の増加歯止めかからず。課題残る。
20 県立高校改革	B	学区の全廃実現。単位制など新しいﾀｲﾌﾟの高校15校に。民間人校長の公募10名達成。校長権限も拡充。
21 ｺﾐｭﾆﾃｨ・ｶﾚｯｼﾞ	B	18年10月からｺﾐｭﾆﾃｨ・ｶﾚｯｼﾞを試行で開設。職業訓練やキャリアアップ教育は新たな展開方策検討が必要。
22 英語学習	B	県立高校で国際・英語拠点校20校。小中学校でﾓﾃﾞﾙ校26校指定。ﾈｲﾃｨﾌﾞｽﾋﾟｰｶｰ高校配置や教員研修も。
Ⅴ 環境を守る		
23 水源の森林	B	水源の森林面積8448haで目標の8割。森林ﾎﾞﾗﾝﾃｨｱ参加者も目標の7千人を超える。
24 都市の自然	B	都市公園整備39.7→41.08k㎡平方ｷﾛﾒｰﾄﾙ(H17)。多自然型河川整備や里山づくり事業も推進。
25 森林環境税	A	17年9月水源環境保全税が可決。19年度から納税者1人当り年950円・総税収38億円で水源保全再生へ。
26 リサイクル	B	一般廃棄物ﾘｻｲｸﾙ率改善16.2%→18.3%(H16)。最終処分場18年4月稼動。NPOと連携で不法投棄防止。
Ⅵ 暮らしを守る		
27 子育て支援	B	待機者数は15年比で30%改善。担当部長やこども家庭課を新設。「次世代育成対策推進条例」を提案予定。
28 児童虐待対策	C	専門職員増員など児童相談所の体制整備。24時間対応の「子どもナイトライン」新設。社会環境なお厳しい。
29 高齢者介護	B	特別養護老人ﾎｰﾑ整備により22100床確保。実質的待機者に配慮し、待機者数改善にさらに整備を促進。
30 医療人材	B	看護専門学校再編や県立保健福祉大学での医療・福祉等の人材養成を推進。人材育成・確保にさらに努力。
31 救急医療体制	B	救命救急センターの7施設(H14)→11施設(H18)。救急救命士によるﾌﾟﾚﾎｽﾋﾟﾀﾙｹｱ充実。搬送時間足踏み。
32 男女共同参画	B	配偶者等からの暴力の相談・一時保護ともに17年度初めて減少。NPOと連携も。男女共同参画推進も継続。
33 住基ネット	B	情報ｾｷｭﾘﾃｨ強化のための市町村職員研修を継続。緊急時対応訓練、外部監査などの対策も継続して対応。
34 地震防災対策	A	市町村への防災対策支援継続(H22まで毎年20億円)。広域防災活動備蓄拠点の整備を促進。
35 犯罪対策	A	刑法犯検挙率19.2%(H14)→38.6%(H18)改善。刑法犯認知件数19万→12万件に減少。17年減少は日本一。
36 暴走族条例	A	条例による対策の効果着実。暴走族等1003人(H14)→476人(H17)暴走行為144回→36回へ減少。
37 米軍基地対策	B	米国高官や外務大臣・防衛庁長官へ基地縮小等で直接会談。縮小あるも増強もあり、引き続き努力を要す。

※さらに詳しい政策別評価結果はホームページでご覧いただけます。

松沢しげふみ公式ホームページ: www.matsuzawa.com/

マニフェスト自己評価(裏)

評価してきた。二年目については「およそ七割五分の出来」と評価した。三年目は、三七項目のうち三二の政策（昨年二八政策）について一定以上の成果が表れていると判断されたので、「およそ八割の出来」と評価した。

そして、最終年度の自己評価では、「マニフェストで掲げた三七の政策のうち、三三の政策については、マニフェストの目標の達成に向けて具体的な成果が表れている、もしくは概ね順調に事業が実施され一定の成果が表れている」と評価した。一方、目標達成に向けて課題が残されている政策が四本あった。また、概ね順調に事業が実施されている政策の中にも、目標達成に向けてなお課題があり、さらなる努力を要すると評価しているものもあった。総じて、一期四年間全体の成果としては、「八割方の出来」であったというのが私の自己評価である。

3　四年間のマニフェスト評価「知事の通信簿」

一期目の任期最後となる平成一八年度を含む四年間のマニフェスト評価は、選挙の前にその結果を示す必要があるため、年度末を待つのではなく概ね一八年一二月までの成果を踏まえて、一九年二月五日に開催した「マニフェスト報告会」において公表することとした。

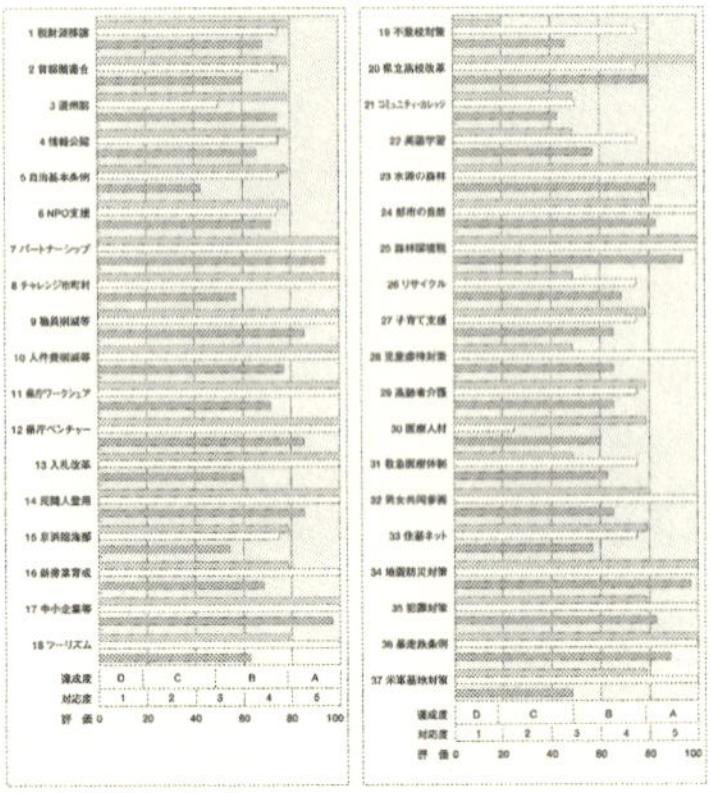

松沢マニフェスト進捗評価委員会目標達成度
A=100点、B=79点、C=49点、D=19点としてグラフ化

松沢マニフェスト進捗評価委員会行政対応度
5段階=100点、4段階=75点、3段階=50点、2段階=25点としてグラフ化

自治創造コンソーシアム評点
満点35点で評点を割り返して、パーセンテージを評点としてグラフ化

松沢成文知事の通信簿

マニフェスト改革の評価　1期4年間（平成15年〜18年）

8割以上がほぼ達成。県行政に変化をもたらした

松沢マニフェスト進捗評価委員会
（委員長：小池　治　横浜国立大学大学院教授）

マニフェストの達成状況は、37項目の8割以上が目標をほぼ達成したか、少なくとも半分以上を達成していることから、全体として良好と評価できる。行政の対応も十分になされており、アンケートからも職員の意識に成果主義の発想が浸透しつつあることがわかる。マニフェストは県の行政に大きな変化をもたらしたといえるが、なおマネジメント・サイクルの確立に努める必要がある。

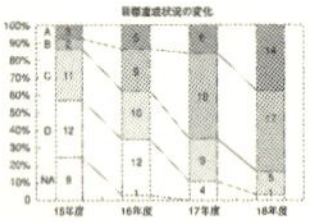

全国をリードするモデルとして高く評価する

北川　正恭
（早稲田大学マニフェスト研究所所長、早稲田大学大学院教授、前三重県知事）

マニフェストの作成・実現のみならず、率先して評価活動を積み重ね、かつ評価結果を県民に分かりやすく伝えようと努力されたことは、「政策中心」「県民中心」の自治体経営の実践と評価できる。全国をリードする「ビジネスモデル」として高く評価したい。今後、「生活者起点」の視点に立った「イノベーション（改革）」が、知事のみならず神奈川県の「風土」「文化」として根付くよう、さらに磨きを掛けられることを期待したい。

総合評価80点。評価→改善のサイクルが確立

NPO法人　自治創造コンソーシアム「ローカル・マニフェスト評価研究委員会」
（委員長：廣瀬克哉　法政大学教授）

全体としては100点満点中80点の総合評価結果であり、概ね良好な達成状況であると評価できる。前年度に得点の低い政策に対して、翌年度重点的に加点される傾向がみられる。これは進捗状況を評価した上で、政策運営を見直す「マニフェスト・サイクル」が活かされているものといえ、高く評価できる。市民参加・協働度については政策領域によって濃淡がある。市民・NPOとの協働により一層取り組まれることを期待したい。

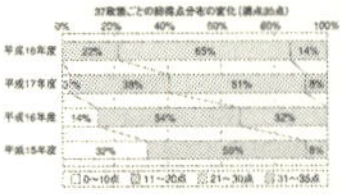

【発行】平成19年（2007年）2月5日

神奈川力をつくる会
〒231-0005 横浜市中区本町1-5 西田ビル702
電話：045-650-1717　FAX：045-681-1888
ホームページ：http://www.matsuzawa.com

1期 4年間の実績

「インベスト神奈川」による企業誘致

- 世界のトップ企業44社46件立地申請
- キヤノン、日産、味の素、ソニー、タケダなど

インベスト神奈川とR&Dネットワーク構想の展開

県補助総額　約700億円
↓
企業投資総額　約5400億円
↓
経済波及効果9兆3000億円以上

R&Dネットワーク構想の展開で中小企業への波及効果

安全・安心まちづくりの推進

警察官等の増員　マニフェスト目標1500人達成！
安全・安心まちづくり推進条例（17年4月）
自主防犯組織（県内1294組織に支援）

犯罪検挙率　19.2%（14年）→ 38.6%（18年）
刑法犯認知件数　19万件 ⇒ 12万件
減少数・率ともに全国トップクラス

県民とともに安全・安心を

警察・行政・県民がスクラムを組んで
治安向上と交通安全

がんへの挑戦10か年戦略 県立がんセンター総合整備

- 平成24年度頃オープンを目指す
- 最新の重粒子線がん治療装置
- 待機患者の解消
- 診察室・手術室の増室

水源環境・森林の保全・再生

- 水源環境税の成立（17年9月）
- 丹沢大山総合調査
- 森林再生50年構想
- 民間主導の県産木材供給センター整備

教育改革

- 学区制の全面撤廃
- 新しいタイプの県立高校
- 全ての高校生にボランティア体験
- 地域貢献デーを創設
- 「あいさつ一新運動」715校ハローサミット
- コミュニティ・カレッジオープン

青少年健全育成

- 16年 青少年保護育成条例改正
  深夜外出の抑止
  有害図書類の区分陳列強化
- 17年 有害ゲーム規制（全国初）
- 喫煙飲酒防止条例成立
- 業界団体との協働宣言

徹底した行政改革

スリム化の断行
　行政職員削減　マニフェスト目標1500人達成！
　第三セクター・県出先機関2割削減達成！
　人件費抑制　879億円（15年度当初比）
やる気第一主義
　職員提案制度、庁内公募、
　FA・ポストチャレンジ制度
　幹部職員への民間人登用10人達成！
⇒ 人口あたり職員数 全国最低に

財政健全化の実行

- 神奈川県財政は全国一の健全度
  公債費負担比率
  実質公債費比率
  一人当たり県債残高
  ⇒ 全て日本一
- 新規県債発行額は自主財源の10%以内達成
- 3年後にはプライマリーバランス黒字化

首都圏連合の前進

- 15年提案　首都圏サミット年1回から2回へ
- 16年　共同事務局首都圏連合協議会設置
- 18年11月15日　民間リーダーとともに「首都圏連合フォーラム」スタート

第49回 八都県市首脳会議

山梨・静岡・神奈川の広域連携

道州制への確かな道筋

現地現場主義の徹底

県民の皆様との対話から政策へ
延べ141回　193カ所

「ふれあいミーティング」15年から毎年8カ所
「移動知事室」16年から毎年8カ所
「ウイークリー知事現場訪問」85回　113カ所
「マンスリー知事学校訪問」21回　24カ所

直接対話「ふれあいミーティング」

ウイークリー知事現場訪問

湘南海岸で海岸浸食を実地調査

マンスリー知事学校訪問

青野原小学校で英語授業に飛び入り参加

知事の通信簿

なお、同報告会においては、松沢マニフェスト進捗評価委員会、北川正恭教授及び自治創造コンソーシアムによる四年間の評価の総括コメントをコンパクトに掲載したパンフレット「知事の通信簿」を作成し、配布した。

松沢マニフェスト進捗評価委員会（委員長：小池治横浜国立大学大学院教授）からは、「八割以上がほぼ達成。県行政に変化をもたらした」「マニフェストの達成状況は、三七項目の八割以上が目標をほぼ達成したか、少なくとも半分以上を達成していることから、全体として良好と評価できる。行政の対応も十分になされており、アンケートからも職員の意識に成果主義の発想が浸透しつつあることがわかる。マニフェストは県の行政に大きな変化をもたらしたといえるが、なおマネジメント・サイクルの確立に努める必要がある。」との総合評価をいただいた。

北川正恭教授（早稲田大学マニフェスト研究所所長、早稲田大学大学院教授、前三重県知事）からは、「全国をリードするモデルとして高く評価する」「マニフェストの作成・実現のみならず、率先して評価活動を積み重ね、かつ評価結果を県民に分かりやすく伝えようと努力されたことは、「政策中心」「県民中心」の自治体経営の実践と評価できる。全国をリードする「ビジネスモデル」として高く評価したい。今後、「生活者起点」の視点に立った「イノベーション（改革）」が、知事のみならず神奈川県の「風土」「文化」として根付くよう、さらに磨きを掛けられることを期待したい。」との総合評価を頂戴した。

NPO法人自治創造コンソーシアム「ローカル・マニフェスト評価研究委員会」（委員長：廣瀬克哉法

政大学教授）からは、「総合評価八〇点。評価↓改善のサイクルが確立」「全体としては一〇〇点満点中八〇点の総合評価結果であり、概ね良好な達成状況であると評価できる。前年度に得点の低い政策に対して、翌年度重点的に加点される傾向がみられる。これは進捗状況を評価した上で、政策運営を見直す「マニフェスト・サイクル」が活かされているものといえ、高く評価できる。市民参加・協働度については政策領域によって濃淡がある。市民・ＮＰＯとの協働により一層取り組まれることを期待したい。」との総合評価をいただいた。

4　四年間で「マニフェスト・サイクル」の確立

マニフェストは、選挙で信任を受けた後に、どこまで達成できたのかを、きちんと評価して、有権者に情報公開し、評価結果に基づいて改善を図っていくという「マニフェスト・サイクル」が重要である。

私は、四年間の「マニフェスト改革」全体の評価を行った際に、「マニフェスト選挙⇓総合計画化⇓毎年の外部評価・自己評価実施・公表いう『マニフェスト・サイクル』を確立し、日本の地方政治・行政に新しいマネジメント・モデルを提供し、大きな変革をもたらしたと自負している。」と自己評価を締めくくった。

毎年のマニフェスト評価の積み重ねにより、「政策面のマニフェスト・サイクル」の確立ができたと位置づけることができる。しかし、もうひとつ重要なマニフェスト改革は「政治面でのマニフェスト・サイクル」の確立である。

私は、二期目の知事選挙に出馬するかどうかは、あくまでこの「マニフェスト・サイクル」の中で判断していこうと決めていた。すなわち、四年間の評価結果を見ない限りは、再選出馬するかどうか判断すべきではないと考え、その信念を貫いた。マニフェスト評価を無視して政治的判断をしたのでは、マニフェスト改革を貫徹することはできない。マニフェスト実現を約束した県民に対して、申し開きができないと考えたからである。

第三者評価も出揃い、図らずも概ね約八割の達成度という評価をいただくことができ、「二期目の知事選に挑戦するための合格点」をもらったということもできる。すなわち、再選出馬するための「出場権」を得たのである。この外部評価結果と自らの自己評価をあわせて総括したとき、私は初めて、二期目に挑戦する「決意」を固めたのである。

そこで、平成一九年年二月五日の「マニフェスト報告会」において、一、〇〇〇名を超える参加者の前で、私は「再出馬」を正式に表明した。こうして「マニフェスト・サイクル」に則った政治の意思決定プロセスを踏んだのである。

そして同時に、「本日から、新たなマニフェストづくりに着手」することを宣言し、私は二巡目の「マニフェスト・サイクル」をスタートすることになったのである。

第五章　「マニフェスト2007神奈川力全開宣言」の挑戦

1　再選への決意

(1)マニフェストの達成が立候補の条件

マニフェスト・サイクルにおいては、マニフェストを実現することが次の選挙に立候補して有権者の信任を受けるための条件になる。

私は、平成一五年の知事就任時から、「マニフェストに信任をいただいて当選した以上、これを実現できなければ、再度立候補する資格はない。現職にとってマニフェストの実現が立候補の前提になる」と言ってきた。さらに平成一八年秋には、来春に迫った知事選挙への再選立候補が話題となり、対立候補の動きも出てきたが、私は、「いまはマニフェストの実現に向けて全力をあげるべきであり、立候補するかどうかはその結果をみて考えるべきものだ」として、マニフェストの達成結果が出ないうちは対応を決められない、としてきた。

そして、前章で述べたとおり、平成一九年一月に松沢マニフェスト進捗評価委員会の評価報告によって、「マニフェストの八割が目標を達成またはある程度達成した」と評価されたことから、一期目のマニフェストの取組みについては概ね「合格点」が得られたといえよう。これによって、ようやく二期目の選挙に立候補するための、いわば「資格」を得ることになった。

一期目の四年間で、私はマニフェストを中心にさまざまな政策や制度改革を打ち出し、その多くを実現することができた。この間に神奈川経済はかなり活力をとりもどしたし、治安の状況も大きく改善した。四年間の取組みには、私なりに満足を感じていた。

しかし、マニフェストに掲げた政策のなかには、教育改革のようにまだ十分な成果が出ていない分野もあったし、がん対策や地球温暖化対策のように、マニフェストに掲げていない政策で、四年間で重要性の増した課題もある。こうした課題に対して、在任中にすでにある程度の指針や対策を講じていたから、これを継続して実施する必要もある。

このような状況のなかで、知事としてさらなる県政改革に挑戦しなければならないと考えるようになった。すなわち、一期目に掲げた「神奈川力」をさらに引き出して、神奈川の活力と改革の流れを本物にすることが、私の使命だと確信したのである。

(2)政策方針「New TRY 10(ニュー・トライ・テン)」の発表

そうした思いに基づいて、私は平成一九年二月五日に開催したシンポジウムの場で、一期目のマニフェストの達成状況に関する第三者評価と自己評価の結果を報告するとともに、知事選に再度出馬する意思を表明した。

そして二月一九日には、一期目の「TRY 10(トライ・テン)」と同様の趣旨で、政策の骨子を示した政策方針「New TRY 10(ニュー・トライ・テン)」を発表した。この骨子を示して県民の意見や提案をいただいた上で、正式なマニフェストを作成するという手順をとることにした。

「New TRY 10」では、①教育改革、②受動喫煙防止条例を含むがん対策、③医療・福祉人材の育成、④治安対策、⑤企業誘致と中小企業振興、⑥農林漁業振興と神奈川ツーリズム、⑦森林・海岸の保全と環境革命、⑧民主主義の「神奈川ルール」の確立、⑨道州制の推進、⑩県庁改革を掲げた。四年前の「TRY 10」に対して、新しくがん対策、企業誘致、農林漁業振興などの分野を掲げたことになる。

また、この発表の際には、これを「たたき台」として県民の意見や提案を募集することとし、私のホームページで意見等を募集するとともに、三月には後述する「マニフェスト県民討論フォーラム」を開催することも表明した。限られた期間ではあるが、できるだけ多くの意見・提案をいただいて、

もっともっと、神奈川力。
神奈川力で日本を動かす。マニフェストに掲げた公約を
着実に実現してきました。新しい時代を切り拓く「先進力」と、
皆が力を合わせる「協働力」を生かし、もっと暮らしやすく、
もっと活力のある神奈川を創っていきましょう。
元気な日本の国づくりに神奈川から挑戦、トライ！
実績
4年前に県民の皆様と約束した
「マニフェスト」は約8割を達成しました。
●「インベスト神奈川」による企業誘致
世界のトップ企業、キヤノン・日産・味の素・ソニー・タケダなど
企業45社の誘致に成功。
●安全・安心なまちづくりの推進
犯罪検挙率19.2%（平成14年）→38.6%（平成18年）。
刑法犯認知件数19万件→12万件と全国トップクラスの治安に。
●水源環境、森林の保全・再生
水源環境税の創設。丹沢大山総合調査。森林再生50年構想。
●徹底した行政改革
県職員の削減1500人、人件費抑制879億円（平成15年度当初比）
●財政健全化　一人当たり県債残高の少なさで日本一。
●知事の現場訪問　延べ141回、193カ所（平成19年2月時点）
神奈川力全開宣言。
松沢しげふみの略歴
◎1958年4月2日 川崎市生まれ。
◎慶応義塾大学法学部政治学科卒業。
◎松下政経塾第3期生。
◎米国下院議員ベバリー・バイロン秘書。
◎神奈川県議会議員（2期）。
◎衆議院議員（3期）。
◎2003年4月神奈川県知事就任。
◎家族/妻と娘2人の4人家族。
◎趣味/スポーツと映画鑑賞。
神奈川力をつくる会
〒231-0003 横浜市中区北仲通5-57-2
北仲ホワイトビル1F
TEL.045-661-1818 FAX.045-661-1800
みなとみらい線 馬車道駅（No.2出口）徒歩1分
JR根岸線・横浜市営地下鉄 桜木町駅 徒歩6分
www.matsuzawa.com
3/15
新 マニフェスト発表。
TRY!
神奈川県知事 無所属48才
松沢しげふみ
新マニフェストは
www.matsuzawa.com

命を守り夢を育む
教育改革に TRY
「子ども」は未来の神奈川力。いじめの緊急対策を実施。質の高い教員の確保、開かれた学校経営などの改革を断行。老朽化した県立高校の改修・建替えや耐震化で安全・快適な「学び舎」を確保します。
安心して暮らせる
日本一の治安に TRY
自主防犯活動2000団体・20万人参加。犯罪発生件数12万件→10万件未満へ。「犯罪被害者支援」の仕組みを確立します。
道州制・広域連合
を神奈川から TRY
首都圏連合を新段階に。そして静岡や山梨と観光・防災で連携。新しい分権型の国のかたち「道州制」を具体的に推進します。
知事多選禁止条例と
不祥事防止条例の制定に TRY
長期権力は必ず腐敗します。民主主義のルールとして、多選禁止を制度化します。日本初となる、公務員の不祥事防止条例を制定します。
神奈川力全開宣言。
TRY! 10
改革第2ステージへ。
がんの死亡率
引き下げに トライ!
最新鋭の「重粒子線治療装置」を含む県立がんセンターの総合整備をPFIで実施。公共施設での禁煙を徹底する条例を制定します。
県民の医療・福祉
への人材確保に トライ!
お年寄り、障害のある方、子どもなど皆にやさしい、「バリアフリーのまちづくり」を展開。産科医、助産師、看護師の緊急確保と介護人材の質の向上に取り組みます。
森林・海岸の保全再生と
先進的な環境革命に TRY
水源の森林を育て、侵食から海岸を守り、美しい県土を未来へ継承。環境にやさしい電気自動車普及に向けて社会実験をスタート。スーパーなどのレジ袋削減で「環境協働都市かながわ」を実現します。
企業誘致策「インベスト神奈川」
第2ステージに TRY
世界的な優良企業45社の神奈川誘致に成功。大企業から中小企業への技術移転を実現。頭脳型ベンチャー育成とコミュニティビジネス支援で経済の活力を引き出し、雇用を創出します。
地産地消と
神奈川ツーリズムに TRY
県内産の農林水産品のブランド化と地域内消費の拡大。羽田空港の国際化や観光人材の確保でツーリズムを振興。アミューズメント、サービス業や商業振興の新展開を図ります。
小さくとも県民の満足を
得られる県庁改革に TRY
4年間で県職員1500人削減。人口比職員数の少なさは全国トップ。健全財政を堅持し、基礎的財政収支の均衡は3年後に黒字化実現。県民との協働で行財政改革の徹底を目指します。

New TRY 10（ニュー・トライ・テン）

「県民参加型」のマニフェストづくりをめざすことにしたのである。これを二期目のマニフェストづくりのひとつのテーマだと捉えたのである。

そして、前回と同様に、マニフェスト作成チームをつくって、二回目のマニフェストづくりを本格的に開始した。このプロセスについては項を改めて述べていこう。

(3)マニフェストの内容は選挙結果に影響しないか

ところで、この四年間で、マニフェスト選挙は国政、地方政治ともに定着してきたといえよう。国政選挙では、いずれの政党もマニフェストを掲げるようになっているし(ただし、その実行過程はいいかげんで無責任だが)、地方では多くの首長選挙で各候補者はマニフェストを掲げるようになった。マニフェストを掲げること自体は、ごく普通の現象になってきた。

しかし、一方では、マニフェストは選挙の結果にあまり影響しないから、とりあえず掲げておけばよいという安易な考え方も広がっているように思われる。たとえば、「マニフェストをまともに読んでいる有権者はほとんどいないから、マニフェストは選挙の当落には影響しない」とか、「選挙で問題になるのは、マニフェストを提示しているか否かであって、その内容は関係ないからマニフェストの検討よりも選挙運動に時間をかけた方がいい」という考え方である。特に選挙経験の多い人からこうした意見を聴くことが多いのは残念である。こうした現実論が底流にあるから、マニフェストをつくる際にも徹底的な検討や議論をしないし、選挙が終わったらマニフェストは棚上げにされ、これに反する言動がまかり通る。とくに国政においてこうした傾向が著しい。

確かに、マニフェストは具体的な政策を総合的に示した公約であり、その内容はどうしても細かく専門的になるし、分量も多いから選挙でその内容を有権者に伝えていくことは簡単ではない。有権者の側も、細かいことをたくさん書かれてもピンとこないし関心が湧かないから、現状ではマニフェストの内容よりも、候補者の人柄・つながりやキャッチフレーズで判断している選挙民が少なからずいることは否定できない。

しかし、だからといってマニフェストの内容は選挙結果に影響しないから軽視してよいという考え方は、政治家の姿勢として問題があることはもちろんだが、客観的な認識としても間違いだと思う。

(4)有権者の心をつかめないマニフェストこそ問題

第一に、本当にすぐれたマニフェストは、有権者の「心」をつかむ力を持っている。有権者は日頃、政治や行政に不満や不安を感じている。それを的確に捉えて、その原因を分析し、実現可能な対策を示すことができれば、有権者は「ぜひそれを実現してほしい」と感じるはずである。また最近では、ほのぼのとしたイラストを入れたり、物語仕立てでマニフェストをつくって、有権者の支持を得る候補者も現れている。こうした親しみを持ってもらう工夫も大切だろう。

逆にいえば、マニフェストの出来が不十分だから、有権者は「マニフェストといってもこんなものか」と考えて関心を持たないという面があるのではないか。実際に、マニフェストと銘打っていても、キャッチフレーズ中心の従来型の公約だったり、突飛なアイデアを並べた思いつきの政策集だったりすることが多い。私を含めて、まず提示する側が魅力あるマニフェストになっているかどうかを反省する必要がある。

第二に、有権者がマニフェスト全体を隅々まで読むことは少ないとしても、自分の関心のある分野や政策については、かなり厳しい目でマニフェストを読み、評価していると思う。私の経験でも、マニフェストを公表とすると、マニフェスト全体の出来・不出来よりも、「質の低い教員が多いので、教員の教育にもっと力を入れよ」とか、「森林の保全は広葉樹を中心にすべきだ」とか、「公務員が多すぎるから、公務員を減らすべきだ」というように、分野ごとにいろいろな指摘や反響がある。とくに自治体の政策は生活に身近な課題が多いから、自分が関わっている分野や日頃感じている問題なら関心があるという有権者は少なくない。

第三に、各有権者が直接マニフェストを読むことは少ないとしても、マスコミや口コミを通じてマニフェストの内容や特徴が伝えられるという効果は小さくないと思う。知事選挙だと、マスコミ（各紙の県内版など）が各候補者のマニフェストの要旨を紹介したり、比較したりするから、それを通じて各候補者の政策や政治姿勢を知ることができる。また、市町村の選挙だと、口コミで「○○候補は教育に力を入れているね」とか「○○候補の政策はしっかりしている」といった形で、しだいに伝わっていく。

第四に、選挙の当落自体の問題ではないが、候補者が十分に検討しないでマニフェストを掲げると、当選後、これを実行することや職員組織を動かすことが難しくなる。法制度に適合していなかったり、財政的な裏付けのない政策だと実現は難しいし、キャッチフレーズのような抽象的な内容だと、行政運営の指針にならないからリーダーシップを発揮することが難しく、職員から軽んじられる可能性もある。マニフェストの内容を軽視していると、当選後の運営に行き詰まり、その結果、初回の選挙は当選したとしても次の選挙が危なくなる。

「マニフェストの内容は二の次だ」と考える政治家がいるとすれば、それは自社の製品やサービスの「質」を重視しない企業のようなものだと思う。「消費者は製品の中身よりもデザインや広告で買っていく」と表面的に考えて、広告には金をつぎ込むが、製品開発に力を入れない企業があるとすれば、その企業は近い将来、消費者に飽きられ見限られて、市場から撤退せざるを得ない結果になるだろう。政治家も同じなのである。

2　マニフェスト2007の作成プロセス

(1)一期目の実践がマニフェストの下地に

二月に「New TRY 10」を公表してからマニフェストづくりに着手したといっても、白紙の状態から始めたわけではない。それまで四年間に、知事として考えてきた政策やアイデア、意識してきた課題があったため、これらをマニフェストという形で明確に表現することがマニフェストづくりの基礎になった。

一期目の場合も、県議会議員や神奈川選出の国会議員として考えてきた政策はあったが、あくまで議員として抱いてきた政策であり、知事選挙のマニフェストにするには、情報収集から政策内容の具体化まで多くの作業を必要とした。そのため、大学教授等をメンバーとする「政策ブレーンチーム」を設けて集中的に作成作業を行った。このときは、マニフェストとはどういうものかというモデルはなかったから、まずマニフェストに何を書くか、どれくらい書き込むかといった点から議論する必要があったのである(拙著『実践ローカル・マニフェスト』二六～三二頁参照)。

これに対し、今回は四年間の知事としての経験と実績がある。知事には、日々、組織の内外からいろいろな情報が入ってくるし、それをもとに随時、意思決定を行い、必要な指示をしなければならない。また、私は「現地現場主義」を掲げて、県内各地を訪ねさまざまな県民と対話をしてきたから、県民や関係の団体からもいろいろな要請や提案を受けてきた。

そうした日々の中で、私は問題だと思った課題については、できるだけ早く政策として具体化してきたので、すでに予算に盛り込んで事業化したものもあるし、総合計画や各種指針に盛り込んだものもある。また、すぐに具体化できない政策は、担当部局に検討を指示しておいた。さらに、私自身がアイデアとして暖めていたものもある。こうしたアイデアは、思いついたときにメモにして、私のブレーンや秘書に渡したりしてきた。こうした政策の「タネ」は、ざっとみても二〇〜三〇本はあったように思う。

このような「下地」があったから、二期目のマニフェストの作成は、比較的スムーズに進めることができた。

(2)マニフェスト作成の手順

では、具体的にどのような手順で作成したか、紹介していこう。

一期目のマニフェストについては、前著に記載したとおり、試行錯誤をしたものの、振り返ってみると次の五つのステップで作成した(『実践ローカル・マニフェスト』三二〜四〇頁参照)。ある意味で、白いキャンバスに絵を描くように、オーソドックスなつくり方をしたといえよう。

【一期目のマニフェスト作成の手順】

第一ステップ：基本理念・政策方針を検討する

第二ステップ：政策指標を選定する
第三ステップ：数値目標を設定する
第四ステップ：実現方法・期限・財源を設定する
第五ステップ：わかりやすい表現にまとめる

これに対して、二期目のマニフェストについては、次のような手順を採ることにした。

①第一ステップ：政策の候補やアイデアを集める

前述のとおり、一期目でやり残した政策や暖めていたアイデアがあったため、それらをペーパー化して集約した。政策ごとにできるだけA４判一枚にまとめるようにしたが、数枚にわたるものもあったし、既存の資料をそのまま活用したものもあった。政策の候補を大別すると、①一期目のマニフェストから継続すべき政策、②一期目に方向づけを行い今回具体化した政策、③一期目に有していたアイデアを今回形にした政策、④県民の提案により盛り込んだ政策、の四つに分けることができる。これらを合計すると、七〇〜八〇本の政策の候補があっただろう（この段階では政策レベルと施策・事業レベルのアイデアが混在していたから、政策レベルに統合すれば数は減少する）。

②第二ステップ：基本理念とマニフェストの構成を考える

本章4で述べるとおり、今回のマニフェストでは「基本理念」の部分を重視し、マニフェストが実現しようとする目標概念＝キーコンセプトについても検討を行った。最終的にマニフェストに記載できた内容はわずかだが、この議論が政策の選択やマニフェストの構成を決めるうえで役に立った。また、この段階で「条例マニフェスト」をつくることや、政策マニフェストの六つの章構成も決めた。

③第三ステップ：政策の採否を検討し、各章にあてはめる

第一ステップで候補となっていた政策について、必要性（緊急性）、実現可能性、県民へのアピール性などの観点から評価を行い、採用するか否かを検討し絞り込んでいった。これにより、必要性の低い政策やアピール性の弱い政策については候補から除くとともに、複数の政策を統合したり、一つの政策を分割したりした。それらを「条例マニフェスト」と「政策マニフェスト」に分けるとともに、政策マニフェストに記載する政策については、六つの章のいずれかに位置づけていった。この段階で、各政策の概要（四角囲みの部分）がほぼ固まることになる。

④第四ステップ：条例マニフェストを記載する

まず具体的な内容としては、条例マニフェストの記載を確定させた。すでに知事多選禁止条例や公共施設禁煙条例など主要な条例を掲げることは決まっていたから、ほかに先進的な条例が考えられないかいくつかの候補を挙げて検討した。検討するうちに条例数が多くなり、最終的には一一本の条例をつくることとなり、その説明文を記載していった。

⑤第五ステップ：各政策の各項目の内容を検討する

後述するように、各政策の記載については前回の方法をほぼ踏襲して、①現状、②目標、③具体的方策、④期限、⑤財源を共通項目として記載することとした。それぞれ関係資料を参考にしながら、記載していった。特に③の「具体的方策」には、考えられる施策・事業をきちんと入れていくことにしたから、その選定や内容の文章化が大変な作業となった。あまり多くてもバランスがとれないので、三〜六本の方策におさまるようにした。これに対し、「目標」の設定は関連する指標を考えて入れ込んでいった。

一期目のマニフェストでは、先に「数値目標」があって後からその実現に役立つと思われる「方法」をあまり検討する余裕もないままに当てはめていったが、今回は「具体的方策」が先にあって後から「数値目標」を当てはめていった。それだけ具体的方策についてのアイデアが豊富だったのである。

また、今回は「県民運動の提唱」や「知事の行動宣言」も盛り込んだが、それは私のアイデアでこの段階で盛り込んだものである。

⑥第六ステップ：わかりやすく正確な表現に仕上げる

最後は一期目と同様に、全体についてわかりやすく、正確な表現になるよう精査し、推敲を重ねた。「現状」に記載した数字や「目標」の内容については、実務とのズレや食い違いがないよう再度、点検を行った。また、文字ばかりだと堅いイメージになるので、余白部分には、内容に関係するイラスト（インターネット上で提供されている無料のイラストを活用）を貼り付けていった。

以上のうち、今回のマニフェストをつくるうえで基盤になったのは、第一ステップで政策の候補やアイデアがほぼ出そろっていたことである。この段階で質の高い政策案やアイデアがあれば、優れたマニフェストになると思う。作業としてもっとも大変だったのは、第五ステップで各項目の内容を実際に記載していく作業である。多くの内容や素材を絞り込んで簡潔な表現にしていく作業は、内容をふくらませる作業よりも大変だと感じたものだ。こうした作業工程を経て、何とか二期目のマニフェストを完成させることができたのである。

(3)マニフェスト作成チームの役割

では、こうした作業をどういうメンバーで進めたか。今回も、「マニフェスト作成チーム」を設けて、検討と作成の作業をサポートしてもらうことにした。ボランティアで集まってくれたのは、前回とほぼ同様に、大学教授、シンクタンク研究員、会社員の外部メンバーと、私の事務所スタッフなど一〇名弱であり、テーマによってさまざまな方が出入りしていた前回よりも若干絞られたメンバーとなった。

前回の「政策ブレーンチーム」は、チームのメンバーがそれぞれ政策のアイデアと情報を持ち寄って、議論しあって、少しずつマニフェストの内容を固めていった。そもそもマニフェストとはどういうものかというモデルもなかったから、試行錯誤しながら政策の中身を詰めていった。もちろん最後は私が決定したが、メンバーの「共同作業」という色彩が強かった。

これに対し今回は、前述のとおり、すでに一期目に掲げていた政策や私自身があたためていたアイデアがあったし、各種の団体・グループからの提案もあったから、それを基本に進めればよかった。もちろん、チームのメンバーからもアイデアを出してもらったが、私の側でかなりの政策案やアイデアを持っていたため、チームの作業はこうしたアイデアをマニフェストにふさわしいかどうかという観点からセレクトし、その内容を検討して文章化することが中心になった。

そうは言っても、数値目標を検討したり、具体的に文章化したり、さらに全体を体系化するのは大変な作業で、作成チームの努力は並大抵のものではない。とくに今回は、「現職として間違いやミスは許されない」という思いもあって、文章表現やデータの確認を含めて最後の「まとめ」は大変な作業だった。その作業のための会議は、政策方針「New TRY 10」を公表した二月一九日から「マニフェスト2007」を公表した三月一五日までの一ヶ月弱の間だけでも、七〜八回、延べ一五時間以上は費やしたと思う。メンバーの何人かには、私が出席する催し物の会場まで来てもらって、その前後の時間に打合せをすることもあった。印刷の締め切りの最後の最後まで、ぎりぎりまで新たな政策を盛り込み、詰めの作業を続けた。

今回のマニフェストは、私が「骨格」を考えたといえるが、それに肉付けして形をつくってくれたのは、やはり作成チームのメンバーだったのである。

(4) 一線を引いた職員組織との関係

前述のとおり、今回のマニフェストには、私が四年間で着手した政策や温めてきたアイデアを具体化した政策が多い。その中には、私が職員に検討を指示して任期中に方向性を出した政策もあるし、職員の報告や提言をもとに私自身が考えた政策もある。したがって、職員組織も何らかの意味で間接的に関わっていた政策が含まれている。しかし、それらはあくまで県の政策形成の一環として過去の時点で関わっていたものであって、マニフェストそのものは職員組織とは一線を画して作成する体制をとった。

マニフェストは、あくまで政治家であり候補者としての私が、県民の方々に提示して約束しようとするものだから、県の公務とは切り離すべきものである。とくに一般職の職員には政治的中立性が求められているから、政治家としての活動とは一線を画す必要がある。職員とはいろいろな場面で政策的な論議をしたし、私自身もそこから学んだことは少なくないが、マニフェストについては、外部の誤解を受けることのないよう私自身と作成チームで制作したのである。

また、仮に職員組織の力を借りても、すぐれたマニフェストにはなるとは限らないように思う。職員には実務家としての能力とノウハウがあるから、具体的な「事務事業」を組み立てる際には力を発揮するが、マニフェストのように骨太でわかりやすい政策をアピールできるとは限らないし、何より政治家としての思いや覚悟をこめたマニフェストにならない可能性がある。

(5)マニフェストの作成に現職は有利か

この点に関連して、しばしば「マニフェスト選挙になると現職は有利だ」とか、「すぐれたマニフェストを求めると、新人には不利だ」と指摘されることがある。これは正しいだろうか。

私は、新人としても現職としてもマニフェストを掲げて選挙を戦ったことになる。その経験からいえば、半分は本当だが、半分はそうではないというのが私の意見である。

というのは、確かに「情報」の量と質の面では、現職は有利である。任期中、首長にはさまざまな情報が集まるし、職員組織から私に届けられる情報も活用することができる。各種の団体や住民の方からも、さまざまな要請や提案を受けるから、現場の生きた情報に触れることもできる。新人の場合は、どのようなキャリアを有していたかによっても違うが、現職に比べれば情報の質・量ともに劣ることは否定できない。

しかし、それ以外の面では、現職だから有利とか、新人だから不利と決めつけることはできないと思う。現職の場合、すでに四年間の実績があるから、マニフェストを示しても常にそれと結びつけて評価されてしまう。すぐれた実績を残していれば、新しい政策を示しても説得力があるが、そうでなければ、新しい政策を示しても説得力が乏しくなる。また、現状に問題があることを指摘して新しい政策を打ち出す場合、その「現状」を放置していたのは現職候補者ということになり、「なぜもっと早く打ち出さなかったのか」、と自分に跳ね返ってくるから、現状を単純に批判することはできない。このように、現職であるがゆえに、無責任な形で政策を打ち出すことはできず、政策選択の自由度は低くなるのである。

逆に新人の場合は、現状にかかわりなく政策を打ち出すことができるから、とくに現状に不満をもつ有権者を引きつけるような政策を打ち出せるなど、政策選択の自由度は高い。

このように考えると、新人の方が有利といえる面もあるから、情報量の問題を除けば、マニフェストを作成するうえで大きな格差はないともいえよう。

なお、情報面の格差については、私は新人候補者も県政情報が入手しやすいように、平成一八年年九月に「県政情報活用システム」を整え、これを公表した。このシステムは、誰でも県政に関する情報については、いちいち情報公開条例に基づく請求をしなくても、またどこにどういう文書があるか調べなくても、一括して入手できる仕組みとしたのである。

当初は、立候補者が選挙にあたってマニフェストの作成を容易にするための制度をつくれないか検討したが(愛知県多治見市等が要綱に基づいて制度化している)、そもそも県政情報は誰でも入手できるのが原則であり、立候補予定者だけを対象とした制度をつくると誤解もありうることから、誰でも県政の情報を利用できる一般的制度として整え、これをマニフェスト作成にも活用できることを明らかにしたのである。情報格差についてはこのような制度や配慮が必要だと思われる。

3　県民参加でつくったマニフェスト

(1)マニフェストと住民参加の関係

マニフェスト作成のプロセスにおいて重要なのは、住民の意見・提案を反映させることである。

マニフェストは、候補者が選挙において具体的な政策を掲げて、その実現を約束する公約である。そこで、「マニフェストは候補者の責任で示すべきものであり、有権者の側はこれをみてその是非を判断するのだから、作成の段階で住民の意見を採り入れる必要はない」とか、「住民の意見に左右されるのでは、候補者としての主体性が問われる」といった考え方があるかもしれない。あるいは、選挙戦術から、できるだけ多くの有権者の意見を聴いて、選挙での支持を集めるといった思惑で住民参加を取り入れるとすれば、それは邪道であろう。

しかし、マニフェストの是非は選挙によって判断されるといっても、マニフェストには数多くの政策が盛り込まれており、選挙はその全体について判断を求めるものにすぎないから、個々の政策については、あらかじめ主権者である住民の意見を反映させておくことが望ましい。特に、権利の制限や新たな負担を伴う政策については、住民の生活や利益に直接影響を与えるから、住民の意見を聴いて打ち出す必要がある。また、候補者やその陣営だけでは情報が十分ではないし、独りよがりの政策になる可能性もあるから、的確な政策をつくる意味でも住民の意見や情報を吸収することは重要だと考えられる。もちろん当選後、改めて意見を聴くこともできるが、その段階ではマニフェスト全体は信任されており、当選者はこれを実行する責務を負うことになるため、マニフェストをつくる段階で意見を聴いておくことが望ましいのである。

一方、住民の意見を聴いたとしても、最終的には候補者本人がその採否を判断する必要がある。その原則を見失わなければ、住民参加でマニフェストを作成しても候補者の主体性を失うものではないし、無責任にはならないと考えられる。

したがって、マニフェストをつくる際には、できるだけ住民の意見・提案を聴き、それを反映させながら、最終的には候補者本人が判断することが適切だといえよう。

(2)頭を悩ませた県民参加の方法

今回、私はマニフェスト作成にあたって、できるだけ県民の皆さんの意見を聴いて作成したいと考えた。

現職の場合は、日々、多くの県民の方々に会い、その意見や提言を受けているから、改めて県民参加を図る必要はないといえるかもしれない。また、出馬表明をしてからの参加では時間的に限られている。しかし、日常の執務の一環で意見を聴くのと、今後四年間に実施する政策をどうするかという課題を提示して意見・提言をいただくのとでは状況が違う。より基本的で長期的な視点から意見・提言をうかがうことも可能になる。そこで、出馬を表明しマニフェストの作成を宣言した段階で県民参加を行うことを表明し、そのたたき台としても政策の骨子を示す政策方針「New TRY 10」を示したわけである。

もっとも、神奈川県のように大規模な自治体において、しかも限られた期間内でどういう方法で県民参加を図るかは、難しい問題である。今回、私は次のような方法を採用した。

ひとつは、私の個人ホームページやＦＡＸで意見や提案を募ったことである。「New TRY 10」を公表していたので、これを「たたき台」として、県民の皆さんが日頃考えている意見や提案を自由に提出していただくよう呼びかけたのである。期間が限られていたこともあって、提出された件数は必ずしも多くはなかったが、内容はいずれも具体的で、裏付けとなる資料を添付するなど力の入ったものが多く、マニフェストを作成するうえでも大変参考になった。

もうひとつは、私の呼びかけで「マニフェスト県民討論フォーラム」を開催したことである。神奈川県内では、経済関係・労働関係などのいろいろな団体が専門的な活動をしているし、NPOやボランティア・グループなどが環境保全や福祉、教育などの分野で数多く活動している。こうした団体・グループから、日頃の活動を踏まえてある程度まとまった提言をいただき、私と直接質疑応答を行うとともに、会場の参加者とも意見交換をすることを考えたのである。

具体的には、事前に参加申し込みのあった団体・グループから、当日、五分間程度で提言・プレゼンテーションをいただき、これについて私からコメントを返した。また、後半にはその他の課題を含めて自由に会場の参加者から意見・発言をいただくとともに、時間内には十分に発言時間をとれないと思われたので、アンケート方式で聴取することにした。

なお、住民参加を行う場合には、行うこと自体をどうやって住民に知っていただくかが重要な問題である。今回は、「New TRY 10」を記者発表した際に、県民から意見・提言を募集することを発表した。県民参加の件だけを発表しても記事になりにくいので、政策方針の公表に合わせて発表したのである。その結果、多くの新聞社が県内版の記事で県民意見を募集することを含めて報道してくれたので、かなりの県民にお知らせすることができたと思う。

(3)内容濃い県民意見

それでは、実際に県民の方々から、どのような意見・提案をいただいたか、紹介していこう。

まず、私個人のホームページまたはＦＡＸを通じて、「New TRY 10」を発表した二月一九日から三月四日まで意見・提案を募集したところ、一五名の方から計五二件の意見・提案をいただいた。教育、環境、産業等の大きな政策に関する意見から、大学の誘致や県庁舎の禁煙など具体的な措置に関する提案まで、さまざまな提案・意見をいただいたが、総じて具体的で実践的な内容が多かったと思う。

範囲を限定しないで意見・提案を募集した場合、どうしても抽象的・理念的な意見か、自身が直接関わる個別的な問題の指摘や要請が多くなりがちだが、今回の意見・提案にはかなり具体的なものが多いし、そうかといって個別的な要請ではなく、県民全体にかかわる広い視野からの提言・意見が大勢を占めた。

これらの提案は、私自身はもちろん、前述のマニフェスト作成チームでも目を通し、必要性や実現可能性を検討して、可能なものはマニフェストに取り入れていった。その結果、五二件のうち七件（約一四％）を政策として採用し、二四件（約四六％）の提案の趣旨を政策に反映させた。あわせて三一件（約六〇％）について何らかの形でマニフェストに反映できたわけで、非常に有益な提案をいただくことができた。

(4)県民討論フォーラムでの貴重な提言

次に、マニフェスト県民討論フォーラムでは、一二のグループから二六件の政策提言を受けた。事前に労働、福祉、防犯、経済、農業、環境など多様な団体・グループから申込みを受け、各五分間で発表・プレゼンテーションが行われた。

提案の内容は、いずれも現状を踏まえた現実的・実践的なものであり、しかも行政組織の発想では出てこないようなものが多く、私自身、大変参考になったし刺激を受けた。

例えば、民間福祉サービスの専門家からは、現行の介護保険制度では、介護報酬が低く介護人材を育てる仕組みもないため、県立保健福祉大学等を生かして介護人材の専門性を高める仕組みをつくるべきだという提言があった。介護人材の問題は私の念頭にもあったが、県立保健福祉大学を含む関係機関の協力による教育システムをつくるという発想は、専門家ならではのものだと思った。そこで、その場で「何らかの形でマニフェストに盛り込みたい」と述べて、マニフェストには「介護現場の人材が意欲と生きがいを持って働けるよう、大学等の教育機関や民間事業者との連携・協力により介護人材の総合的な教育システムをつくります」という形で採用したのである(政策13)。

また、中小企業経営者のグループからは、中小企業憲章の制定や中小企業に対する金融環境の安定化、人材育成の提言をいただいた。私の知事就任時から県内の経済は少しずつ好転していたが、中小企業はなお厳しい経営環境に置かれていることは私も心配していた。そこでこの提言を受けて、「条例マニフェスト」の中に全国最先端の「中小企業活性化条例」（仮称）を制定することを掲げるとともに、「無担保クイック融資などの融資枠拡大や技術・経営支援センターの設置など技術・経営・金融面での総合的な中小企業支援をさらに強化します。」と盛り込むことにした（政策19）。

ほかにも、犯罪被害者支援条例の制定、遺伝子組換え作物の栽培規制、東京湾の環境再生なども、このときの提言をきっかけにしてマニフェストに盛り込んだ政策である。結局、二六件のうち一七件（六五％）を政策として採用し、提案の趣旨を反映した六件を含めると、二三件（八五％）が何らかの形でマニフェストに反映したことになる。この高い反映率は、提言に具体性と説得力があったからであり、神奈川の市民グループや公益団体の方々の「政策力」を示していると思う。

もっとも余談だが、発表グループの方々には五分間の時間を守っていただいたのに、これに対する私のコメントが長くなり、全体の終了が予定時刻を一時間ほどオーバーしてしまった。各提言はいずれも重要な問題であり、私なりに考えを持っていたため、つい詳細にわたるコメントになってしまった。参加者の方々には迷惑をおかけしたが、結果的にはとても充実した「討論」になったと思う。

マニフェスト県民討論フォーラムで政策提案を受ける

(5)参加者の意見も貴重な題材に

また、このフォーラムの際には、会場の一般参加者からも発言をいただくとともに、時間の制限があるため、アンケートの形で意見・提案を受けた。内容は、教育に関する提案や景観の問題などより身近な問題が取り上げられていたと思う。これらについても、できるだけマニフェストに反映するよう検討を行った。いただいた四五件の意見うち、一四件(三一％)は政策として採用し、一七件（三八％）は意見の趣旨を反映させることができた。もちろん、グループ提案のようにまとまった形ではないが、県民の方々の意見や意識を把握するうえで大変参考になった。

さらに、参加された方々には、マニフェストでどういう分野に力を入れるべきか、選択式

表 マニフェスト作成の際の県民参加の状況（総括表）

区分	意見の状況		反映の状況（率）【件数ベース】		
	提出者数	項目数	政策に採用	趣旨を反映	その他
ホームページ等での意見	15	52	7 (13.5%)	24 (46.2%)	21 (40.4%)
フォーラムにおける政策提言	12	26	17 (65.4%)	6 (23.1%)	3 (11.5%)
フォーラムにおける自由意見	31	45	14 (31.1%)	17 (37.8%)	14 (31.1%)
合　計	58	123	38 (30.9%)	47 (38.2%)	38 (30.9%)

※「フォーラム」とは、マニフェスト県民討論フォーラム（平成19年3月4日開催）を指す。「フォーラムにおける自由意見」は、口頭での発言とアンケートに記載された意見（自由記載欄）の両方を示す。

の質問も行った（三つまで選択）。その結果、教育政策、環境政策、治安対策、経済・産業政策が上位を占めた。回答数は必ずしも多くはないが、県民の意識・意向を表すデータとして参考になった。私のマニフェストでは、まず教育分野を冒頭に掲げたし、上位を占めた分野についてはすべて章を立てて政策を列記する形をとったが、これはこのアンケート結果を意識したものである。

いずれにしても、ひとつの試みとして実施した県民討論フォーラムであったが、大変密度の濃い、実り多い意見交換の場になったと思う。

(6)マニフェストへの反映率は六九%

以上の県民参加の結果をまとめると、延べ五八名（グループ）から一二三件の意見・提案を受けたことになる。約二週間の短期間であることを考えると、かなりの件数といえると思う。その反映については、政策自体に採用したものが三八件（約三一％）、趣旨を反映させたものが四七件（約三八％）で、合計八五件（約六九％）が何らかの形でマニフェストに反映されたことになる。

これは大変高い割合であり、いただいた提案・意見がとても実践的で説得力があったことを示している。これらの中には相互に重複もあるし、もともと政策に入れたいと考えていたものもあるが、政策提案を受けて必要性が裏づけられたという意味で有益であった。これらの提案・意見がなければ、今回のマニフェストは作成できなかったといっても過言ではないと考えている。

4　さまざまな工夫を盛り込んだ「マニフェスト２００７」

(1)基本理念は「神奈川力全開」

次にこうしたプロセスを経て、どういうマニフェストを作成したか、順次紹介しよう。

まず、今回のマニフェストでは、「基本理念」を明らかにするようにした。実は、前回のマニフェストに対しては、「基本理念が弱い」「政策の体系性がない」といった指摘があった。もともと前回の立候補にあたっては、私自身が国会議員を辞して立候補に踏み切った意図や思いを雑誌に寄稿していたため（「『神奈川維新』への挑戦」『VOICE』平成一五年年三月号）、マニフェストではそれを実現するための具体的な政策を書くべきものと考え、基本理念は簡潔な記述にとどめた。しかし、マニフェストを読めば、候補者が何をしたいのかということを理解できる必要があるから、繰り返しになったとしても、マニフェスト自体に基本理念ないし基本目標をしっかりと記載すべきであったと思う（『実践ザ・ローカル・マニフェスト』三三頁）。そこで、今回のマニフェストでは基本理念を明確に記載することにしたのである。

まず、基本的なコンセプトとしては、「神奈川力全開」を掲げた。

私は一期目の知事選挙において、「神奈川力」という考え方・コンセプトを提起した。最近、「ニッポン力」というように、「〇〇力」という言葉を使うことが流行しているが、私はかなり早い時期から使い始めていたのである。この「神奈川力」というコンセプトを用いて、「神奈川から日本を動かす」ことを県政運営の基本方向とした。すなわち、潜在的な力を含めて神奈川の活力・魅力・特質を引き出すために県政改革に取り組み、この「神奈川力」を通じて日本の政治行政を改革していくことを提案したのである。

幸い一期四年間で経済・産業の状況はかなり好転したほか、治安回復、環境保全の施策も格段に進んだし、首都圏連合、道州制等の制度改革の提案も浸透してきた。「神奈川力で日本を動かす」という目標に向けて確実に歩み始めたと考えている。しかし、これで十分というわけではない。もっともっと「神奈川力」を発揮して教育、福祉等の政策課題に取り組むとともに、県政改革を進めて日本を改革していく必要がある。

そこで、「神奈川力」の発揮というコンセプトを維持しつつ、さらにパワーアップする意味で「神奈川力全開宣言―マニフェスト２００７」と銘打ったのである。

(2)神奈川力とは先進力と協働力

それでは、私の考える「神奈川力」とはどのようなものだろうか。

私は今回のマニフェストの「基本理念」において、「神奈川力」とは、新しい時代を切り拓く「先進力」とさまざまな主体が力を合わせる「協働力」であると位置づけた。まず、神奈川はペリー来航と開国以来、欧米文明を吸収してきた先進の地であり、その後の近代化や経済成長の過程でも進取の精神で日本社会をリードしてきた。めまぐるしく変化する現代においても、この先進性を生かして神奈川をさらに発展させ、日本を動かしていきたいと考えた。

また、神奈川は、県民、企業、ＮＰＯなど多様な人材が活発に活動を展開している地域であり、人材の宝庫である。これまでも神奈川では、多様な人材や団体が共に力を合わせ働くことによって、地域社会を発展させ、新しい価値を創造してきた。今後、複雑化する公共的な課題に対応するためにも、こうした多様な主体が力を合わせ、協働の力で地域社会の運営にあたっていくことが重要だと考えた。

神奈川力の核心は、先進力と協働力にほかならないと考え、今回のマニフェストの基本理念には、まずそのことを明記したのである。

(3)県の役割と日本を変える視点が重要

そして、これを踏まえて「基本理念」の中では、県について「『新しい公共』をつくる広域的政府」と位置づけた。地方分権や市町村合併が進み、市町村が力をつけるほど、都道府県の存在意義や役割が不明確になってくる。特に神奈川県は、二つの政令市を抱え、自立した市町村も多いため、県という自治体の存在が見えにくくなっている。

そこで、私のマニフェストでは、県を『新しい公共』をつくる広域的政府」と位置づけるとともに、県の役割として、①広域的な課題に対応すること、②市町村の支援と連携に力を入れること、③県民・NPO・企業の公共的な役割を支援し協働していくことを、基本目標とした。

また、「神奈川から『国のかたち』を変える」と題して、より広く日本の政治行政のあり方を変えるという目標も提示した。具体的には、①マニフェスト改革を進め、政策中心の民主政治を根づかせること、②徹底した分権改革を進め、官僚と族議員中心の「護送船団方式」の政治・行政を変えること、③道州制の導入をめざし、日本の真の「地域主権型国家」に切り替えることを示した。

このように、マニフェストが全体としてどういう神奈川をめざし、どういう県政をつくろうとしているか、基本的な方向を示しているのである。

(4)最大の特徴は「条例マニフェスト」

今回のマニフェストには、前回にはない、極めて大きな特徴がある。それは分野別の「政策宣言」(政策編)の前に、「条例宣言」(条例編)を示したことである。「条例宣言」は、任期中に全国初または全国最先端の内容をもつ条例を制定することを約束するものであり、一一本の条例を提示して、「先進条例/ローカル・ルール11《イレブン》」と銘打って打ち出した。説明の中では、わかりやすいよう通称で「条例マニフェスト」と呼んでいる。

従来、自治体では国の法令に基づいて行政を実施してきており、自治体の「法律」といえる条例は、一部の独自条例を除いて法令を執行するための補完的な存在にとどまってきた。しかし、地方分権化の進展の中で、まちづくり条例、自治基本条例など、自治体運営の基本を定める政策的な条例が増えている。もともと神奈川県は、情報公開条例、環境アセスメント条例など先進的な条例を制定してきた自治体であったが、この自主立法権をもっと活用して、先進的な政策に取り組む必要がある。そうした考えから、このマニフェストでは「先進条例」をつくるという公約を盛り込むことにした。しかも、一一本の条例をまとめて提示することによって、インパクトのある打ち出し方をしたのである。

たとえば、「公共施設禁煙条例」(仮称)は、受動喫煙によるガン予防のためにも、駅、病院、学校等の公共的施設における喫煙を禁止する条例を制定しようとするものである。喫煙者にとっては自由を

先進条例／ローカル・ルール11《イレブン》

1　公共的施設における禁煙条例（仮称）　——全国初
2　地球温暖化対策推進条例（仮称）　——全国最先端の条例
3　遺伝子組換え農作物の規制に関する条例（仮称）　——全国最先端の条例
4　犯罪被害者等支援条例（仮称）　——全国初の総合条例
5　中小企業活性化条例（仮称）　——全国最先端の条例
6　文化芸術振興条例（仮称）　——全国最先端の条例
7　みんなのバリアフリー推進条例（仮称）　——全国最先端の条例
8　県民パートナーシップ条例（仮称）　——全国最先端の条例
9　県職員等不正行為防止条例（仮称）　——都道府県初
10　知事多選禁止条例（知事の在任の期数に関する条例）　——全国初の禁止条例
11　自治基本条例（仮称）　——都道府県初

制限することになるため、県民の間にも賛否の意見が想定されたが、受動喫煙の重大性を考えて、不特定の方々が利用する施設においては禁止することをめざしたのである。この政策は、一期目から検討を始めていたが、このマニフェストで打ち出して県民の意思を問いたいと考えたものである。なお、当選後、何度も県民討論等の機会を持ち、現在、条例制定を目指して専門家による検討会で素案づくりを進めている。

また、「知事多選禁止条例」は、第三章に詳述したように知事の任期を三期までに制限する条例である。これまでも、いくつかの自治体で多選の「自粛」を求める条例は制定されてきたが、私はこれを法的に「禁止」する条例を制定することを提案した。この条例化は一期目のマニフェストでも掲げていたが、当時は多選の問題はマスコミ等でも取り上げられることは少なく、県議会にも二度にわたって提案したが、残念ながら理解が得られず成立しなかった。しかし、平成一八年に多選首長の不祥事がいくつか発覚したこともあって、首長多選の問題点が広く認識されるようになったため、今回のマニフェストではより明確に知事の多選を禁止する条例を制定することを約束したわけである。

(5)マニフェストで条例制定を約束できるか

もっとも、条例制定はもともと議会の権限だから、制度的にはこれを知事選挙の公約とするのはおかしいという指摘があるかもしれない。しかし、知事には条例制定の提案権があるし、実際に自治体の条例のほとんど(約九五%)は首長提案の条例であり、議員提案はごく少数だから、現実には条例は首長と議会の「共同作業」でつくられているというべきである。

実は財政支出を要する政策も、予算がなければ実現できないから議会の議決を必要とする。その意味では、いわゆる二元代表制の下で、自治体政策のほとんどは首長と議会の共同作業によってつくられるものなのである。最終的な決定権がなければマニフェストに書いてはいけないとすれば、議員選挙を含めて自治体選挙ではおよそマニフェストはつくれないことになってしまう。

もちろん、マニフェストで約束した条例案が議会の反対で制定できなかった場合には、議会を「説得」できなかった首長の責任である。マニフェストで掲げた以上、条例案の提案だけでなく、最終的な制定まで約束したものと考えるべきある。そうした理解の下で、私は条例制定の公約も首長のマニフェストに盛り込んでよいと考える。

(6)基本コンセプトの構成

次に、「本体」ともいうべき分野別の政策(条例マニフェストと区別して「政策マニフェスト」という)としては、六つの分野別に三七本の政策を掲げた。この分野区分については、福祉、産業、環境といった形式的な区分では、「何をめざすのか」という目的・理念が伝わらないと考えて、次のような区分を設定した。

Ⅰ　未来への人づくり
Ⅱ　安心な暮らし
Ⅲ　強い経済
Ⅳ　豊かな環境
Ⅴ　先進のマネジメント
Ⅵ　新しい自治

「形容詞＋名詞」というシンプルな形で、何をめざすのかを表現しようと考えたのである。

また、Ⅰの「人づくり」については、通常ならば「教育」としてしまうところだが、子育ての支援も児童虐待の防止も、さらに子どもをとりまく地域のあり方も、人材養成とか次世代育成につながる問題ととらえ、「人づくり」というコンセプトで括ることにした。Ⅱの「安心な暮らし」についても、医療・福祉の分野が中心になるが、治安や基地問題なども含む、より広い設定で捉えることにしたものである。

マニフェストの基本理念やコンセプトを検討する過程で、チーム内で何度か「ブレーン・ストーミング」を行った。その中で、「いまの社会に一番足りないのは何だろうか」「特に神奈川に求められているのはどういう概念だろうか」という点を、何度となく議論した。

その中で意見が一致したのは、まず堅く言うと「人材養成」、平たく言うと「人づくり」が求められているということだった。日本は、モノや情報をつくる仕組みは卓越しているが、もっと根本にあるヒトを育む仕組みが壊れてきているのではないか、という問題意識があった。次に、「セーフティネット」を再構築する必要があるという点だった。最近「格差社会」が問題視されているように、労働や生活面で日本社会に「安心」を保障してきた仕組みが機能不全に陥り、人々が不安を感じていることが問題だという点でも意見は一致した。その結果、Ⅰ章に「未来への人づくり」、Ⅱ章に「安心な暮らし」という目標概念を置いたわけである。

なお、この流れでいえば、Vの「先進のマネジメント」は、県という地方政府には「マネジメント」の発想（公共経営）が必要であり、しかも全国に先駆けたマネジメントをめざしたいという姿勢を示したものである。さらに、Ⅵの「新しい自治」は、単なる地方分権ではなく、二一世紀に通用する「自治」のあり方全体が問われているという問題意識から、市町村自治から自治体外交のあり方まで、重層的な「自治」の仕組みを展望しようとしたものである。

このように、章のタイトルや構成についても、いろいろな議論を踏まえて組み立てたつもりである。

(7)一五一本の施策・事業を掲げたマニフェスト

この六つの章の下で、合計三七本の政策を掲げた。期せずして一期目のマニフェストの政策数と同数になった。

政策の数はどのくらいが適切だろうか。この点は、マニフェスト作成の際にもいろいろと議論をした。一期目のマニフェストの三七本という数に対しても、「県民に知ってもらう意味では多すぎる、せいぜい一〇本程度に絞るべきだ」という意見がある一方で、「県行政はもっと幅広いのに総合性・体系性がない」「農業政策や障害者施策が抜けているのは問題だ」といった意見もいただいた。総じていえば、県民の皆さんに読んでもらうことを優先すれば、極力絞り込むべきだが、幅広い行政を運営する指針にすることを優先すれば、政策の数は多くならざるを得ないと思う。

今回のマニフェストでは、当初さまざまな政策案やアイデアがあったが、これを選別したり統合したりして、三七本に絞り込んだ。しかし、一本の政策を実現するにも、いくつかの施策・事業が必要であり、これが書いていないと実現の方法も可能性もわからないから、マニフェストでは「具体的方策」としてそれぞれ二〜六本の施策・事業を記載する形をとった。この「具体的方策」の数を合計すると、一五一本になる（再掲を含む）。この点で、一期目よりも入念な記載になったし、内容的にも「ボリューム」がある。感覚的にいえば、二〜三倍の量になっているのではないだろうか。その意味で、「充実した」マニフェストであり、「欲張りな」マニフェストになっているともいえる。

一般に、新人のマニフェストに比べると、現職が作成するマニフェストは、四年間いろいろな問題にぶつかり現場も回っているだけに、さまざまな情報やアイデアがあって充実した内容にすることができる。しかし、本章2で述べたとおり、逆に情報過多となり専門的すぎて「読まれないマニフェスト」になる可能性があるし、新人の方が現状に責任がない分だけ大胆な提案や批判が可能だという面もある。これらの特徴を生かして、マニフェストのスタイルを決めることが大切だと思う。

(8) 踏襲した政策の記載項目

政策の数のほかにも、一期目のマニフェストを踏襲した点がある。それは、各政策の記載項目（構成要素）である。

一期目のマニフェストでは、三七本の政策のそれぞれについて、概要（四角囲みの要約部分）を示したあとで、原則として、①目標、②方法、③期限、④財源の四つの項目を設定して、必要事項を記載するという方法をとった。もちろん、性格上必要のない項目は掲げていないし、いまから見ると目標に書くべきことを方法の欄に書いているなど不統一な点はあるが、「モデル」がないなかでマニフェストのひとつの形・方式を編み出したと自負している（『実践ザ・ローカル・マニフェスト』三二〜四〇頁参照）。

そもそもマニフェストは、具体的な政策を検証可能な形で示した選挙公約である。検証可能であるためには、数値等の明確な目標を期限付きで掲げるとともに、そのための方法を財源付きで示すことが必要であろう。そこで、上記の四つを共通項目とし、できるだけ統一的な示し方をしたのである。そして当選後、各政策の実現度等について第三者評価と自己評価を行ったが、評価をする上で上記の区分をしておいたことは有意義だった。

そこで、二期目のマニフェストについても、基本的にはこの項目区分を維持することにした。ただ、一期目のマニフェストでは「現状」の欄はなかったが、その政策が必要となった理由・背景を説明する必要があるし、特に現職の場合はこれまでどういう政策（対策）を講じてきたかを説明しておく必要があると考え、それらを「現状」として簡潔に記載することにした。その結果、二期目のマニフェストでは、四角囲みの「概要」のあとに、①現状、②目標、③具体的方策、④期限、⑤財源を記載している。

（9）新しく打ち出した県民運動と行動宣言

今回のマニフェストでは、「条例マニフェスト」に加えて、ほかにも新しい「打ち出し」がある。それは「県民運動の提唱」と「知事の行動宣言」である。これらは、行政として実施する政策を直接約束するものではないから、こうした内容をマニフェストに含めることについては異論もあるだろう。

しかし、現在、地球環境などの問題を解決するには県民の自発的な取組みが不可欠であり、今回、基本理念とした「協働力」を引き出す意味でも、自発的な取組みを広げる「県民運動」を提唱したいと考えた。具体的には、①あいさつ一新運動、②コミュニティ体操推進運動、③もったいない運動、の三つである。

また、行政として何をするかを約束するほかに、知事自身が県政にどう取り組むか、その行動や姿勢を具体的な数値目標とともに明示することは、県民に政治家としての姿勢を示し、また知事の行動に関心をもっていただく意味で有益と考えて、「知事の行動宣言」も公約とした。具体的には、一期目から実践している「現地現場主義」の考え方に基づいて、二期目の四年間においても、①ウィークリー知事現場訪問二〇〇カ所以上、②マンスリー知事学校訪問五〇カ所以上、③県民との対話ミーティング四〇回以上、を四年間で敢行すると約束したのである。

言うまでもなく、これらの回数を競うことに意味があるわけではないが、私自身が初心を忘れず「現地現場主義」を貫き、県民との対話を重視する姿勢を示す点に意味があると考えた。さらに県庁全体がこうした姿勢で仕事に向かうことを期待したのである。

5　二度目のマニフェスト選挙と再選

(1)「マニフェスト選挙」になった知事選

二期目の知事選挙は、平成一九年三月二二日に告示され、四月八日に投票されることとなった。

私は、前述のとおり同年二月五日に出馬表明を行い、二月一九日に政策方針「New TRY 10（ニュー・トライ・テン）」を公表したが、その後、マニフェストの作成作業を急ピッチで進め、まず三月五日に前倒しで「条例マニフェスト」を発表し、次いで三月一五日にマニフェスト全体を「神奈川力全開宣言―マニフェスト2007」と題して発表した。

この知事選挙には、二人の新人候補も出馬した。一人は無所属新人の男性で、自民党神奈川県連の支援を受けて平成一八年秋に出馬を表明していた。県議会の最大会派である自民党は、一期目に続いて私の対立候補を支持することになった。もう一人は無所属新人の女性で、共産党の推薦を受けて立候補した。私以外の二人は、いずれも政党に担がれて立候補された候補者であり、選挙運動も政党組織を中心に進められた。

しかし注目すべきなのは、二人とも「マニフェスト」と言える具体的な選挙公約を示したことである。女性候補は、「もっと大切にしたい　いのち・子ども・平和―約束（マニフェスト）」と題する選挙公約を発表した。これに対し、男性候補は、私のことを意識してか、「マニフェスト」とは銘打っていなかったが、公示直前に「ほっとかない！神奈川―かながわを変える八大政策」と題する政策集を公表した。ともに数値目標を含む具体的な選挙公約であったし、公開討論会等でもそれぞれの公約をめぐる政策論争になったから、二回目の知事選挙も一期目に引き続き「マニフェスト選挙」になったと評価できると思う。

(2)「マニフェスト」配布の解禁？

第一章でも触れたように、公職選挙法ではマニフェストの配布は大きく制限されている。

まず、選挙の告示前は、事前の選挙運動が制限されているため（一二九条）、政治活動として政党や確認団体が政策を掲げた文書を配布することは可能だが、特定の選挙や立候補予定者に関する内容を記載することはできない。これでは、その文書を読んだだけでは選挙公約であること自体がわからない。

次に、選挙の告示後は、選挙運動は可能となるが、文書図画の頒布が制限されているため（一四二条）、マニフェストをそのままの形で配布することはできない。

この文書図画の頒布については、マニフェスト配布を可能とするため、この間二度にわたる法改正が行われた。

まず国政選挙については、平成一五年一〇月の改正により、「政党等の本部において直接発行するパンフレット又は書籍」で「国政に関する重要政策及びこれを実現するための基本的な方策等を記載したもの又はこれらの要旨等を記載したもの」を一種類のみ選挙事務所や街頭演説の場所等で頒布できることとなった（一四二条の二）。頒布方法等が制限されているものの、これによりマニフェスト選挙がやりやすくなったといえる。

さらに地方選挙についても、統一地方選挙直前の平成一九年七年二月に法改正が行われ、首長選挙に限って、従来、「葉書」の頒布しか認められていなかったものを、選挙運動のための「ビラ」を二種類、一定の枚数と方法の下で頒布することが可能となった（一四二条一項三号、五〜七号）。この改正は、地方選挙におけるマニフェスト配布を可能とするよう求めてきた私たちローカル・マニフェスト推進首長連盟等の運動や要求に遅ればせながら応えたものであって、「一歩前進」ということができる。

そして、このビラの作成については、条例で定めることにより無料にできることも定められ（同条一一項）、神奈川県では緊急に条例が制定され公費負担とされたため、無償で作成できることになった。しかし、この改正ではまたまだ不十分だというのが私の意見だ。

第一に、国政選挙のように「パンフレット・書籍」の配布が可能になったものではなく、A4判一枚の「ビラ」の配布が認められるにすぎない。本章4で述べたとおり、マニフェストは当選後実行する政策を検証可能な形で記載した選挙公約だから、数値目標や実現方法、期限、財源を含めてそれなりの分量・スペースを必要とする。私のマニフェストは、目次を除いてもA4判で四四頁にわたって

神奈川の力で日本を動かす。

マニフェストは、
県民　皆様との「約束」です。
2期目の4年間も、
マニフェストに掲げた
公約を着実に実現し、
マニフェスト改革を実践して
まいります。新しい時代を
切り拓く「先進力」と、
皆が力を合わせる「協働力」を
生かし、もっと暮らしやすく、
もっと活力のある
神奈川を創っていきましょう。

TRY!

1期目の成果　「マニフェスト」は8割以上を達成。

- ●「インベスト神奈川」で85社の誘致・投資に成功。
- ●犯罪検挙率、犯罪件数全国トップクラスの改善。
- ●水源環境税の創設。森林再生50年構想。
- ●県職員1500人削減、人件費抑制1161億円。
- ●一人当たりの県債残高の少なさ日本一。

松沢しげふみの略歴

◎1958年4月 川崎市生まれ　◎慶応大学法学部卒業
◎松下政経塾第3期生　◎米国下院議員秘書
◎神奈川県議会議員（2期）　◎衆議院議員（3期）
◎2003年4月 神奈川県知事就任
◎家族：妻と娘2人の4人家族　◎趣味：スポーツと映画鑑賞
◎著書：「インベスト神奈川-企業誘致への果敢なる挑戦-」（日刊工業新聞社）
「知事激走13万Km!現地現場主義-対話から政策へ-」（ぎょうせい）

先進条例マニフェスト

2期目の4年間で、11の日本初・最先端の条例制定を目指します。

公共施設禁煙条例 … 受動喫煙によるガン予防のためにも公共的施設での全面禁煙　全国初
地球温暖化対策条例 … 県・県民・企業が力を合わせて二酸化炭素排出量を削減　最先端
遺伝子組換え規制条例 … 健康や環境への悪影響を抑えるため組換え農作物栽培を制限　最先端
犯罪被害者支援条例 … 犯罪被害者の「個人の尊厳」と権利を守るための支援　全国初
中小企業活性化条例 … 金融円滑化・経営基盤強化で意欲ある中小企業の活性化　最先端
文化芸術振興条例 … 若手育成で新しい文化芸術の創造支援と魅力ある地域づくり　最先端
バリアフリー推進条例 … だれもが自由に移動し社会に参加できるみんなのまちづくり　最先端
パートナーシップ条例 … 県民、企業、NPO、コミュニティ組織の協働ルールと支援　最先端
職員不正行為防止条例 … 監視委員会の設置で県職員全体の不祥事を防止　都道府県初
多選禁止条例 … 民主政治のルールとして知事の任期を3期までに制限　全国初
自治基本条例 … 「自治体の憲法」。県民投票制度や市町村の県政参加の仕組みづくり　都道府県初

マニフェストを読んで選挙に行こう。

平成19年執行
知事選挙ビラ
3
神奈川県選管

マニフェスト・ビラ（表）

松沢しげふみ

「神奈川力全開宣言」主要政策

子どもの命を守り、夢を育む教育改革の実行

「子ども」は未来の神奈川力です。「いじめスワット（緊急）チーム」の新設などいじめ・不登校や児童虐待の緊急対策を強化し、子育て支援を充実します。子どもたちの未来に向けて、質の高い教員の確保や開かれた学校運営などの教育改革を断行します。老朽化した県立学校の校舎の改修・建替えや耐震化により、安全で快適な学習環境を確保します。

「がん」に負けない神奈川づくり

県民の死因第1位のがん対策として、予防から早期発見、医療、ターミナルケアまで、総合的な「がんへの挑戦・10ヵ年戦略」に取り組みます。最新鋭「重粒子線治療装置」を含む県立がんセンターの総合整備を実現します。がん予防のため公共的施設での禁煙を徹底する「公共施設禁煙条例」を制定します。介護保険施設を1.2倍に拡充するなど老後も安心して暮らせる神奈川をつくります。

「インベスト神奈川」の展開と中小企業の活力向上

優良企業85社の誘致・投資に成功した企業誘致策「インベスト神奈川」の第2ステージを展開します。さらに「R&Dネットワーク構想」により大企業と中小企業間の技術移転を拡大するとともに、交通基盤の整備や頭脳型ベンチャーの創出育成やコミュニティビジネスなどの支援により、地域経済の活力を引き出し、新たな雇用を創出します。商店街や農林水産業への支援を強化します。

森林や海岸の保全・再生と先進的な環境革命を実現

県民の皆様とともに作り上げた「水源環境税」を生かし、丹沢大山など神奈川の森林を再生します。侵食から海岸を守り、「なぎさと川」と共生するまちづくりを進め、美しい県土を継承していきます。環境にやさしい電気自動車の普及、環境共生のための1%システムの導入、マイアジェンダ登録の倍増など新たな地球温暖化防止策を実施し、「環境共生立県かながわ」を実現します。

安心して暮らせる日本一の治安実現

自主防犯活動団体2000団体・20万人の県民参加をめざし、自主防犯力の向上と警察力により、犯罪の抑止を図り、犯罪発生件数を現在の12万件から10万件以下へ減少させます。犯罪に巻き込まれた人たちを守る「犯罪被害者支援条例」を制定します。県民総ぐるみで、安心して暮らせる日本一の治安を実現します。

新たな行財政改革と先進のマネジメントで県庁改革

2003年度比で県職員1500人削減などの徹底行財政改革により、「財政健全度全国トップクラス」を引き続き堅持・発展させ、基礎的財政収支（プライマリーバランス）を4年以内には黒字化します。県民・NPO・企業とともに「新しい公共」を創造し、「県民と協働する県政」を実現します。

政策マニフェスト

対話から生まれた先進の37政策

未来への人づくり

1 県立学校の施設再整備
2 教育行政のシステム改革
3 新しい県立学校づくり
4 教員の人材確保と育成
5 よき市民となるための教育
6 スポーツ振興と部活動活性化
7 地域ぐるみで子育て支援
8 いじめ・不登校・児童虐待緊急対策

安心な暮らし

9 日本一の治安の実現
10 基地対策の着実な推進
11 がんに負けない神奈川づくり
12 県立病院改革で医療向上
13 介護人材育成と産科医療充実
14 高齢者の介護充実と虐待防止
15 障害者の地域生活支援

強い経済

16 インベスト神奈川で産業競争力強化
17 羽田空港国際化と京浜臨海部活性化
18 高速交通ネットワークの整備
19 中小企業の支援強化と活性化
20 かながわツーリズムの新展開
21 地産地消とブランド化で農水産業振興
22 産業人材育成と就職支援

豊かな環境

23 神奈川発・地球温暖化対策
24 究極のエコカー電気自動車の開発と普及
25 環境共生の都市づくり
26 なぎさと川の保全・再生
27 丹沢大山の再生と花粉症対策

先進のマネジメント

28 新たな行財政改革でスマートな県庁
29 県民と協働する県政
30 政策主導の組織マネジメント
31 新時代の人材マネジメント
32 かながわブランド戦略

新しい自治

33 分権改革と道州制の推進
34 首都圏連合と山静神三県連合の展開
35 市町村合併と政令市移行支援
36 協働型社会かながわの創造
37 自治体外交の展開

マニフェストの詳細は、ホームページでご覧下さい。

http://www.kanagawapower.com

頒布責任者　和久井 光一郎　川崎市麻生区王禅寺西3-19-5 /印刷者　合資会社 文章堂印刷所　横浜市西区桜木町4-17

マニフェスト・ビラ（裏）

いる。それをＡ４判一枚では、「要旨」を書くこともできず、せいぜい「項目」を挙げる程度になってしまう。

第二に、その配布は選挙事務所内、個人演説会の会場、街頭演説の場所に限定され、各戸配布（いわゆるポスティング）も認められていない。これでは有権者は、事務所にまで出向くか、たまたま街頭演説に出くわさないと入手することができない。新聞折り込みは認められているが、後述のとおり費用がかかるし配布枚数が限られているから、これも決め手にはならない。

第三に、配布枚数にも制限がある。神奈川県知事選挙のように大規模な選挙では三〇万枚まで配布可能とされているが、告示後の限られた期間内に上記のように限られた場所でどうやって三〇万枚を配布すればよいのかわからない。また新聞折り込みにするとすれば、県内には三七〇万以上の世帯があるから、逆に三〇万枚では限られた地域・世帯にしか配布できないし、その費用は有償だから候補者が捻出する必要がある。

第四に、ここでは首長のマニフェストについて検討しているが、地方議会の選挙ではまだ「ビラ」の配布すら認められていない。現在でも、各政党の支部や地域政党が議員選挙に先立ってまとまった政策を打ち出しているから、少なくとも政党単位でマニフェストを配布できるようにすべきだ。

このように、一部の配布が可能になったのは一歩前進だが、中途半端な改正にとどまっているし、配布の条件も現実的ではない。私自身は、法令で画一的に決めるのではなく、ビラの作成費用を条例事項としたように、具体的な内容は条例に委ねればよいと思う。今後、ホームページの活用などを含めて、本当の意味で「マニフェスト選挙」が可能になるような法改正を求めていきたい。

(3) 私のマニフェストPR戦略

私自身は、告示前に、確認団体「神奈川力をつくる会」の政治文書としてマニフェストをまとめ（したがって、私の名前や知事選挙の文言はどこにも書いていない）、私のホームページに掲載したほか（告示日以降はホームページは更新不可）、印刷・製本をして事務所や街頭演説の場所などで一部一〇〇円で販売した。これは、無料で配布すると選挙区内での寄附にあたるし、実費以上だとその差額が確認団体への寄附にあたる可能性があるため、一期目の選挙の際に苦肉の策として導入したもので、一部では「松沢方式」と呼ばれているようだ。今回も、マニフェストのPRとしてはこの方式が中心になった。

街頭演説の際に、「マニフェスト販売中！一部一〇〇円」というプラカードを掲げ、確認団体のスタッフが「マニフェスト募金箱」を用意して購入を訴えた。前回はかなり違和感を持たれたが、今回は、「松沢候補のいつものやり方だね」という感じでスムーズに受けとめられ、購入してくれる方も多かった。この冊子については前回以上の売れ行きとなり、増刷を重ねて、結局四千部を印刷・配布することになった。

また、配布が許されるようになった「ビラ」についても、一種類だけ三〇万部作成して、主として街頭演説の際に配布した(一部は新聞折り込み)。ビラには、表面に私の写真・プロフィール、一期目の実績のポイントとともに、「条例マニフェスト」の要点を記載した。裏面には、マニフェストに掲げた主要政策の考え方を紹介するとともに、三七の項目を一覧の形で掲載した(一七八〜一七九頁参照)。ただ、これだけでは政策の内容はわからないため、「マニフェストの詳細は、ホームページでご覧下さい。」と付記することにした。

(4)手応えがあった条例マニフェスト

選挙キャンペーンでもっとも力を入れたのは、今回のマニフェストの売り物ともいえる「先進条例マニフェスト」だった。

何度か述べてきたとおり、マニフェスト選挙では、マニフェストをどうやって一人一人の有権者に伝え、届けるかがポイントになる。私の場合、現職であり、この四年間無我夢中で職務に取り組んできたから、県内を回っても多くの方から注目され、また歓迎を受けた。一期目は私自身の知名度が低かったこともあって、当初の反応はそれほどではなかったが、今回は最初から手応えがあった。

それでも、本格的なマニフェストを提示しているというだけで「話題」になった前回の選挙とくらべると、今回は「いいマニフェストをつくりました」というだけでは話題にもならないし、かといって詳細なマニフェストの内容を説明しても、関心を持ってもらえない。また、「マニフェスト・サイクルを回す」意味では、一期目のマニフェストの達成状況を知ってもらうことが重要であり、これについても簡潔に報告したが、有権者は過去よりも将来のことに関心があるし、私自身も過去の実績よりも今後の可能性をアピールし共有したいと思っていたから、キャンペーンの中心はあくまで新しいマニフェストの中身に置きたかったのである。

そこで、街頭演説や公開討論会では、新しい取組みである「先進条例マニフェスト」を紹介することから始めることにした。さまざまな施策や事業に比べて、条例をつくるという公約は目標地点が明確だし、県民生活にも影響をもたらすから関心を持ってもらいやすい。もちろん、条例を制定できなかった場合には、マニフェストを実現できなかったことが明確になるし、それだけ覚悟のいる公約でもあるが、とにかく明瞭でわかりやすいのだ。

たとえば、すでに述べた「公共施設における禁煙条例」は、県民が日頃から関心を抱くタバコ被害＝受動喫煙の問題だから、規制には賛否両論はあるが、関心を持ってもらいやすい。これについては、県民の方々と十分に議論をしながら制定するという方針も示し、街頭演説でも必ず訴えるようにしたが、多くの方々が立ち止まって耳を傾けてくれた。

また、「先進条例マニフェスト」は、前述のとおり一一本もの先進条例をつくるという点に大胆さと新しさがある。そこで、これを記者発表や街頭演説で紹介する際には、一一本の条例名を列記したボードを用意して、これを棒で差しながら紹介するようにした。その方がわかりやすいし、いくつもの先

街頭演説で条例マニフェストを説明

進的な条例をつくるという意気込みを伝えることができると考えたのである。

また、分野ごとの政策についても、私なりに「自信作」を揃えたつもりだったから、学校改革や企業誘致、がん対策や電気自動車の普及など、地域ごとの関心に合わせて政策を抽出してアピールした。訴えたい内容や素材はたくさんあるから、ついつい長時間の演説となったが、内容や話し方を工夫すれば、政策中心の演説でも十分に聴いていただけると思う。

最近、候補者がせっかくマニフェストをつくっているのに、堅い話をしても聴いてもらえないと考えてか、「いいマニフェストをつくったので、後で読んでください」と言って、マニフェストと関係のない演説をしていることがある。しかし、それでは本末転倒だ。マニフェストは選挙で信任を得るためにつくったのだから、つくった以上はこれをアピールすべきだし、つくる際には有権者に関心を持ってもらえるような内容にすべきである。そして、アピールの方法を工夫すれば、有権者は必ず関心をもち、耳を傾けてくれるはずである。

(5)注目を集めた公開討論会

最近、選挙の際には、地元の青年会議所(JC)等の市民団体やマスコミが中心になって「公開討論会」が行われるようになった。とくに全国の青年会議所では、ローカル・マニフェスト推進ネットワーク等の運動と連携して、候補者がそれぞれのマニフェストを提示して政策中心に討論を行う「マニフェスト型公開討論会」を開催するよう組織的に取り組んでいる。公職選挙法上の制限があるため、告示日の前には、これらの団体の主催で「立候補予定者」の公開討論会として開催し、告示日以降は、立候補者の合同立会演説会という形で開催している。

こうした機会があると、有権者は各候補者の政策や政治姿勢を知り比較することができるし、これを地元マスコミが報道することを含めて選挙や候補者への関心も集まるから、私は大変有意義な取組みだと評価している。私自身も、私の政策や他の候補者との違いを知ってもらう貴重な機会と捉えて、分刻みの日程の中でも最優先して出席するようにしている。

今回の知事選挙では、前者の討論会として一回、後者の合同の立会演説会として二回、計三回の討

開催日	開催場所	主催者	討論者（敬称略）	参加者数
3月17日（土） 15:00～	横浜市中区・メディアビジネスセンター	神奈川新聞社 TVK（テレビ神奈川） 日本青年会議所関東地区 神奈川ブロック協議会	鴨居洋子 杉野正 松沢成文	約200名 （抽選）
3月23日（金） 19:30～	秦野市・出雲記念館	立候補者2名の合同個人演説会 （日本青年会議所関東地区 神奈川ブロック協議会）	鴨居洋子 松沢成文	約300名
3月30日（金） 19:30～	海老名市・ザ・ウィングス	立候補者3名の合同個人演説会 （日本青年会議所関東地区 神奈川ブロック協議会）	鴨居洋子 杉野正 松沢成文	約450名

表　平成19年神奈川県知事選挙における公開討論会一覧

白熱する公開討論会でディベート

論会が行われた(表参照)。一回目は地元マスコミと青年会議所の主催で行われ、一時間半という限られた時間だったが、三名の立候補予定者が揃ったし、テレビ放送されたので各候補者の考えや人柄が広く伝わったのではないかと思う。

残り二回は、青年会議所が呼びかけて開催したもので、互いのマニフェストに基づいて争点ごとに自らの政策を述べ、他の候補者に質問することもできたので、「マニフェスト型討論会」の名にふさわしい場になったと思う。二回目の討論会では、ある候補者が他の集会への出席を理由として欠席したことは残念だったが、予想以上の聴衆が集まり、いずれも熱心に耳を傾けていただいた。民主政治の発展のために有効なイベントであり、参加者の皆さんには大変有意義な政治参加の機会であったと思う。関係者の皆さんには改めて感謝申し上げたい。

特に、最終回の公開討論会(合同個人演説会)では、私以外の知事候補者も、マニフェストから個人名を削除し、頒布価格を印刷するなどの配慮をして、公開討論会の会場で三候補のマニフェストの頒布が行われ、「マニフェスト型公開討論会」を実現することができた。公開討論会における全候補のマニフェスト有償頒布は、日本でも最初の試みであった。

(6)対立候補の攻撃にどう対応するか

こうした討論会では、相手候補の主張を予想して事前に準備をして臨むと思うが、当日の討論の流れに即した判断と対応が求められるし、そこに候補者の人間性も現れることになる。特に現職の場合は、現在の行政に責任を持つ立場だから、自らの政策をアピールするだけでなく、他の候補者の攻撃に対して守りを固める必要もある。

今回、一人の男性候補者は、第三セクターの経営立て直しの経験を背景として、神奈川県は莫大な借金を重ねている「放漫行政」であるとし、民間の手法で「お役人天国をぶっ壊す」ことを選挙公約としていた。その主張は、県債発行残高を「借金」「赤字」とし、その金額の多さを強調するだけで、一九九〇年代に国の景気対策として公共事業を進めるための地方債発行が全国的に行われたことなど、県債発行の理由や背景を無視するものだった。また、そうした状況の中でも神奈川県は、血のにじむような財政健全化の努力を行い、公債費負担比率などの指標においていずれも全国トップクラスの健全度を維持していることなど、客観的な状況を無視した一方的な主張であった。

そのため、客観的なデータを示して冷静に反論すれば、有権者には理解してもらえると考えていたが、それでも、説明するには専門的な用語や細かい説明が必要なだけに、他の候補者が県債残高の額を「赤字」として挙げて「放漫行政」と連呼されると、不安を感じる有権者もいると思われた。討論会では、予想どおり、他の候補者はこの点に絞って主張したため、私は用意していた財政の健全度を示す指標の全国比較を示したグラフを見せながら聴衆に訴えた。こうして客観的なデータで財政状況を説明して反論したところ、相手からはさしたる反論もなく議論が発展しなかったため、ディベートに発展しなかったことを覚えている。

また、もう一人の女性候補者は、松沢県政では福祉や教育が切り捨てられてきたことや、米軍基地の再編など戦争の危険を指摘した。この主張は、県が現在、福祉や教育にどのような施策を講じているか、現状を理解しないで主張しているきらいがあったため、その点を説明するとともに、福祉や教育を充実させるには財源を確保する必要があるから、それを示すべきであると反論した。この候補者は、個人的には柔軟な姿勢も示し、議論の推移によっては私の主張をあっさりと認めることもあった。こうした候補者の人間性が現れるのも、公開討論会の特徴であり、メリットだと思う。

(7)マニフェスト信任

平成一九年四月八日の日曜日、知事選挙の投票日である。天候は曇り時々晴れ。選挙日和といえる天気であった。「マニフェストを読んで選挙に行こう」キャンペーンを、選挙期間中、必死に展開してきた。この当日も、有権者の皆様にはマニフェストを読んで、政策をしっかり判断していただき、一票を投じてもらうことを期待していた。

午後八時で投票は締め切られ、即日開票が始まった。最近は「出口調査」等により、マスコミが報じる「当選確実」の情報がかなり早く発表される傾向がある。私も、この日、少し早めに選挙事務所に向かうこととした。

午後八時二〇分過ぎに事務所に到着してみると、既に民間放送局では当選確実という情報が流れており、ほどなくNHKでも当選確実が報じられた。そこで、八時半前には、集まっていただいていた多く支持者の皆さんにお礼を述べるとともに、喜びを分かち合った。同時に、今後四年間の改革に向けた決意を詰めかけた報道陣を前に改めて表明した。

最終の選挙結果は、前回のほぼ倍となる二、〇〇八、三三五票を獲得することができた。一期目の選挙では、接戦と予想されながら一〇〇万票を得て「圧勝」とされたが、今回はその二倍の票をいただいたことになる。二位の男性候補の六二七、六〇七票、三位の女性候補の五六一、九〇六票とも、相当の差が生まれる結果となった。得票率も、四年前が約三三％であったものが、今回は六二％まで伸ばすことができた。

実は、二〇〇万票はひそかに今回の「得票目標」としていたので、その目標を達成できたことはありがたかった。ただ、残念だったのは、投票率が前回四八・四四％であったのが、今回は四七・〇四％と一・四ポイント下回ったことである。投票率の向上は、私の政治家としての信条でもあるので、今後、ぜひとも選挙管理委員会などの協力も得て、何らかの手を打っていきたいと考えている。

さて、今回の選挙も、まさに政策一本で勝負した選挙であった。自分なりに分析してみると、勝因は私のマニフェスト改革の実績と、新たなマニフェストのインパクトにあったと思う。言い換えれば、私のマニフェスト改革が、有権者に評価され信任されたと受け止めている。

(8)二〇〇万票の重み

先に述べた「マニフェストは選挙結果には影響しない」という指摘は、少なくとも私や神奈川県の選挙には当てはまらないと思う。私の場合、四年間の取組みの多くがマニフェストに関わるものだったし、今回の選挙でもさらに充実したマニフェストを提示し、これを選挙キャンペーンの中心に置いた。県民の皆さんにも、私がマニフェストに愚直なまでにこだわっていることが伝わったにちがいない。その結果が二〇〇万票につながったのだと思う。

一期目の四年間、私は県議会から何度となく「松沢はマニフェストにこだわりすぎる」と指摘された。確かに県政は知事と議会が「車の両輪」になって進めるものであり、知事は独裁者ではないから、マニフェストどおりに県政が進められると考えるのは間違いだろう。しかし、私が議会との協調関係のみを優先し、県民の皆さんに約束したマニフェストを軽視する姿勢を見せていたとすれば、これだけの支持はいただけなかったと思う。議会の意見に耳を傾けこれを尊重することは当然だが、知事がとるべき行動原理は「県民本位」であり、県民との約束であるマニフェストに基本を置くべきだと改めて確信している。

もっとも、有権者はマニフェストの達成度がよかったから支持するという単純な選択をしているわけではないと思う。私の場合、一期目のマニフェストについては、第三者評価でも自己評価でも、概ね八割実現したと評価された。しかし、振り返ってみると県民の皆さんには、達成度が何割とか何点といった数字よりも、私のマニフェスト改革を貫く姿勢やマニフェスト政治を実現したいという情熱が評価されたのではないかと思う。

開票速報を聞きながら、私は四年間マニフェスト実現のために一途に取り組んできたことが県民の皆さんに評価されたことを実感し、何にも代えがたい幸福を感じていた。と同時に、二〇〇万票という得票数に、私に対する県民の皆さんの期待と責任の重さをひしひしと感じていた。そして、明日からまた新しいマニフェストの実現に向けて挑戦の日々が始まるのだと自分自身に言い聞かせ、さらなるマニフェスト改革推進の決意を固めたのである。

第六章　マニフェスト改革の展望

1　第二期「マニフェスト改革」発進

(1)実現に向けてロケット・スタート

選挙翌日の四月九日月曜日一一時、県庁に再度の「初登庁」を果たした。一、二〇〇名を超える職員や支持者の皆さんに出迎えを受け、新緑の正面玄関前に降り立った。登録有形文化財でもある神奈川県庁本庁舎を見上げた時は、改めて県知事としての重責を思い万感胸に迫るものがあった。就任の挨拶や幹部職員への挨拶でも、今後の四年間の方向についてはマニフェストに基づいて進めていくことを強調した。

その週のうちから幹部職員との打ち合わせを始めたが、驚いたのは、既に私のマニフェストをどの

二期目初登庁

ように県行政として受け止めていくかという対応方策がかなり具体的な形で検討されていたことだ。初登庁の翌週からは、今後策定する総合計画などに、マニフェストで掲げた政策をどのように反映していくかについて、より突っ込んだ政策論議を次々に展開していった。

一期目とは打って変わって、実にスムーズであり、かつスピーディな滑り出しとなった。マニフェストの実現に向けて「ロケット・スタート」を切ったという感触を持った。

(2)部局政策宣言（部局長マニフェスト）

一期目・四年間の実績評価において、北川正恭氏（早稲田大学マニフェスト研究所所長）から、「今後、生活者起点の視点に立ったイノベーションが、知事のみならず神奈川県の『風土』『文化』として根付くよう、さらに磨きを掛けられることを期待したい」と、「マネジメント改革の充実」に関する指摘を受けたことは前にも述べた。

これを踏まえ、今回のマニフェストでは、第五章にマネジメント改革をめざした「先進のマネジメント」を掲げた。その中の「政策30　政策主導のマネジメント」に掲げた「部局長マニフェスト」を、早速実行すべく幹部職員に作成を指示し、七月三一日には幹部職員と合意し県民に公表することができた。これは、私が知事として県民と「約束」を交わしたように、幹部職員が私と政策執行の「約束」を交わすという趣旨である。同時に「部局長マニフェスト」は、幹部職員や各組織にとって一年間の目標となり、それによって目標管理を行うマネジメントの仕組みでもある。

この「部局長マニフェスト」は、それぞれの幹部職員の個性や工夫もみられ、期待以上の出来栄えであった。例えば、具体的な「数値目標」を盛り込んだものも多くあったし、「現地現場主義」の徹底として部長自らの現地訪問を月一回以上などとしたマニフェストもあった。これは、一期目に私が実践してきたことが、着実に職員の中にも根付いてきたものとして評価している。

(3)新たな総合計画「神奈川力構想」

一期目同様に、マニフェストを土台にした新たな総合計画等の策定に取りかかった。今回は、就任直後から関係セクションに策定指示を出し、短期決戦を目指した。総合計画審議会の審議やパブリックコメントを実施し、さらに、県議会六月定例会では総合計画等を審議する特別委員会において充分な審議が行われ、議決を得た上で、総合計画「神奈川力構想」は平成一九年七月三〇日に策定され、スタートした。こうして、極めてスピーディに、二期目のマニフェスト実現に向けて、行政計画においても体制整備を完了することができた。

実に、四カ月という「超スピード」で策定することができたわけで、おそらく全国でも屈指の短期間での計画策定ではないかと自負している。その陰には、職員が私のマニフェストを十分に研究し、それを土台に総合計画を策定する準備をしてくれていたことが大きい。

これは、有権者と知事の「約束」であるマニフェストにより、スピーディに県民の意思を行政の政策として計画に具体化し実現を確実にしていくという、全く新しい民主主義のプロセスを生み出したと評価いただけるのではないか。

(4)条例マニフェスト実現第一号・第二号

マニフェスト2007で掲げた一一の先進条例マニフェストも、早々に条例案の検討を指示した。県民へのアンケートから準備を重ねていくものや、県民討論会(ふれあいミーティング)で討議を行うもの、あるいは専門家による検討委員会を設けるものなど、条例によってさまざまな取組みがなされている。

そうした中、「神奈川県職員不祥事防止対策条例」と、前述の「神奈川県知事の在任の期数に関する条例」（多選禁止条例）を九月議会に提案し可決していただいた。先進条例マニフェストの滑り出しは、まずは順調といっていいだろう。検討を進めている他の条例も順次提案をしていく予定である。

条例は、まさに二元代表制における議会と首長の「政策協働」の所産である。一期目に比べると、知事と議会は「雪解けムード」と言われるようになったが、議会の構成は知事選において私の対抗馬を支援した会派が多数を占めている。国政でいう「ねじれ状態」に似た状況が続いているわけである。そうした中で、政策形成していくために協働することは、決して楽なことではない。しかし、そうした政策協働なくしては、条例制定というハードルは越えていくことはできない。真摯に条例案を議会に説明し、正々堂々と政策議論を展開し、修正意見なども受けるべきは受け止めて、まさに真剣勝負の駆け引きが続くのである。これこそ数の論理を越えた、民主主義の本道である。選挙戦の当時から、こうした政治情勢が予想される中で、あえて条例マニフェストという高いハードルを掲げたことは、後に、何人かの識者から「無茶だ。しかし松沢知事らしい。」とのありがたい（？）評価をいただくこととなった。条例マニフェストの審議を通して、神奈川県政では政策協働が深化し、民主主義の成熟が図られつつあるといっても過言ではないだろう。

（5）政策主導の組織への再編

マニフェスト２００７では、県庁のマネジメント改革を重視しているが、その中の重要な取り組みが県庁の組織再編である。要は、政策主導の県政マネジメントを実現するための組織の抜本的な再編だ。

二期目スタート早々作業を進め、初年度の一二月定例会に組織再編の条例を提案した。そのポイントは、従来の企画部を強化して新たに「政策部」を新設し、筆頭部局とすることである(従来は総務部が筆頭部局)。政策部の中に、「総合政策課」と「地域政策課」を置いて政策形成機能を強化し、同時に、「財政課」と「税務課」を配置して、政策主導の「税財政運営」を実現しようというものである。

もうひとつのポイントは、従来は総務部の一部門であった「知事室」を独立させ、知事の直轄組織として再編成することである。また、これは知事室の中に、知事の政策形成を補佐する「政策補佐官」を配置し、知事の政策的リーダーシップの発揮とさまざまな政策情報の収集体制を確立しようというものである。さらに、知事の政務的な活動を支える「特別秘書」の設置条例を県議会平成二〇年二月定例会に提案し、成立させることができた。これらもすべてマニフェストに掲げた公約である。

こうした組織体制の整備により、二期目の政策実現をより確かなものすることができる。同時に、中長期的には組織風土を政策中心の機動的なものに切り替え、神奈川県の政策的な先進性を実現するねらいがある。

(6)マニフェスト・サイクル第二期へ

松沢マニフェスト進捗評価委員会（第二期）

一期目で、マニフェストの「作成⇓実践⇓評価⇓改善」というマニフェスト・サイクルを実現してきたが、二期目もこのマニフェスト・サイクルをさらに進化させ、充実させるべく取り組みをスタートさせている。

一期目と同様に、「松沢マニフェスト進捗評価委員会」による第三者評価からスタートした。今回は二月に県民委員の公募を行い、三月から学識委員五名、県民委員七名、特別委員（韓国からの留学生）一名の一三名によって評価作業が進められている。五月上旬には二期目一年目の第三者評価の結果をいただく予定である。

今回から、有権者の皆様により幅広く評価作業に参加していただくために、新たに「県民モニター委員」を設置することとした。県民モニター委員は、直接評価委員会に出席する必要はなく、自身の関心ある分野について知事のマニフェストへの取り組み具合を評価し、ファクスやメールで意見を提出する役割を担う。

もちろん二期目も「自己評価」も行い公表していくし、評価結果を踏まえてその後の政策運営の改善を図っていく。こうしてマニフェスト・サイクルも二巡目に入っていく。しかも、らせん階段を上るようにスパイラル状に進化させていくつもりである。

2　マニフェストによる政治改革の展望

(1)地方から政治・行政のモデルを発信

「マニフェスト２００７」で宣言したように、私は県政改革の取組みを踏まえて、日本の政治・行政のあり方を変えていきたいと考えている。マニフェスト改革を進め、日本の政治・行政を変革し、「国のかたち」を大きく変えていく。神奈川の将来のために、日本の将来のために、有権者の皆さんとともに挑戦し続けることを誓ったのである。政治改革は政治家と有権者との共同作業である。神奈川で先進的な政策と改革のビジネスモデルを構築し、全国の自治体や政府にも提案をしていきたいと考えている。

最近では、自治体の首長選挙では、マニフェストを作成することは、「標準装備」となった。マニフェストの水準も徐々に上がってきている。いいかげんなマニフェストでは、有権者の目をごまかすことはできない。

今後は、マニフェストの「評価」をいかに着実に実行していくかが問われることになる。その上で、マニフェスト・サイクルをいかに効果的に回していくかがポイントとなる。

これまで、マニフェスト型の「公開討論会」を開催してきた青年会議所の皆さんの活動も、今後は、「マニフェスト評価」の実施へ展開すると聞いている。今後は、有権者の皆さんもマニフェスト評価を重視し、首長の実践を注意深くチェックしていただきたいと思う。公約を無視、あるいは軽視するような政治は絶対に許さないという意志をもってほしい。

(2)「せんたく」の挑戦

さて、これまで「ローカル・マニフェスト」の実践を中心に論を進めてきたが、ここでは国政における「パーティ・マニフェスト」に着目してみたい。

平成一五年の統一地方選挙に始まったローカル・マニフェストの実践を起点として、公職選挙法が同年一〇月に改正され、衆議院と参議院の本選挙で選挙期間中にマニフェストの冊子を配布できるようになった。これは、ローカル・マニフェストが先例となって、国政選挙のあり方に変革をもたらしたものといえる。

新たな国民運動「せんたく」発足

さらに国政選挙についても、これまでは配布場所は公職選挙法で規定する法定ビラと同じように、街頭演説会場や選挙事務所内などに限定され、新聞折り込みや戸別配布は禁止されていたが、平成一九年五月に同年七月の参議院選挙に向けて、この配布場所を拡大に関して改正が図られた。既に四月の地方選挙においては「マニフェスト・ビラ」が新聞折込が認められていたので、そうした実績を踏まえての改正の動きということができる。

このように、地方での選挙改革がモデルとなって、国政での選挙制度改革を先導するというサイクルが生まれてきたのである。

(3)国政の劣化

公職選挙法の改正によって一定の成果が生まれてきたのだが、マニフェストによる政治改革に関しては、地方における進展に比べ国政は極めて後れをとっていると言わざるを得ない。

選挙の際には見栄えのよいマニフェストを掲げていても、政権をとった後のマニフェストの実行が十分とはいえない。というよりも、全く不十分である。さらには、マニフェスト評価に至っては、極めてお粗末な状況にある。

ひとつ事例を挙げるならば、「宙に浮いた年金記録」に関する公約についての総理大臣や厚生労働大臣など閣僚の無責任極まりない発言の数々である。平成一九年七月の参議院選挙の際には「最後のお一人まですべての記録をチェックして、年金を払う」などの発言を当時の安倍総裁は繰り返し行っていた。その参議院選挙の際に掲げられた『美しい国、日本』に向けた一五五の約束」と題された自民党のマニフェストの中にも、「政府が管理する年金記録のうち、基礎年金番号に統合されていない約五、〇〇〇万口については、一年以内にすべての名寄せを完了するなど、直ちに徹底的に精査をする」ときちんと書かれている

さらに、福田内閣では、舛添厚生労働大臣が「三月までには名寄せを完了する」と公言し、国民の誰もが、三月までには年金が戻ってくるとの認識を植えつけられてきた。政治家である私も、「やればできるものだ」と半ば感心していたくらいであった。

ところが、その年金記録の特定ができないことが明らかになった時に、福田首相は次のようにコメントした。

「公約違反というほどのおおげさなものなのかどうかね、と思いますけどね。」

さらに、続けて言い訳した。

「公約でどういうふうに言ったか、頭にさっと浮かばなかったから。」

この「開き直り」とも受け取れる無責任な発言には呆れ果てるばかりだ。マニフェスト改革は、こういう無責任な政治家をはびこらせないために存在する。しかも、「年金問題」は国民にとって最大・最重要な政策テーマである。マニフェストにどう書いてあったか、選挙時にどのように約束してきたか、記憶にないようでは首相を務める資格はないと言わざるを得ない。

マニフェストからは離れるが、平成一九年九月の安倍首相の突然の辞意表明、福田首相と小沢民主党代表の党首会談における大連立構想とその破綻、その直後の小沢代表の辞任表明・撤回など、一体どうしてしまったのかと首を傾げざるを得ないような不可解な政治家の行動が多すぎる。選挙で訴えることと実際にやることが全く整合がとれていない。言行不一致そのものだ。国民からすれば、国政への不信感がピークに達している状況にある。

その上、前回の参議院議員選挙の結果生まれた、いわゆる「ねじれ国会」における与野党の国会運営の機能不全は見るに堪えない。数に頼んだ政治に慣れきったためなのか、審議拒否による国会空転以外に取るべき手法がないのか、マスコミならずとも糾弾したくなるような惨憺たる状況だ。

現在の国政の劣化は目を覆うばかりである。

(4)政策を「選択」、日本を「洗濯」

こうした状況の中で、平成一九年末から準備を進めてきた「地域・生活者起点で日本を洗濯（選択）する国民連合」（通称、「せんたく」）が平成二〇年三月三日に正式に発足した。私は発起人として準備活動に加わってきたが、この日、一三名の知事を含む地方首長など一四四名の会員でスタートした。あわせて、「せんたく」の趣旨に賛同し、協調して行動する「せんたく議員連合」が超党派の国会議員一〇七名により同時に発足した。

実は、平成一九年一二月八日に開催された「マニフェスト大賞記念フォーラム」において、期せずして「国政の劣化への憂い」について、北川正恭教授とも意見の一致をみた。国政を機能させるための国民運動を起こしていかなければならないという考えで意気投合したのである。

その後、改めて、「新しい日本をつくる国民会議」（21世紀臨調）の共同代表としての北川正恭氏から呼び掛けを受け、この「せんたく」の構想をともに進めていくことになった。

「せんたく」は、地域・生活者起点の日本の変革をめざす「平成の民権運動」と位置づけている。その目的は、国政選挙において各政党に「国民との契約」の名に相応しいしっかりとしたマニフェストを掲げて選挙に臨むように働きかけることである。それこそ、歴史的な政権選択を国民に可能にするような選挙を実現させることである。

道路整備のあり方、年金・医療・介護などの社会保障制度改革の方向、地方分権の進め方、地球環境保全対策など、国民・生活者の関心の高い政策課題について、明確な選択肢を示したマニフェストを掲げて選挙を戦うよう政党や国会議員に働きかけていきたい。まさに劣化した国政の浄化が目的である。ゆえに坂本竜馬の言葉「日本を洗濯いたしたく候」にならって「せんたく」と名付けたのである。

(5)「ねじれ国会」「ディバイデッド・ガバメント」

また、昨今の衆参両院の「ねじれ国会」の状態をみるとき、私は新たな合意形成の仕組みが模索されるべきであると考えている。私は一期目の四年間、知事を支持する会派が議会で少数になるという、いわば「ねじれ状態」を経験してきた。これは、大統領の支持政党と国会の多数政党が異なるという「ディバイデッド・ガバメント」という状況と同じであった。

もしも数の論理だけで政権運営、国会運営を仕切ろうとするならば、ねじれ状態では政策実現はおぼつかない。もちろん、だからこそ解散・総選挙によって民意を問うことが必要なのだという意見も正鵠を得ている。しかし、それまでの間、国政が停滞していたのでは、国民生活を守ることはできない。

すなわち、国会がねじれ状態にあっても、政策実現を図っていくために、あらゆる方法を講じて協議や交渉、合意を実現していく必要がある。それこそ、私が神奈川県政において実践してきた「政策協働」の実践である。ぜひとも、与野党双方に、そうした「政策協働」の実践を期待したい。

(6)日韓交流への期待〜マニフェストで善政競争を

前述のとおり、平成一八年(二〇〇六年)以降、日本のローカル・マニフェストの実践をモデルとして、韓国において独自の「ローカル・マニフェスト運動」が強力に展開されてきた。平成一八年(二〇〇六年)五月三一日に行われた韓国の地方選挙で、初めてマニフェスト選挙が導入され、選挙の民主化に向けた大きな改革となった。さらに平成一九年(二〇〇七年)一二月の大統領選挙においても詳細なマニフェストが提示され、国民による政権選択に活用されてきた。さらに、平成二〇年(二〇〇八年)四月には国政選挙もあり、さらなるマニフェスト選挙の進化が予想されている。

今後、韓国と日本において、マニフェスト改革による「善政競争」、「マニフェスト交流」が展開されることを私は期待している。

私の「マニフェスト2007」の「政策37」には「自治体外交の展開」を掲げている。その自治体外交のテーマとして、「民主政治外交」を挙げ、具体的には「韓国でのマニフェストに関する学術会議への参加・支援及び日本での学術会議開催支援」を謳っている。そこで、平成二〇年度(二〇〇八年度)には、日本において日韓交流の学術会議を開催し、「善政競争」の進化に向けた交流を予定している。

この日韓交流は、私たちが日本の自治体で挑戦している「マニフェスト改革モデル」が、海外の参考にもなりうるという実例となった。それぞれの国の「小さな地方の大きな挑戦」が、国を越えて相互に学び合える、そうしたダイナミズムが生まれつつあるということだ。

さらに、韓国と日本におけるマニフェストの実践経験を踏まえて、アジアの他の国へのマニフェストの伝播や、さらに世界各国への伝播など、民主主義の拡大・充実に向けて、日韓で力を合わせて努力していければと考えている。

(7)新たなローカル・デモクラシーの創造

マニフェストは、選挙を変え、政治を変革していく「仕組み」である。マニフェストの実践を契機に、政策の情報公開の進展やマネジメント改革、さらに議会との政策協働など、さまざまな「改革」が誘発されてきた。しかしながら、マニフェストだけで、政治改革、行政改革が完結するわけではない。マニフェストは「入口」のひとつに過ぎないのである。

これまで、神奈川県では、長洲一二知事の時代に、「地方の時代」が提唱され、分権改革の歴史的発火点となったという歴史を持っている。

折りしも、地方自治法施行六〇年を経過し、地方分権は一定の進展を見せてきた。しかし、地域民主主義を支えるための地方政府のあり方は、中長期の視点に立ってさらに新しい制度や枠組みを構想すべき時期を迎えている。

こうした抜本改革を、市民社会における民主主義の深化、すなわち「ローカル・デモクラシー」という視点から捉え、さらなる「地方の時代」の進展に向けて新たなムーブメントを起こしていく時期に差し掛かっているという認識を持っている。

東信堂

大学再生への具体像	潮木守一	二五〇〇円
フンボルト理念の終焉？——現代大学の新次元	潮木守一	二五〇〇円
いくさの響きを聞きながら——横須賀そしてベルリン	潮木守一	二五〇〇円
国立大学・法人化の行方——自立と格差のはざまで	天野郁夫	三六〇〇円
大学のイノベーション —経営学と企業改革から学んだこと	坂本和一	二六〇〇円
30年後を展望する中規模大学 —マネジメント・学習支援・連携	市川太一	二五〇〇円
大学行政論Ⅰ	川本八郎・伊藤昇 編	二三〇〇円
大学行政論Ⅱ	川本八郎・近森節子 編	二三〇〇円
もうひとつの教養教育 —職員による教育プログラムの開発	近森節子編著	二三〇〇円
政策立案の「技法」——職員による大学行政政策論集	伊藤昇編著	二五〇〇円
大学の管理運営改革——日本の行方と諸外国の動向	江原武一・杉本均 編著	三六〇〇円
教員養成学の誕生——弘前大学教育学部の挑戦	遠藤孝夫・福島裕敏 編著	三二〇〇円
改めて「大学制度とは何か」を問う	舘昭	一〇〇〇円
原点に立ち返っての大学改革	舘昭	一〇〇〇円
戦後日本産業界の大学教育要求 —経済団体の教育言説と現代の教養論	飯吉弘子著	五四〇〇円
現代アメリカのコミュニティ・カレッジ —その実像と変革の軌跡	宇佐見忠雄	二三八一円
アメリカ連邦政府による大学生経済支援政策	犬塚典子	三八〇〇円
戦後オーストラリアの高等教育改革研究	杉本和弘	五八〇〇円
大学教育とジェンダー —ジェンダーはアメリカの大学をどう変革したか	ホーン川嶋瑤子	三六〇〇円
アメリカの女性大学：危機の構造	坂本辰朗	二四〇〇円

〔講座「21世紀の大学・高等教育を考える」〕

大学改革の現在〔第1巻〕	有本章・山本眞一 編著	三二〇〇円
大学評価の展開〔第2巻〕	山野井敦徳・清水一彦 編著	三二〇〇円
学士課程教育の改革〔第3巻〕	絹川正吉・舘昭 編著	三二〇〇円
大学院の改革〔第4巻〕	江原武一・馬越徹 編著	三二〇〇円

〒113-0023 東京都文京区向丘 1-20-6 TEL 03-3818-5521 FAX03-3818-5514 振替 00110-6-37828
Email tk203444@fsinet.or.jp URL:http://www.toshindo-pub.com/

※定価：表示価格（本体）＋税

東信堂

〔シリーズ　社会学のアクチュアリティ：批判と創造　全12巻＋2〕

- クリティークとしての社会学—現代を批判的に見る眼　西原和久・宇都宮京子 編　一八〇〇円
- 都市社会とリスク—豊かな生活をもとめて　藤田弘夫・浦野正樹 編　二〇〇〇円
- 言説分析の可能性—社会学的方法の迷宮から　佐藤俊樹・友枝敏雄 編　二〇〇〇円
- グローバル化とアジア社会—ポストコロニアルの地平　新津晃一・吉原直樹 編　二三〇〇円
- 公共政策の社会学—社会的現実との格闘　武川正吾・三重野卓 編　二〇〇〇円
- 社会学のアリーナへ—21世紀社会を読み解く　友枝敏雄・厚東洋輔 編　二一〇〇円

〔地域社会学講座　全3巻〕

- 地域社会学の視座と方法　似田貝香門 監修　二五〇〇円
- グローバリゼーション/ポスト・モダンと地域社会　古城利明 監修　二五〇〇円
- 地域社会の政策とガバナンス　岩崎信彦・矢澤澄子 監修　二七〇〇円

〔シリーズ世界の社会学・日本の社会学〕

- タルコット・パーソンズ—最後の近代主義者　中野秀一郎　一八〇〇円
- ゲオルグ・ジンメル—現代分化社会における個人と社会　居安正　一八〇〇円
- ジョージ・H・ミード—社会的自我論の展開　船津衛　一八〇〇円
- アラン・トゥーレーヌ—現代社会のゆくえと新しい社会運動　杉山光信　一八〇〇円
- アルフレッド・シュッツ—主観的時間と社会的空間　森元孝　一八〇〇円
- エミール・デュルケム—社会の道徳的再建と社会学　中島道男　一八〇〇円
- レイモン・アロン—危機の時代の透徹した警世家　岩城完之　一八〇〇円
- フェルディナンド・テンニエス—ゲマインシャフトとゲゼルシャフト　吉田浩　一八〇〇円
- カール・マンハイム—時代を診断する亡命者　澤井敦　一八〇〇円
- ロバート・リンド—アメリカ文化の内省的批判者　園部雅久　一八〇〇円
- 費孝通—民族自省の社会学　佐々木衞　一八〇〇円
- 奥井復太郎—都市社会学と生活論の創始者　藤田弘夫　一八〇〇円
- 新明正道—綜合社会学の探究　山本鎭雄　一八〇〇円
- 米田庄太郎—新総合社会学の先駆者　中久郎　一八〇〇円
- 高田保馬—理論と政策の無媒介的統一　北島滋　一八〇〇円
- 戸田貞三—家族研究・実証社会学の軌跡　川合隆男　一八〇〇円

〒113-0023　東京都文京区向丘 1-20-6　TEL 03-3818-5521　FAX03-3818-5514　振替 00110-6-37828
Email tk203444@fsinet.or.jp　URL:http://www.toshindo-pub.com/

※定価：表示価格（本体）＋税

東信堂

〈未来を拓く人文・社会科学シリーズ〉（全14冊）

科学技術ガバナンス	城山英明編	一八〇〇円
ボトムアップな人間関係—心理・教育・福祉・環境・社会の12の現場から	サトウタツヤ編	一六〇〇円
高齢社会を生きる—老いる人／看取るシステム	清水哲郎編	一八〇〇円
家族のデザイン	小長谷有紀編	一八〇〇円
水をめぐるガバナンス	蔵治光一郎編	一八〇〇円
生活者がつくる市場社会	久米郁夫編	一八〇〇円
グローバル・ガバナンスの最前線—現在と過去のあいだ	遠藤乾編	二二〇〇円
資源を見る眼—現場からの分配論	佐藤仁編	二〇〇〇円
これからの教養教育	葛西康徳・鈴木佳秀編	二〇〇〇円
「対テロ戦争」の時代の平和構築	黒木英充編	続刊
紛争現場からの平和構築—国際刑事司法の役割と課題	城山英明・石田勇治・遠藤乾編	二八〇〇円
公共政策の分析視角	大木啓介編	三四〇〇円
共生社会とマイノリティの支援	寺田貴美代	三六〇〇円
医療倫理と合意形成—治療・ケアの現場での意思決定	吉武久美子	三二〇〇円
改革進むオーストラリアの高齢者ケア	木下康仁	二四〇〇円
認知症家族介護を生きる—新しい認知症ケア時代の臨床社会学	井口高志	四二〇〇円
保健・医療・福祉の研究・教育・実践	山手茂・園田恭一・米林喜男編	二八〇〇円
地球時代を生きる感性—EU知識人による日本への示唆	A・チェザーナ 訳者代表 沼田裕之	二四〇〇円

〒113-0023　東京都文京区向丘 1-20-6　TEL 03-3818-5521　FAX03-3818-5514　振替 00110-6-37828
Email tk203444@fsinet.or.jp　URL:http://www.toshindo-pub.com/

※定価：表示価格（本体）＋税

著者紹介

松沢　成文（まつざわ　しげふみ）

【経歴】

1958年（昭和33年）　神奈川県川崎市に生まれる
1982年（昭和57年）　慶應義塾大学法学部卒業後、松下政経塾に入塾
1984年（昭和59年）　米国ワシントンD.C.にてベバリー・バイロン連邦下院議員スタッフとして活動
1987年（昭和62年）　神奈川県議会議員に初当選
1991年（平成3年）　同2期目当選
1993年（平成5年）　衆議院議員選（神奈川2区）に初当選
1996年（平成8年）　同（神奈川9区）2期目当選
2000年（平成12年）　同（神奈川9区）3期目当選
2003年（平成15年）　神奈川県知事に就任
2007年（平成19年）　同2期目就任

【主な著書】

『実践　ザ・ローカル・マニフェスト』（東信堂）、『破天荒力－箱根に命を吹き込んだ「奇妙人」たち』（講談社）、『インベスト神奈川－企業誘致への果敢なる挑戦』（日刊工業新聞社）、『拝啓　小沢一郎殿　小泉純一郎殿』（ごま書房）、『知事激走13万km！現地現場主義－対話から政策へ』（ぎょうせい）、『僕は代議士一年生』（講談社）

【趣味】

スポーツ、映画鑑賞

【座右の銘】

「運と愛嬌」

実践 マニフェスト改革―新たな政治・行政モデルの創造

2008年5月20日　　初　版第1刷発行　　〔検印省略〕

定価はカバーに表示してあります。

著者©松沢成文／発行者 下田勝司　　印刷・製本／中央精版印刷

東京都文京区向丘1-20-6　　郵便振替00110-6-37828
〒113-0023　TEL (03)3818-5521　FAX (03)3818-5514　発行所 株式会社 東信堂

Published by TOSHINDO PUBLISHING CO., LTD.
1-20-6, Mukougaoka, Bunkyo-ku, Tokyo, 113-0023, Japan
E-mail : tk203444@fsinet.or.jp　http://www.toshindo-pub.com

ISBN978-4-88713-834-6　C0031

資　料

Manifesto 2007

マニフェスト2007

神奈川力全開宣言

神奈川の力で日本を動かす

TRY!

神奈川力をつくる会

県民の皆様へ

私たちは、４年前にマニフェスト（政策宣言）を掲げ、県民の皆様のご信任をいただき、その後の県政改革を通じて、多くの成果をあげることができました。また、マニフェストの実践を通じて「政策中心の政治」を進めることができたと自負しております。

この実績をふまえながら、私たちは新たな神奈川づくりをめざして、再び県政改革に挑戦することを決意いたしました。私たちがめざすのは、神奈川力を全開させ、神奈川の力で日本を動かすことです。神奈川には、県民、企業、ＮＰＯなどさまざまな主体が大きな活力と情熱をもって活動しています。この神奈川の力をもっと引き出し、「先進と協働の神奈川」をつくりたい。そして、この神奈川から「国のかたち」を変えていく。これが私たちの目標です。そのために、私たちが実現する具体的な政策をこの「マニフェスト 2007」に結実させました。

このマニフェストの作成にあたっては、「夢」のあるマニフェストをつくろうと考えました。いま神奈川は多くの困難な課題を抱えていますが、夢を持って一歩ずつ歩んでいくことが重要です。

また、マニフェストの「検証可能性」を重視しました。マニフェストの意義は、具体的な政策を示すことによって有権者に政策による選択を可能にするとともに、実行後にどこまで実現できたか検証できることにあります。このため、各政策の内容については十分な吟味を行いましたが、これを実行する際にも第三者評価と自己評価をきちんと行ってまいります。

さらに、「県民参加」の機会を拡充しました。すでに４年間の取組みの中でさまざまなご提案やご意見をいただいてきましたが、今回のマニフェスト作成にあたり、改めてインターネットなどを通じた意見募集や「マニフェスト県民討論フォーラム」を開催し、58 名の個人･団体から合計 123 件の貴重なご提案やご意見をいただきました。これらのご提案は、作成作業の中で十分に検討し、可能な限り反映させていただきました。

私たちは、今回の挑戦にあたり、県民の皆様にここに盛り込んだ政策を実現するために全力をつくすことをお約束いたします。もちろん、県の政策は知事だけで決定できるわけではありませんし、県政をとりまく状況は日々変動しますので、政策内容を修正しなければならない場合も生じますが、その場合には、皆様にその理由をきちんと説明し、新たな内容をご提案いたします。その意味で、このマニフェストは、今後の変化に対応する余地を残しながらも、皆様と私たちの約束の基盤になるものと考えております。

私たちは、皆様とともに、さらに強力に「マニフェスト改革」を推進していきます。皆様のご理解とご支援を心からお願い申し上げます。

なお、マニフェストの作成に向けて貴重なご提案・ご意見をいただいた県民・団体・ＮＰＯの方々に心から御礼申し上げます。

2007 年 3 月 15 日

神奈川力をつくる会
http://www.kanagawapower.com

☆一目で分かるマニフェスト2007・目次☆

第1部　基本理念　神奈川の力で日本を動かす

神奈川力は「先進力」と「協働力」

↓

「マニフェスト改革」の実践

↓

日本一住みやすく、活力のある神奈川の創造

↓

日本の地方政治・行政に「新しいビジネスモデル」を発信

↓

地域から国を変えていく日本のリーダー・神奈川に

第2部　条例宣言　先進の神奈川ルールで日本を変える

1　公共施設禁煙条例	受動喫煙によるガン予防のためにも公共的施設での全面禁煙。
2　地球温暖化対策条例	県・県民・企業が力を合わせて二酸化炭素排出量を削減。
3　遺伝子組換え規制条例	健康や環境への悪影響を抑えるため遺伝子組換え農作物栽培を制限。
4　犯罪被害者支援条例	犯罪被害者の「個人の尊厳」と権利を守るための支援。
5　中小企業活性化条例	金融円滑化・経営基盤強化で意欲ある中小企業の活性化。
6　文化芸術振興条例	若手育成で新しい文化芸術の創造支援と魅力ある地域づくり。
7　バリアフリー推進条例	だれもが自由に移動し社会に参加できるみんなのまちづくり。
8　パートナーシップ条例	県民・企業・ＮＰＯ・コミュニティ組織の協働ルールと支援。
9　職員不正行為防止条例	内部通報制度、監視委員会の設置で県職員全体の不祥事を防止。
10　多選禁止条例	民主政治のルールとして知事の任期を３期までに制限。
11　自治基本条例	「自治体の憲法」。県民投票や市町村の県政参加の仕組みづくり。

第4部　県民運動の提唱

【あいさつ一新運動】
【コミュニティ体操推進運動】
【もったいない実践運動】

第5部　知事の行動宣言

【ウイークリー知事現場訪問】【行動目標】200カ所／4年間
【マンスリー知事学校訪問】【行動目標】50カ所／4年間
【県民との対話ミーティング】【行動目標】40回／4年間

第3部　政策宣言　対話から生まれた先進の37政策

Ⅰ　未来への人づくり	
1　県立学校の施設再整備	県立学校の耐震化・老朽化対策、養護学校整備、地域への施設開放。
2　教育行政のシステム改革	教育委員会や県立学校の情報公開徹底。校長への権限移譲推進。
3　新しい県立学校づくり	地域住民が学校経営に参加する「地域協働高校」づくり。
4　教員の人材確保と育成	教員採用システム改革やティーチャーズカレッジ創設で人材確保。
5　良き市民となるための教育	地域貢献活動やインターンシップの充実。公職選挙模擬投票の導入。
6　スポーツ振興と部活動活性化	スポーツ選手のネットワーク形成と「スポーツの日」「部活動の日」の創設。
7　地域ぐるみで子育て支援	子育て支援プロジェクトの公募。NPOとの協働。産科医師などの確保。
8　いじめ・不登校・児童虐待緊急対策	「いじめスワット(緊急)チーム」の新設と児童相談所の体制充実。
Ⅱ　安心な暮らし	
9　日本一の治安の実現	自主防犯活動団体数2000団体・20万人。県民総ぐるみで治安回復。
10　基地対策の着実な推進	米軍基地の縮小・返還や基地負担の軽減、日米地位協定の見直し。
11　がんに負けない神奈川づくり	「がんへの挑戦・10か年戦略」。県立がんセンターをPFIで再整備。
12　県立病院改革で医療向上	独立行政法人化により経営基盤強化、医療サービスの質向上。
13　介護人材育成と産科医療充実	介護人材の教育システム充実。安心して出産ができる体制づくり。
14　高齢者の介護充実と虐待防止	介護サービス事業者の質向上と介護保険施設1．2倍に拡充。
15　障害者の地域生活支援	障害者の就労支援や教育を充実し、県内障害者雇用を1．2倍に増。
Ⅲ　強い経済	
16　インベスト神奈川で産業競争力強化	「産業競争力強化戦略」と重点プロジェクトで新規雇用の創出。
17　羽田空港国際化と京浜臨海部活性化	2010年の羽田空港国際化を神奈川県全体の経済活性化に直結。
18　高速交通ネットワークの整備	超高速鉄道「羽田・成田リニア新線」提案と県内高速交通網の整備。
19　中小企業の支援強化と活性化	活性化条例。無担保クイック融資拡大。技術・経営支援の充実。
20　かながわツーリズムの新展開	グリーンツーリズム・テクノツーリズムなど新たな観光資源づくり。
21　地産地消とブランド化で農水産業振興	農産物直売センター新設。農業担い手育成。栽培漁業の推進。
22　産業人材育成と就職支援	若者・女性・中高年の職業能力支援。適材適所の雇用対策・人材確保。
Ⅳ　豊かな環境	
23　神奈川発・地球温暖化対策	条例化とCO_2排出削減、省エネルギー、マイアジェンダ登録倍増。
24　究極のエコカー電気自動車の開発普及	地球にやさしい電気自動車3,000台以上普及を目指し構想実現。
25　環境共生の都市づくり	環境共生のための1%システムの導入。緑の回廊構想の推進。
26　なぎさと川の保全・再生	海岸侵食対策と「なぎさと川と共生するまちづくり」を展開。
27　丹沢大山の再生と花粉症対策	かながわ森林再生50年構想推進と「花粉の出ない森」づくり。
Ⅴ　先進のマネジメント	
28　新たな行財政改革でスマートな県庁	全国トップクラスの健全財政を堅持。業務見直しで事務の民間委託。
29　県民と協働する県政	県民パートナーシップ条例制定や県民からの政策提案制度の創設。
30　政策主導の組織マネジメント	「部局長マニフェスト」の導入などでマネジメント・サイクルを確立。
31　新時代の人材マネジメント	政策形成能力と協働力を持った職員の育成。民間人の積極的登用。
32　かながわブランド戦略	ブランド・イメージ向上を図るための戦略的な情報発信。
Ⅵ　新しい自治	
33　分権改革と道州制の推進	第2次分権改革と道州制推進で地域主権型国家への道筋。
34　首都圏連合と山静神三県連合の展開	花粉症対策など共同プロジェクトで広域連携の具体的な効果を実現。
35　市町村合併と政令市移行支援	東西バランスのとれた地域主権型の県土づくりと都市内分権の促進。
36　協働型社会かながわの創造	県民・NPOと県との協働を一層推進し「新しい公共」を創造。
37　自治体外交の展開	経済・観光などの分野で具体的な成果を引き出す先進的外交を展開。

第1部　基本理念

神奈川の力で日本を動かす

1　神奈川力とは先進力と協働力

私たちは、「神奈川力」をさらに引き出し、新たな県政改革に挑戦してまいります。「神奈川力」の核心は、**新しい時代を切り拓く「先進力」**と**さまざまな主体が力を合わせる「協働力」**にあると考えます。

第１の「先進力」によって、**「時代を切り拓く先進の神奈川」**をめざします。神奈川は、ペリー来航と開国以来、欧米文明を吸収してきた先進の地として、進取の精神で日本社会をリードしてきましたが、技術革新をはじめ目まぐるしく変化するこの時代にあっても、この「先進力」をさらに伸ばし、日本を動かしていきたいと思います。

第２の「協働力」によって、県民・企業・ＮＰＯなど**「様々な主体が力をあわせて地域を支える協働型社会・神奈川」**をめざします。今後、複雑化する地域の課題に対応するには、行政だけでなく県民・ＮＰＯ・企業が幅広く参加し、公共的な役割を担っていくことが不可欠です。神奈川は人材の宝庫です。そうした協働の輪が県内に張りめぐらされ地域社会の運営にあたっていく、そんな新しい協働型社会を神奈川からつくります。

2　「新しい公共」を創る広域政府

このような神奈川をめざすには、県はどういう役割を果たすべきでしょうか。

第１に、県は**広域的な課題に効果的に対応していく**必要があります。社会経済の広域化・流動化に伴って、環境問題、産業政策、交通政策などの広域的な課題が増えています。医療体制の整備や福祉人材の育成なども、県の役割といってよいでしょう。さらに、県の範囲をこえる課題については、首都圏連合などの連携を強化して、広域的に対応する必要があります。

第２に、県は**市町村の支援と連携に力を入れていく**必要があります。分権型社会では、基礎自治体である市町村が地域の主役になる必要がありますが、市町村だけでは十分に対応ができない広域的・専門的な課題については、県が責任をもって対応する必要があります。また、県が施策・事業を行う場合

にはできるだけ市町村の意見を聞いて、協力しながら進める必要があります。

第３に、県は**県民・ＮＰＯ・企業の公共的な活動を支援し、協働していく**必要があります。公共的な課題だからといって行政だけで解決できるわけではありませんし、「官から民へ」の改革を進めるといっても行政の責任が軽くなるわけではありません。県は、地域主権の考え方に立って、県民との協働を進めながら、公共的な課題を解決していく責任を有しています。

行政はサービス業だという考え方もありますが、単純なサービス業ならば市場に委ねた方がよいでしょう。県は、県民との協働によって地域の課題を解決していく広域の政府であり、市町村を支援するシンクタンクであると考えます。この神奈川から「新しい公共」を創り支える広域政府を創ってまいります。

3　神奈川から「国のかたち」を変える

私たちは、以上のような県政改革の取組みを踏まえて、日本の政治・行政のあり方を変えていきたいと考えます。その基本目標は３つあります。

第１に、**マニフェスト改革を進め、日本に政策中心の民主政治を根づかせたい**と考えます。マニフェスト政治は「政策の情報公開」であり、住民本位で「政策中心の政治」を実現するものです。全国の首長・議員の先頭に立ってこの改革を成し遂げ、日本に真のデモクラシーを実現していきます。

第２に、**徹底した分権改革を進め、官僚と族議員中心の「護送船団方式」の政治・行政を変えていく**ことです。教育荒廃、高齢者福祉、財政破綻など、どの問題をとっても、明治以来の集権的なしくみでは対応できなくなっています。これからは地域の実情に合った政策を住民との協働で進めていく「地域主権」の時代です。他の首長・政治家とも連携して、徹底した地方分権を進めてまいります。

第３に、**道州制の導入をめざし、日本を真の「地域主権型国家」に切り替える**ことです。生活圏の拡大や社会経済のグローバル化によって、明治以来続く47都道府県体制では、本当の地域主権を実現することは困難となっています。これを道州制に切り替え、道州が産業政策、教育政策など内政上の権限を一元的に行使し、自立した地域経営を行っていく必要があります。私たちは、全国自治体の先頭に立って、この改革を進めていく覚悟です。

政治改革は政治家と有権者の共同作業です。マニフェスト改革を進め、日本の政治・行政を変革し、「国のかたち」を大きく変えていく。神奈川の将来のために、日本の将来のために、私たちは県民の皆様とともに挑戦します。

第2部　条例宣言

先進の神奈川ルールで日本を変える
—先進条例「ローカル・ルール１１《イレブン》」—

いま地域社会は、新しい複雑な課題を数多く抱えています。こうした課題に対して、国がつくった法律だけで対応することは困難です。現場を抱える自治体が、課題を敏感に受けとめ、国に先んじて条例を制定して課題解決を図る必要があります。本当の地方分権のためにも、「ローカル・ルール」を育てていくことが重要です。

私は、さらなる県政改革において、１１本の全国初あるいは先進的な条例の制定をめざします。これらの中には、県民の皆様にご負担をお願いするものもありますが、いずれも県民生活や地域の環境を守り、豊かにしていくために不可欠なルールです。

今後、県民の皆様のご意見をいただき、また議会でも十分に審議をいただいて、これら全国の自治体をリードする先進条例を制定し、課題解決に取り組んでまいります。

1　公共的施設における禁煙条例（仮称）　全国初

受動喫煙による健康への影響を防止し、公共スペースにおける快適な環境をまもるとともに、「がんへの挑戦・10か年戦略」を推進するため、官公庁施設、駅、病院、学校等の公共的施設における喫煙を禁止する条例の制定をめざします。対象施設の範囲や罰則の有無については、今後県民の皆様のご意見を聴いて定めます。

2　地球温暖化対策推進条例（仮称）　全国最先端の条例

地球温暖化が深刻化する中で、地域から実効性のある地球温暖化対策を行うために、県・県民・企業の責務、事業活動におけるエネルギー管理や環境配慮、家庭生活における対策等を定めるとともに、温暖化防止に関する普及啓発や環境教育を推進する条例の制定をめざします。これにより、「神奈川県地球温暖化対策地域推進計画」（2006年6月改訂）の二酸化炭素排出量の削減等の目標達成をめざします。

3　遺伝子組換え農作物の規制に関する条例（仮称）　全国最先端の条例

遺伝子組換え農作物の栽培によって、人の健康や生物多様性など環境に影響を与えるおそれがあり、消費者の不安を招いていることから、こうした影響を防止し県内農産物への信頼性を確保するため、これらの栽培に許可等を要することとし、分別管理の徹底、拡散の防止等の措置を定める条例の制定をめざします。

※**遺伝子組換え**とは、ある生物の遺伝子を取り出して別の生物に導入したり、人工的に遺伝子の配列を改変したりすることにより、生物に一定の性質を与える技術です。除草剤や害虫に強い農作物をつくることなどが可能になるため、トウモロコシ、ダイズなどに実用化されています。

4　犯罪被害者等支援条例(仮称)　全国初の総合条例

犯罪被害者やその家族は、犯罪によって健康や生活面で厳しい状況に置かれています。犯罪被害者等基本法（平成 17 年制定）をふまえて、犯罪被害者の「個人の尊厳」を守り、その権利利益を保護するため、県の責務、経済的支援、精神的・身体的被害の回復、支援体制の整備等の措置を定める条例の制定をめざします。これにより、犯罪の抑止→取締→被害者支援の一連の総合的対策が可能となります。

5　中小企業活性化条例（仮称）　全国最先端の条例

神奈川の中小企業は、全国トップクラスのものづくりやサービスを支え、地域の経済や雇用に重要な役割を果たしています。変動する経済環境の中で、意欲ある中小企業の経営の安定と活性化を図るため、中小企業の経営基盤の強化、技術開発等の促進、金融の円滑化、人材の確保等の支援施策を定めるとともに、県の責務や中小企業の努力等を定める条例の制定をめざします。

6　文化芸術振興条例(仮称)　全国最先端の条例

神奈川はこれまでもすぐれた文化芸術をはぐくんできましたが、さらに若手クリエーターの育成などによって新しい文化芸術の創造を支援する必要があります。文化芸術の振興によって魅力ある創造的な地域をつくるため、文化芸術をめぐる関係者の責務と役割、基本施策、人材の育成、県民による文化活動の支援、文化芸術振興会議（仮称）の設置等を定める条例の制定をめざします。

7　みんなのバリアフリー推進条例(仮称)　全国最先端の条例

これまで街や建築物のバリアフリー化が進められてきましたが、さらにだれもが自由に移動し社会に参加できる「ユニバーサルデザイン」の街づくりが求められています。新バリアフリー法の制定をふまえて、「福祉の街づくり条例」を全面改正し、多数の方々が利用する学校、病院、ホテル等のバリアフリー化を義務づけるなど、より徹底した措置を定める条例の制定をめざします。

※**新バリアフリー法**とは、建築物の基準を定める「ハートビル法」と、公共交通機関の基準を定める「交通バリアフリー法」を一体化して平成 18 年に制定された法律で、正式名称は「高齢者、障害者等の移動等の円滑化の促進に関する法律」といいます。

8　県民パートナーシップ条例(仮称)　全国最先端の条例

地域の課題を解決し県民の生活を支えるには、県民、企業、ＮＰＯ、コミュニティ組織など様々な主体が力をあわせて社会を支える「協働型社会」に切り替える必要があります。活力ある「協働型社会かながわ」を実現するため、県民・ＮＰＯ・県の責務、協働の原則、県とＮＰＯの協約（コンパクト）、ＮＰＯ等への支援等の措置を定める条例の制定をめざします。

9 県職員等不正行為防止条例(仮称)

都道府県初

最近、全国的に首長の不祥事が相次ぐとともに、県職員の事故・不祥事も目だっています。そこで、知事などを含む県職員全体の違法行為・不祥事を防止し、県民の信頼を確保するため、職員の行動指針、内部通報制度、不当な働きかけへの対応等の制度を定めるとともに、これらの実効性を担保するため、第三者機関として不正行為等監視委員会（仮称）を設置する条例の制定をめざします。

10 知事多選禁止条例(知事の在任の期数に関する条例)

全国初の禁止条例

幅広い権限を有する知事が長期にわたり在任することによって、独善的な組織運営、人事の偏向、議会との癒着などの弊害が生じるおそれがあります。こうした弊害を防止し、清新で活力ある県政を確保する民主政治のルールとして知事の在任を連続３期までに制限する条例の制定をめざします。

11 自治基本条例(仮称)

都道府県初

本格的な地方分権時代を迎え、県が県民の信託に基づく広域自治体としての役割を果たすために、「神奈川県の憲法」として、県政運営の原則、県議会の役割、県民の県政参加・県民投票制度、市町村の県政参加等のしくみを明確にする条例の制定をめざします。なお、条例提案までに、県民、ＮＰＯ、市町村等のご意見を十分に聴き、反映させます。

条例サンセットシステムの導入

たえず時代に適合した条例とするため、一定期間ごとに、県の条例（政策的条例）の施行状況などを評価し、有効なものは存続させ、社会状況に合わなくなったものや目的を達したものは改正または廃止する「サンセット」の制度を導入します。

第3部　政策宣言

第1章　未来への人づくり

1　県立学校の施設再整備

子どもたちが安全で快適に学習できる環境を整備するため、すべての県立学校の耐震診断を完了させ、建替えや改修などにより、耐震化や老朽化対策を進めるとともに、不足している養護学校の整備などを、「まなびや計画」(県立教育施設再整備10か年計画)により実行します。

【現状】

県立学校では、老朽化が進行し、地震への対応も十分ではないため、児童・生徒の安全を確保するためにも、早急な対応に迫られています。

さらに、県立学校は、地域の皆様の財産でもあります。施設の再整備に当たっては、地域の皆様への施設開放などの視点も盛り込んで、県民のニーズにあった整備を進める必要があります。

こうした整備には多額の資金を必要とするため、今後、新たな財源の確保や地域からの支援も検討する必要があります。

【目標】

○すべての県立学校176カ所について耐震診断を完了。

○養護学校を3校新設(着手)、地域を考慮して高校を活用した分教室10校設置。

【具体的方策】

①県立学校の耐震化

すべての県立学校の耐震診断を完了させ、建替えや改修などにより、耐震化、老朽化対策や不足している養護学校の整備などを行う１０か年計画である「まなびや計画」を着実に実行します。

②地域への施設開放の促進

施設の再整備に当たっては、地域の皆様への施設開放などの視点も盛り込んで、県民のニーズにあった整備を進めます。

【期限】

○2007年度に「まなびや計画」の第１ステージ整備計画を策定。

○2010年度までに着実に計画を推進。

【財源】

○県債発行額抑制の範囲内で、基本的には既存財源で対応（10年間で、約１，０００億円)。

○ただし、新たな財源確保に努め、民間活力の導入なども検討します。

2　教育行政のシステム改革

教育委員会や学校の情報公開を徹底し、県立学校の第三者評価を実施します。校長の権限強化や市町村への権限移譲を進め、地方分権や学校現場の自律化の視点に立った教育行政のシステム改革を実行するよう、教育委員会に働きかけます。 さらに、公立高校と私立高校との連携の強化を図ります。

【現状】

現在、教育委員会のあり方については、より一層の情報公開やその役割と責任の明確化が求められており、現行の制度を地方分権や教育現場の自律化という視点から改革していくことが重要です。

また、神奈川の教育の車の両輪である公立高校（県立高校と市立高校）と私立高校との連携を進めていく必要があります。

【目標】

○教育委員会の情報公開の徹底。
○すべての県立学校の授業公開・外部評価の実施。
○公立高校と私立高校とが連携した協調事業の充実。

【具体的方策】

①教育委員会の情報公開の徹底

教育委員会の会議、活動状況等の公開を進めます。

②県立学校の情報公開と「外部評価制度」の導入

県立学校の授業公開等を徹底するとともに、生徒・保護者・専門家等第三者機関による学校の「外部評価制度」を導入します。

③「校長先生社長論」の実践

教育現場の責任者である校長の責任と権限を強化するため、教育委員会からの権限移譲を徹底します。そのため、副校長など校長を支えるポストの充実、校長の人事権強化、校長による人材育成の強化、予算裁量権の拡大などを進めます。

④市町村への権限移譲

政令指定都市の県費負担教職員制度の見直しを進めます。さらに、小中学校の教員人事権（給与支給を含む。）を市町村教育委員会に移譲する方向で進めます。

⑤公立高校と私立高校の連携の強化

「神奈川の高校展」、「ボランティア活動」、「教員研修」などを協働実施し、公私立高校の設置者会議などを通じて、公立高校と私立高校との連携を強化します。

【期限】

○2010年度までに実現。

【財源】

○既存財源内で、予算の組替えで対応。

3　新しい県立学校づくり

地域に開かれた教育を進めていくため、県立高校のモデル校として「地域協働高校」を開設します。養護学校の新設などにあわせ、特別支援教育の充実を図ります。また、バウチャー制度の趣旨を生かした仕組みの導入を検討します。

【現状】

近年、学校評議員制度など、学校を地域に開く制度が導入され始めていますが、学校運営を地域と協働して進める試みは十分とはいえない状況にあり、県民の評価を受けながら教育を推進していく、地域に開かれた学校づくりを進める必要があります。

また、養護学校の児童・生徒の増加が続いており、子どもたちのニーズに対応しながら、施設の整備や支援教育の充実が求められています。

さらに、生徒中心の教育を実現する上での方法の一つである「バウチャー制度」の趣旨を生かした試みを検討する必要があります。

【目標】

○「地域協働高校」モデル校を開設。

○県立高校の図書室やホールなどの開放を推進。

○養護学校を3校新設(着手)、地域を考慮して高校を活用した分教室10校設置(再掲)。

【具体的方策】

①「地域協働高校」づくりの推進

地域の人々が学校経営に参画でき、地域ぐるみで教育に取り組む「地域協働高校」を、県立高校のモデル校（パイロットスクール）として開設します。

②図書室などの地域開放

地域の人々に図書室やホールなどの県立高校の施設を有効に活用してもらえるよう、施設開放を進めます。

③養護学校の新設（再掲）と特別支援教育の充実

増加を続けている養護学校の児童・生徒のために、養護学校の新設など施設整備にあわせ、企業や福祉分野などと連携して、一人ひとりの子どもたちのニーズに対応した特別支援教育の充実を図ります。

④バウチャー制度の趣旨を生かした仕組みの検討

「バウチャー制度」は、保護者と生徒が学校を選び、学校は選ばれるよう努力をし、生徒を大切にする教育を実現する制度です。このバウチャー制度の趣旨を生かした仕組みの導入を県内の学校で検討します。

【期限】

○2010年度までに実現。

【財源】

○既存財源内で、予算の組替えで対応。

4　教員の人材確保と育成

県立高校の教員としてすぐれた人材を確保するため、採用システムの改革や教員をめざす学生などを対象とした「かながわティーチャーズカレッジ」を創設するとともに、教員の人材育成の充実を図るため、総合教育センターの抜本的改革により「かながわティーチャーズアカデミー」を開設することなどを教育委員会に働きかけます。

【現状】

県民から信頼される学校づくり、教育改革のための鍵は、優秀な教員人材の確保にあります。

国においても教員免許の更新制度の導入などの動きがありますが、県として、教員の指導力強化や資質向上のため、採用から研修まで総合的に取り組む必要があります。さらに、教員の不祥事防止徹底も不可欠です。

【目標】

○「かながわティーチャーズカレッジ（仮称）」の創設。

○総合教育センターの改革による「かながわティーチャーズアカデミー（仮称）」の開設。

【具体的方策】

①「かながわティーチャーズカレッジ（仮称）」の創設で優秀な教員採用

多様で優秀な人材の確保を確保するため、社会人経験者等の採用拡大や試験の見直し、教員志望者の実力アップのための「かながわティーチャーズカレッジ」の創設などを進めます。

②「かながわティーチャーズアカデミー（仮称）」の開設

総合教育センターの抜本的改革により、教員の意識改革と指導力の向上を図ります。また、高い教員の意欲を喚起するための公募ポストの充実を図ります。

③教員不祥事防止対策の徹底

不祥事撲滅に向けた「アクションプラン」をまとめ、県民に公表し、徹底するよう教育委員会に要請します。

【期限】

○2010年度までに実現。

【財源】

○既存財源内で、予算の組替えで対応。

5　良き市民となるための教育

社会の一員として豊かな人間性を身につけた若者を育てるために、県立高校の生徒による地域貢献活動などをより一層推進するとともに、インターンシップの拡充により就業体験の充実を図ります。さらに、政治参加に関する意識を高める模擬投票の体験など「良き市民となるための教育」を充実します。また、コミュニケーション英語や国際関係などの知識を学ぶ機会を増やし、国際人を育てる教育も充実します。

【現状】

子どもたちが社会の一員としての自覚や責任を学ぶ機会が少なくなっています。また、将来を担う若年層の選挙における投票率の低さが大きな問題となっています。

そこで、地域に貢献する活動体験などを通じて、社会の一員としての人間性を身につけた若者の育成が必要となっています。

また、グローバリゼーションに対応して、これまでも進めてきたコミュニケーションのための英語教育をさらに充実し、さらに国際感覚を磨くための「国際人教育」が求められています。

【目標】

○地域貢献活動などを学校教育の一環として単位認定。

○モデル校における模擬投票の実施。

【具体的方策】

①地域貢献活動などの推進

地域社会の課題解決に生徒自らが参加する社会奉仕・地域貢献活動を単位認定するなど、学校教育の一環として充実を図ります。

②インターンシップによる就業体験の充実

企業や農家などの協力を得ながら、インターンシップ（就業体験）の単位認定を拡大し、充実を図ります。

③「良き市民となるための教育」の充実

副読本などを活用し、選挙の仕組みや有権者としての自覚を持てるよう政治参加教育を実施し、モデル事業として、高校において「模擬投票」を実施します。また、実社会で生きる知恵と力を学ぶ経済・金融教育や消費者教育も充実します。

④「国際人教育」の充実

ＴＯＥＩＣ等受験のより一層の奨励、スピーチコンテストや指定校などコミュニケーション英語教育を拡充するとともに、国際感覚を磨くための教育の充実も進めていきます。

【期限】

○2010年度までに実現。

【財源】

○既存財源内で、予算の組替えで対応。

6 スポーツ振興と部活動活性化

スポーツ選手によるネットワークを形成するとともに、「かながわスポーツの日」を新設し、スポーツ振興を図ります。また、「かながわ部活動ドリームプラン21」にもとづき、部活動エキスパート指導者の派遣やボランティアの拡充などにより、部活動に取り組みやすい環境を整備し、部活動の加入率を向上させます。

【現状】

高齢化の進展や子どもの体力低下が見られる中、スポーツを通した体力・健康づくりの関心はますます高まっています。神奈川には、オリンピック金メダリストをはじめ多くのトップアスリート（スポーツ選手）がいますので、こうした人材を生かしながら、スポーツを振興させていく方策が求められています。

スポーツや文化に自主的に取り組む部活動はチームワークや友情をはぐくむ上で最適な機会であり、部活動が活発な学校は、生徒たちも生き生きしているように思います。現在、部活動の指導をする専門能力を持った教員が不足する状況にあるので、地域や大学さらにはトップアスリートなどの支援もいただきながら、生徒のニーズに対応した魅力ある部活動を充実していくことが求められています。

【目標】

○かながわアスリートネットワークを創設。

○「かながわスポーツの日」「部活動の日」の創設。

○県立高校における部活動加入率を、運動部で43．2％（2006 年度）から50％に、文化部で21．0％から25％に向上。

○全国大会への出場率を33％に向上。

【具体的方策】

①かながわアスリートネットワークと「かながわスポーツの日」の創設

県内のスポーツ選手などにより、スポーツ振興のための活動を展開するとともに、県民が皆でスポーツを楽しむ「かながわスポーツの日」を創設します。

②外部専門家による特別講習会の開催

トップアスリートなどの各部門の専門家を招いて、講習会を開き、スポーツへの関心を高めるとともに、部活動への加入を促進します。

③部活動エキスパート指導者や支援ボランティアの充実

専門性を持った指導者を派遣して、担当する教員への指導・支援をするとともに、地域住民や学生などにボランティアとして参加してもらう機会を充実します。

④「部活動の日」の創設

部活動を促進する日を設定したり、各学校において部活動の促進目標を立てるなど、生徒や教員が活動に参加しやすい環境を整えます。

【期限】

○2010 年度までに実現。

【財源】

○既存財源内で、予算の組替えで対応。

7　地域ぐるみで子育て支援

次代のかながわを担う子どもたちを健やかにはぐくむため、家庭の力、地域の力が発揮できるよう、公募による「子育て支援プロジェクト50」の実現や、企業等における子育て支援の促進など、地域の人々総ぐるみで子育てに関わる仕組みを整えます。また、産科医師などの確保により、安心して子どもを生み育てる環境づくりを進めます。

【現状】

核家族化により若い親たちの子育て世代が孤立化し、同時に、地域コミュニティの連帯も希薄化し、地域で子育てを支援する機能が低下しています。

これまで、「子ども・子育て支援推進条例」の制定などに取り組んできましたが、さらに、安心して子どもを生むことができ、子どもが健やかに育つことのできる環境を地域ぐるみで支援する仕組みづくりが求められています。

【目標】

○「子育て支援プロジェクト50」の公募と実現支援。

○子育て支援に熱心に取り組む認証事業所400社。

【具体的方策】

①「子育て支援プロジェクト５０」の実現

県民の知恵と経験を生かした子育て支援をめざして、地域での子育て支援「モデル事業」を募集し、成果の普及を図ります。また、団塊の世代などの中高年世代による子育て支援のネットワークづくりや「保育ママ」制度などの活用促進を図ります。

②企業などによる子育て支援促進

神奈川県が独自に制定した「子ども・子育て支援推進条例」に基づく認証制度や表彰制度を推進し、企業内保育や病院内保育など企業等による子育て支援の取組みを促進します。

③子育て支援ＮＰＯとの協働

市町村とも連携して、各地で子育て支援に取り組んでいるＮＰＯなどを支援し、その取組みの成果を広めるために、ＮＰＯ間の連携・協働を推進します。

④産科医の確保、潜在助産師の活用支援（後掲）

県内４大学病院とも連携し、魅力ある臨床研修医師の確保定着、女性産科医師の就労支援などを推進します。また、潜在助産師を対象とした就労に向けた支援を強化します。

【期限】

○2010年度までに実現。

【財源】

○既存財源内で、予算の組替えで対応。

8　いじめ・不登校・児童虐待緊急対策

> 深刻ないじめ・不登校・児童虐待の根絶をめざし、総合的な対応を図るため、「いじめスワット（緊急）チーム」の新設、「青少年サポートプラザ」の充実、児童相談所の体制の一層の強化、NPOなどと協働した子どもたちの居場所づくりなどを強力に進めます。また、子どもを支える行政・NPOなどが協働する子どもサポートネットワークを強化します。

【現状】

児童虐待やいじめ、不登校、ひきこもりなど子どもたちや青少年にかかわる深刻な事態が続いています。これまでも重要な課題として位置づけ、対策を打ってきましたが、まだ十分な成果をあげてきたとはいえない状況にあります。

子どもたちの生命にも関わる重大な課題であり、総合的な対策を強力に推進する必要があります。

【目標】

○児童相談所職員30名を増員（2007 年度の増員を含む）。

○公募スタッフを含めた「いじめスワットチーム」を結成。

○子どもサポートネットワークを形成し、児童虐待・いじめ等の未然防止の体制を整備充実。

【具体的方策】

①「いじめスワット（緊急）チーム」の新設

教員ＯＢなど経験と熱意をもった人材を公募し、いじめなどに即応する対策チームを設置し、子ども、家族や学校に対するきめ細かなサポートやコーディネートを実施します。

②いじめ・不登校等総合対策緊急プロジェクトの実施

子どもたちの悩みをワンストップで受け止める「青少年サポートプラザ」と教育、福祉などの専門相談機関との連携の強化を行います。２４時間「命の電話」などの相談体制や駆け込み寺などの整備を進めます。

また、学校においてはスクールカウンセラーの配置拡大や「中１ギャップ」に対応するため中学校における少人数学級を実施します。

③児童相談所など児童虐待に即応する総合体制の強化

児童福祉司や、児童心理司などの専門家の配置を充実します。２４時間３６５日相談体制や地域との連携など児童虐待に連携して即応できる体制を充実します。

④地域における居場所づくりの充実

ＮＰＯが運営するフリースクールなど、地域での子どもたちの居場所づくりを支援します。

⑤子どもサポートネットワークの推進

県、市町村、教育委員会、県警、病院、保育所、ＮＰＯなどの子どもを支える関係機関・団体の連携を強化します。

⑥子どもの見守り事業の展開

位置情報システム等のＩＴ機器の活用や宅配業者などの企業との連携などにより「子どもの見守り事業」を拡充します。また、犯罪から子どもを守るため、スクールサポーター制度を促進します。

【期限】

○2010 年度までに実現。

【財源】

○既存財源内で、予算の組替えで対応。

第2章　安心な暮らし

9　日本一の治安の実現

安心して暮らせる日本一の治安を実現するために、県民の自主防犯活動や交通安全活動へ支援を充実し自主防犯活動団体数 2000 団体・20 万人参加を目指します。県民・企業・県・警察が一体となって安全・安心のまちづくりを推進し、犯罪発生件数を 10 万件以下に抑えます。また、子どもや高齢者の見守りを充実するとともに、消費者被害の未然防止対策を強化します。さらに、犯罪被害者とその家族を支援するための条例を制定します。

【現状】

2002 年の約 19 万件をピークとした犯罪数（刑法犯認知件数）は、近年の警察力の増強、県民の皆様による自主防犯活動の展開、県のくらし安全指導員の取組みなどの結果、2006 年には約 12 万件まで減少させることができました。しかし、まだ県民の皆様の体感治安の回復は十分とはいえません。

また、交通安全についても、交通事故死者数は 2002 年から 4 年間連続で減少していますが、全国 10 位と依然として高い水準にあり、さらなる対策が必要です。

このため、県民や企業と県や警察が一体となって、安全・安心のまちづくりをより一層強力に進める必要があります。また、今年 6 月には安全・安心まちづくりセンターが開設され、犯罪被害者への支援を充実しますが、さらに条例によってしっかりしたサポートを行う必要があります。

【目標】

○自主防犯活動団体数 2000 団体・20 万人参加。

○犯罪発生件数を現在の 12 万件から 10 万件以下に抑制。

○交通事故年間死者数を 200 人以下に抑制。

【具体的方策】

①自主防犯活動への支援の充実

引き続き、自治会、学校、NPO 等による自主的な防犯活動の支援制度を充実し、県民の皆様と一体となった取組みを引き続き推進します。

②子どもや高齢者の見守り事業の展開（一部再掲）

位置情報システム等のＩＴ機器の活用や宅配業者などの企業との連携などにより子どもや高齢者の「見守り事業」を拡充します。また、犯罪から子どもを守るため、スクールサポーター制度を促進します。

③消費者被害の未然防止対策

高齢者をねらったリフォーム詐欺や架空請求などの悪質商法から県民を守るため、かながわ中央消費生活センターを充実し、ＮＰＯや消費者団体、市町村、警察などと連携して、被害の未然防止を強化します。

④くらし安全・安心サポーター制度の創設

防犯等の専門知識を持った防犯活動のリーダーとして「くらし安全・安心サポーター」を養成し、くらし安全指導員と協働して活動を充実します。

⑤「犯罪被害者等支援条例（仮称）」の制定（再掲）

犯罪被害者等への総合的な支援施策を展開するための条例を制定します。

【期限】

○2010 年度までに実現。

【財源】

○既存財源内で、予算の組替えで対応。

10 基地対策の着実な推進

神奈川県は、沖縄に次ぐ全国第二の基地県といわれ、これまでも「県是」として、米軍基地の整理・縮小・返還や基地負担の軽減に向けて取り組んできました。引き続き、厚木基地の空母艦載機の騒音問題や横須賀基地へ配備が予定されている原子力空母の安全確認体制の整備など、自治体間の連携や国内外へ働き掛けにより、基地対策に全力で取り組みます。

【現状】

神奈川県には１５の施設、約２，０９０ヘクタールに及ぶ米軍基地が存在しています。世界的な米軍再編の動きの中で、さまざまな交渉を続けてきていますが、基地の返還や厚木基地周辺の騒音被害など、まだまだ課題が残っています。

引き続き、「県是」である米軍基地の整理・縮小・返還の促進に加えて、基地周辺の安全・安心の確保に向けて、取り組んでいく必要があります。

【目標】

○NLP等による騒音被害の軽減に向けて厚木基地の空母艦載機の移駐を早期実現。
○横須賀基地へ配備が予定されている原子力空母の安全確認体制の整備。
○相模総合補給しょうなどの基地の一部返還の推進。
○災害時における米軍基地との連携を強化。

【具体的方策】

①基地縮小に向けての自治体間連携とトップ交渉

引き続き基地の整理・縮小・返還など基地問題の解決を目指して、他の自治体と連携し取り組むとともに、政府関係者とのトップ交渉だけでなく、米軍関係者との交渉も展開します。

具体的には、航空機騒音の軽減に向けて厚木基地の空母艦載ジェット機の移駐、相模総合補給しょうの返還などの実現に向けて働き掛けを強化します。

②基地周辺の安心・安全の確保

日米地位協定の改正への働き掛けを他の自治体と連携して強化します。

横須賀基地へ配備が予定されている原子力空母の安全確認体制の整備や万が一の事故を想定した訓練などを強化します。キャンプ座間など基地周辺地域が負っている基地負担の軽減を強く訴えていきます。

また、災害時の米軍との連携強化や文化交流の促進など、現に存在している米軍基地との相互協力を図ります。

【期限】

○2010年度までに実現。

【財源】

○既存財源内で、予算の組替えで対応。

11　がんに負けない神奈川づくり

> がん予防の一環として受動喫煙から県民を守るための「公共的施設における禁煙条例（仮称）」の制定や、「がんへの挑戦・10か年戦略」の着実な実施、重粒子線治療装置を含む県立がんセンターの総合整備の実現により、神奈川県民のがんによる死亡率の低下を目指します。

【現状】

がんは神奈川県では1978年から死因の第１位であり、現在、総死亡者数の約３分の１を占めています。今後、ライフスタイルの変化や高齢化の進展などにより、がんにかかる人やがんによる死亡が増加すると見込まれています。

このため、がんの予防から早期発見、医療、ターミナルケアまでトータルながん対策を進める必要があり、特に、喫煙が健康へ与える影響は大きいことから受動喫煙から県民を守る対策が重要です。

【目標】

○「公共的施設における禁煙条例（仮称）」の制定。（再掲）
○2013年度までのオープンを目指し、県立がんセンターの総合整備促進。
○「がんへの挑戦・10か年戦略」（第2ステージ（2007年度～2010年度））の推進。

【具体的方策】

①「公共的施設における禁煙条例（仮称）」の制定（再掲）

受動喫煙による健康被害から県民を守るため、公共的施設での喫煙を規制する条例を制定します。この中には、分煙措置のための助成制度の新設なども含めます。

②「がんへの挑戦・１０か年戦略」の推進

がんの予防、早期発見、医療、ターミナルケアまでトータルながん対策を着実に実施します。

③県立がんセンターの総合整備

県立がんセンターの整備により、待機患者の改善を図るとともに、がんの的確な発見に不可欠なＰＥＴ－ＣＴや最新の治療法である重粒子線治療装置を導入し、機能の充実を図ります。

④神奈川がん臨床研究・情報機構の推進

県立がんセンターや理化学研究所及び製薬会社の研究所などとのネットワークを形成し、相互の研究協力を促進し、新たながん治療法などの開発を加速化します。

【期限】

○県立がんセンターの整備については、2013年度までのオープン。
○その他は、2010年度までに実現。

【財源】

○既存財源内で、予算の組替えで対応。
○県立がんセンターの整備は、ＰＦＩ手法などで民間資金を導入。

12 県立病院改革で医療向上

県立病院を独立行政法人として自立させ、経営の基盤を強化し、良質な医療サービスを提供します。リハビリテーション医療における県立病院の役割を見直し、質の高い医療サービスを提供できるよう、神奈川県総合リハビリテーションセンターの体制や施設の再編整備を進めます。県立がんセンターの総合整備の実現により神奈川県民のがんによる死亡率の低下を目指します。

【現状】

県立病院は、2005年から事業を地方公営企業として独立性の高い運営を行ってきました。また、神奈川リハビリテーション病院と七沢リハビリテーション病院脳血管センターは神奈川県総合リハビリテーション事業団が運営しています。

今後、さらに県民の医療ニーズの高い疾病や難治性疾患に応え高度・専門医療の機能を高め、質の高いサービスを提供するために、県立病院の経営面での改革と２つのリハビリテーション病院の再編整備を進める必要があります。

【目標】

○県立病院の地方独立行政法人化の実現。
○リハビリテーションセンターの再編整備。
○2013年オープンを目指し、県立がんセンターの総合整備促進。(再掲)

【具体的方策】

①県立病院の改革と医療の質の向上

県立病院を地方独立行政法人として自立させ、経営基盤を強化し、患者の皆様へ良質な医療サービスを提供します。

②リハビリテーションセンターの再編整備

リハビリテーションセンターが時代のニーズに合った良質な医療・福祉サービスを一体的に提供できるよう、２病院の統合によって、民間医療機関では対応の難しいリハビリ医療等を提供できる体制を構築するとともに、その機能を十分に発揮できるよう施設等の再整備を進めます。

③県立がんセンターの総合整備（再掲）

県立がんセンターの整備により、待機患者の改善を図るとともに、がんの的確な発見に不可欠なＰＥＴ－ＣＴや最新の治療法である重粒子線治療装置を導入し、機能の充実を図ります

【期限】

○地方独立行政法人への移行については2010年度に実現。
○リハビリテーションセンターの再編整備については2010年度までに着手。

【財源】

○既存財源内で、予算の組替えで対応。
○施設整備については、ＰＦＩ方式など民間資金の導入。

13　介護人材育成と産科医療充実

介護現場の人材が意欲と生きがいを持って働けるよう、大学等の教育機関や民間事業者との連携・協力により介護人材の総合的な教育システムをつくります。また、医療現場の産科医・助産師・看護師の不足に対して、就労環境の改善等に取り組み、県民が安心して出産や療養ができる体制をつくります。

【現状】

介護保険制度の施行以降、民間活力の導入による介護サービス基盤が整備されましたが、介護現場では十分な教育ができず、就労環境もよくないことから、意欲と能力のある人材が育ちにくい状況です。一方、介護人材の教育は、大学や専門学校、研修機関等がそれぞれ独自の研修を行い、体系化されていないことから、資質向上に向けた総合的なしくみが求められています。

2006年の診療報酬の改訂により、大都市・大病院への看護師の集中と一般病院での看護師不足が起きています。また、不規則な勤務体制や重い責任から産科医不足が深刻化し、助産師不足で閉じる産院が出るなど、お産に係わる人材不足が顕在化しています。

【目標】

○介護専門職に関する県独自の認定制度をスタートさせ、毎年3,000人以上の介護職員を研修する体制を整備。

○県内の医療機関に勤務する産科医の減少（1998年419人⇒2004年375人（▲44人））に歯止めを掛け、増員傾向に転換。

○潜在的な助産師・看護師（資格はあるが職務についていない助産師等）の再就職を含め、職員を1.3倍（2004年比）に増加。

【具体的方策】

①総合的な介護教育制度の整備と介護人材のキャリアパス支援

県内の大学・専門学校や研修実施機関、市町村、事業者等が連携して、「単位認定制」など新しい横断的な介護教育のしくみをつくるとともに、「認知症ケア」等の専門性を確立するなど、質の高い介護サービスの提供を目指します。また、介護職員のキャリアを評価・認定するしくみや、研修に要する費用の一部を助成する制度を検討し、その資質向上を支援します。

②産科医の確保と潜在助産師、潜在看護師の活用支援

県内4大学病院とも連携して、臨床研修医師の確保定着、女性産科医師の就労支援などを推進します。また、潜在看護師、潜在助産師を対象とした研修や、看護師の助産師資格取得を推進する体制を充実し、就労支援や就労環境の改善等を強化します。

③県立保健福祉大学の有効活用

介護・看護人材等の研修に当たっては、県立保健福祉大学の施設や機能を有効活用し（夜間・休日・夏期休暇中の施設利用、公開講座の開設等）、教育拠点として利用します。

【期限】

○2010年度までに実現。

【財源】

○既存財源内で、予算の組替えで対応。

14　高齢者の介護充実と虐待防止

増加している高齢者介護を支えるため、サービス事業者の質の向上と介護保険施設を1．2倍に拡充し、定員数を52,000名まで引き上げ、入所待機者を減少させます。家族や介護施設における高齢者虐待を減らすため、通報や相談の体制を強化するとともに、介護オンブズパーソンのネットワークをつくります。

【現状】

2010年度に178万人、人口の20%に達する高齢者の増加に伴って、要介護高齢者も24.3万人（2006年度）から28.9万人（2010年度）に増加する見込みです。

これらの皆様の自立した生活を支えるために、介護サービスの量の確保と質の向上が求められています。

また、介護負担の重さから、家庭における高齢者の虐待や介護家族の心中などの事件が増加しています。介護施設における虐待や身体拘束についても対応が求められています。

【目標】

○介護保険施設の定員数を1．2倍以上に拡充し、41,807名（2005年度）を52,000名（2010年度末）に増員。

○ボランティア、NPO等を「かながわ介護オンブズパーソン（仮称）」として200名以上を認定。

【具体的方策】

①介護サービス事業者の参入支援と質の向上

事業を開始しようとする者へのアドバイス、事業者指定の情報提供等により、在宅サービス事業者の拡充を図ります。サービス評価制度の活用、人材養成等によりサービスの質の向上を図ります。

②介護保険施設のさらなる整備と運営支援

介護保険施設の増設を図るため、施設整備への助成等の措置を講じます。介護職員の研修等により質の向上を図ります。

③高齢者虐待の防止と相談体制の整備

市町村職員、介護支援専門員（ケアマネジャー）、民生委員、ＮＰＯ等と連携し、地域包括支援センターを拠点として高齢者虐待の通報や相談の体制を強化します。このため、介護支援専門員、民生委員等の研修に必要なプログラムを組み込みます。

④「介護オンブズパーソン（仮称）」の認定

県民との協働で介護問題に対応するため、ボランティア等を「かながわ介護オンブズパーソン（仮称）」として認定し、介護家庭や介護施設入所者の相談や苦情対応を行い、必要に応じて県・市町村への情報提供を行います。

【期限】

○2010年度までに実現。

【財源】

○既存財源内で、予算の組替えで対応。

15 障害者の地域生活支援

障害の有無にかかわりなく誰もが生き生きと暮らすことのできる地域社会をめざして、障害のある方の就労・活動・教育の場づくりを推進し、県内の障害者雇用を1．2倍に増やします。また、障害者自立支援法の運用については、障害者の方々の立場に配慮した円滑な対応を行うとともに、適切な評価を行います。

【現状】

障害者自立支援法が 2006 年度からスタートし、社会福祉施設から一般就労への移行を進めるための就労移行支援事業などが創設されました。2006 年６月現在、神奈川県の障害者の雇用率は本社所在地別集計で１．４１％・全国第４６位、事業所所在地別集計で１．６％・全国第２３位にとどまっています。

神奈川県では、全国にさきがけて障害者地域作業所を支援しており、現在、全国の約１割にあたる約 460 の作業所が設置されて活動しています。今後、障害者自立支援法の体系にあわせた法定事業への円滑な移行が求められています。

【目標】

○県内の障害者雇用率（事業所所在地別集計）1．6%を1．92%（1．2倍）に向上。

○障害者地域作業所の法定内移行を支援し、地域生活の拠点機能を充実。

○グループホーム・ケアホーム（2005 年実績 3,083 人）、ホームヘルプサービス（2005 年実績 180,260 時間）を 2010 年度末に 2 倍（対（2005 年実績比）に引き上げ。

○養護学校等の就業率16%（2006 年）を倍増。

【具体的方策】

①特例子会社及び中小企業に対する支援

県内で特例子会社を設置している事業者及び障害者雇用を予定している中小企業に対して、職場定着や雇用促進のため、雇用アドバイザーの派遣等の支援施策を実施します。

②障害者の就労や自立を支援するための拠点・事業の充実

障害者の就労や自立を支援するための拠点・事業（地域就労援助センター・広域的な相談支援等）及び障害者自身が取り組む事業・活動（障害者自立生活活動、スポーツ活動、文化芸術活動等）の充実・支援を図ります。また、障害者自立支援法に基づく法定内事業への移行を支援し、障害者地域作業所の地域生活拠点機能の充実を図ります。

また、企業等との連携により養護学校の卒業生の就労支援を強化します。

③障害者の地域生活移行の支援と障害者自立支援法の円滑な運用

グループホーム・ケアホーム、サービスを利用しながら自宅・アパートでの生活などの支援施策を充実します。また、障害者自立支援法への円滑な移行が行われているかをモニターするため、障害者の立場に立った評価を行います。

④障害のある子どもたちの教育機会や放課後等の生活の充実

増加する養護学校の児童・生徒に対応するため、受け入れ体制を整備するとともに、放課後などに養護学校や地域の公共施設を活用した「障害児のための学童保育」への支援を行います。

【期限】

○2010 年度までに実現。

【財源】

○既存財源内で、予算の組替えで対応。

第3章　強い経済

16 インベスト神奈川で産業競争力強化

神奈川の地域経済を強化し、新たな雇用の場を創出するため、「産業競争力強化戦略」を策定し、これに基づき「インベスト神奈川第2ステージ」「神奈川R＆Dネットワーク構想」「ベンチャー企業支援」などの重点プロジェクトを推進します。

【現状】

地域経済の活性化と雇用の場の創出・確保のために、神奈川の産業の競争力を強化する総合的な産業政策が求められています。

特に、「インベスト神奈川」はこれまでに総額 5,600 億円を超える神奈川への新たな投資を生み出し、すでに立地企業により県内企業へ 1,200 億円以上の発注がなされるなど大きな成果を上げており、この流れをより確かなものとするため引き続き企業誘致・県内再投資を進め産業をさらに集積させる新たな枠組みを構築する必要があります。

そして、神奈川のものづくりを支える県内中小企業の投資促進に向け一層取組みを強化するとともに、立地企業の社会貢献を誘導するなど横断的な取組みを進めていく必要があります。

【目標】

○県の政策による企業誘致数 200 社。

○新規求人数　年間 36.6 万人(2005 年度)を 50 万人に増加。

【具体的方策】

①「産業競争力強化戦略」の策定

地域経済を活性化させ、県内産業の競争力を強化するため、県が取り組むべき政策を明らかにする「産業競争力強化戦略」を策定し、その推進体制を整備します。

この「戦略」により次の３つのプロジェクトを重点的に進めます。

②「インベスト神奈川　第2ステージ」の展開

県内中小企業の投資を加速させるとともに、世界トップレベルの企業誘致を進めるため、「中小企業がより利用しやすい制度づくり」「子育てや障害者雇用などに関する企業の社会的責任を応援する仕組みづくり」などの視点で新たな「インベスト神奈川」の仕組みをつくり、雇用創出のための企業誘致を強化します。

③「神奈川R＆Dネットワーク構想」の推進

県内に立地する企業、大学、研究所間の「R＆D(研究開発)のネットワークづくり」を推進します。これにより、大企業と中小企業の間の技術移転を拡大し、新しい技術に挑戦する企業の創出や中小企業の高度化などを支援します。

④「ベンチャー応援強化プログラム」の推進

次世代産業を牽引するリーディング・ベンチャー企業が次々と「生まれ・育ち・集う」、環境(「ベンチャーコミュニティー」)を形成します。このプログラムでは「KSP（かながわサイエンスパーク）モデルの県内展開」「ベンチャー支援インフラ（技術支援・経営支援体制）の拡充」を推進します。

【期限】

○2007 年度に計画策定し同時に事業に着手。

【財源】

○既存財源内で、予算の組替えで対応。

17　羽田空港国際化と京浜臨海部活性化

2010年に予定されている羽田空港の再拡張・国際化を神奈川県全体の経済の活性化に結びつけるため、空港の神奈川側の玄関口「神奈川口」整備構想を推進し、隣接する京浜臨海部の産業の高度化・複合化を加速させます。

【現状】

羽田空港の 2010 年の再拡張・国際化を神奈川県全体の活性化に結びつけるため、羽田空港から多摩川を渡った地域に空港への玄関口「神奈川口」を整備するよう、神奈川県から国に提案し、現在、国と関係自治体の間で、連絡路のルートや構造等の検討が進められています。

京浜臨海部の再編を進めるために、ものづくり機能や研究開発機能の集積を活かした、新たな産業の創出・集積が求められています。

【目標】

○2008 年までに神奈川口のまちづくりグランドデザインを策定。

○2009 年までに空港と神奈川側を結ぶ新たな連絡路事業を着手。

【具体的方策】

①神奈川口連絡道路の早期実現

羽田空港と「神奈川口」を結ぶ連絡道路の建設に着手に向け国や関係自治体と協議を進めます

②国際空港の玄関口に相応しいまちづくりの推進

神奈川口周辺に国際会議・交流施設、研究開発施設、高度物流機能の集積を図るとともに、アジアの産業技術人材の育成・活動拠点を整備します。さらに、アミューズメント機能の導入などにより、人の交流を基本に据えた国際空港の玄関口に相応しいまちづくりを進めます。

③ロボット産業クラスターの形成

京浜臨海部におけるロボットビジネスの取組みを核として、広く県内にロボットビジネスの集積・創出を進めます。

④コンビナートの高度統合化の推進

京浜臨海部の素材やエネルギーコンビナートの生産・研究開発機能の集積を活かし、脱石油・バイオ・リサイクル型総合エコ・コンビナートに転換する高度統合化を、国等と協力しながら進めます。

【期限】

○2010 年度までに実現。

【財源】

○既存財源内で、予算の組替えで対応。

18 高速交通ネットワークの整備

横浜から川崎、羽田空港、成田空港を超高速鉄道で結び首都圏の一体化と羽田・成田空港のハブ空港化を図る構想を提案します。さらに、首都圏の主要都市を結ぶ自動車専用道路網を整備することにより、国際競争に打ち勝てる産業基盤整備を目指します。広域交通網の整備にあわせ、さがみ縦貫道路や新幹線新駅、神奈川東部方面線など県内の高速移動ネットワークの整備を進めます。

【現状】

近年の中国や韓国などの産業の発展はめざましく、国際競争は激しさを増しています。こうした産業活性化の基盤となるのが、空港や鉄道や高速道路などの都市基盤です。ニューヨークやロンドンなど主要都市には国際空港が２、３つあります。中国の上海や韓国の仁川には４千メートル級滑走路が４本も計画されています。国際競争に打ち勝っていくためには、国際空港の整備や、首都圏の主要都市間や県内の交通ネットワーク整備は欠かせません。

【目標】

○2010 年度までにさがみ縦貫道路の相模原インターチェンジ以南を開通。

○八都県市首脳会議において羽田空港と成田空港を結ぶ超高速鉄道整備を提案。

○綾瀬インターチェンジの 2010 年度の事業着手。

【具体的方策】

①超高速鉄道「羽田・成田リニア新線」で首都圏の一体化を提案

羽田空港と成田空港の一体性を高め、国際ゲートウェイの機能と国内線ネットワークの中核機能を併せ持つ国際水準の首都空港の実現を図るため、環境面からモーダルシフトも視野に入れ、横浜、川崎、羽田空港、成田空港などの首都圏の主要都市等を大深度地下リニアモーターカーなどで結ぶ超高速鉄道整備構想を提案し、八都県市等で連携した検討を目指します。

②首都圏各都市を結ぶ自動車専用道路整備の促進

首都圏の主要都市を結び交流・連携を図る首都圏中央連絡自動車道(さがみ縦貫道路等)の整備を促進します。また、第二東海自動車道（通称、第二東名）の整備を促進し、首都圏の一体化や東海圏との連携強化を目指します。

③県内の高速移動ネットワークの整備

さがみ縦貫道路や国道２４６バイパスなどの自動車専用道路の整備を促進するとともに、津久井広域道路などのインターチェンジアクセス道路、西湘バイパス延伸や三浦縦貫道路などの主要幹線道路網の整備を推進します。また、新幹線新駅の設置や神奈川東部方面線などの整備を促進することにより、高速移動ネットワークを形成し、産業の活性化、スムーズな物流及び快適な人々の移動の実現を目指します。

④綾瀬インターチェンジの事業着手

東名高速道路の有効活用を図る「綾瀬インターチェンジ」は、綾瀬市とその周辺地域のアクセスを飛躍的に高めるとともに、横浜町田・厚木両インターチェンジ周辺の渋滞緩和などにも役立つものであり、2010 年度の事業着手を目指します。

【期限】

○2010 年度までに実現。

【財源】

○既存財源内で、予算の組替えで対応。

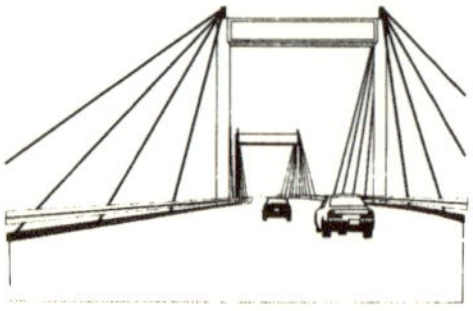

19　中小企業の支援強化と活性化

神奈川の地域経済を支える中小企業の活性化を図るため「中小企業活性化条例(仮称)」を制定するとともに、無担保クイック融資などの融資枠拡大や技術・経営支援センターの設置など技術・経営・金融面での総合的な中小企業支援をさらに強化します。また、商店街をいきいきと活性化させる事業の展開やコミュニティビジネスの支援など地域と生活を支えるサービス産業支援をさらに充実します。

【現状】

中小企業は地域経済を支えるとともに、にぎわいのある安全安心な地域コミュニティにとっても不可欠な役割を担っていますが、技術開発、経営革新など経営環境の変化に単独では対応しきれない課題を抱えています。

神奈川中小企業センターや産業技術センターなど県の持つ資源を活かして、がんばる中小企業をさらに強力に応援していく必要があります。

【目標】

○無担保クイック融資を含む制度融資実績の年間20，000件・2，600億円を堅持、拡大。

○中小企業技術・経営支援のワンストップ相談窓口を2カ所設置。

【具体的方策】

①「中小企業活性化条例（仮称）」の制定（再掲）

中小企業の経営基盤の強化を図るため、技術面、経営面、金融面などの基本施策と競争力の強化施策等を定める中小企業の活性化を図る条例を制定します。これに基づき、総合的な中小企業支援を展開します。

②中小企業無担保クイック融資などの拡大

中小企業の経営安定や経営革新を機動的に支援するため、無担保クイック融資などの枠を拡大します。

③中小企業技術・経営の一体的支援

県産業技術センターと(財)神奈川中小企業センターとの連携を、「ホールディングカンパニー方式」などにより強化し、技術と経営一体での中小企業支援を充実します。また、中小企業のための技術・経営の相談窓口を横須賀三浦地域と県西地域などに設置します。

④「いきいき商店街づくり」提案モデル事業の展開

ＮＰＯなどと協働したチャレンジショップ開設、環境・福祉など地域社会に貢献する事業・イベントや商店街空き店舗流動化事業など、商店街をいきいきと活性化させる事業の提案を募り、優れた提案をモデル事業として認定し重点的に支援します。

⑤コミュニティビジネス支援の充実

介護、子育てなど生活関連サービスを提供するコミュニティビジネスに対して、人材の育成、事業者の経営支援などを推進します。

【期限】

○2010年度までに実現。

【財源】

○既存財源内で、予算の組替えで対応。

20 かながわツーリズムの新展開

神奈川の観光資源を活かし、国内外から神奈川を訪れる人を増加させるため、知事のトップセールスや広域的な連携によるプロジェクトなどを展開するとともに、「邸園文化圏再生構想」の推進やグリーンツーリズム・テクノツーリズムなどの新たな観光資源づくりなどにより「かながわツーリズム」を推進します。

【現状】

かながわツーリズムの展開で入込み観光客数は過去最高を記録しましたが、箱根地域における宿泊者数の低迷など、神奈川の観光資源を生かし切れていません。国内外をターゲットとした誘致活動とともに、新たな観光資源の創造が求められています。また、観光を担う人材の育成が課題となっています。

【目標】

○県内入込み観光客数　年間1億7千万人。

【具体的方策】

①トップセールスによる外国人観光客誘致プロモーションの展開

東アジア地域をはじめとした外国人観光客の誘致プロモーションを、知事のトップセールスにより展開します。

②山梨・静岡・神奈川の三県共同外国人観光客誘致戦略の展開

三県で「富士箱根伊豆観光戦略チーム」を結成し、アジアなどからの外国人観光客誘致活動を展開します。案内所の拡充や外国語による観光情報の充実等案内機能に対する市町村の事業を応援します。

③「東京ベイツーリズム構想」の展開

首都圏八都県市の共同プロジェクトとして、「東京湾 21 世紀の船出プロジェクト」をはじめ、東京湾で船の周遊観光コースづくりなどを推進します。

④歴史・文化・自然を活かした新たな観光資源の創造

相模湾沿岸地域などの歴史的な建造物や庭園を活かした「邸園文化圏再生構想」の推進や、グリーンツーリズム（里山農村観光）、テクノツーリズム（産業観光）、ロハスツーリズム（自然健康志向観光）などの新しいツーリズムの推進など、神奈川らしい歴史・文化・自然資源・名産品を活用した新しい観光資源づくりを進めます。

⑤観光人材の確保・育成

観光ボランティアの充実、高校教育における観光コースの新設など、観光を支える人材づくりを強化します。

【期限】

○2010 年度までに実現。

【財源】

○既存財源内で、予算の組替えで対応。

21　地産地消とブランド化で農水産業振興

神奈川の農業と水産業を振興し「地産地消」を推進するため、大型直売センターの新設や農業の担い手育成などを行うとともに、栽培漁業の推進などによる水産資源の確保を進めます。また、県内農水産物の「かながわブランド」の普及を推進します。

【現状】

神奈川の農業は都市型農業であり、野菜や果物などを県民に供給していますが、担い手不足などにより耕作が放棄される農地も増えています。また、神奈川の海と川の環境を守る役割も担っている水産業も資源の減少などの課題を抱えています。

県内の農業と水産業をさらに発展させるために、地元産の新鮮で安全・安心な食を提供する「地産地消」の推進や農水産業の担い手づくりを進めることが求められています。

【目標】

○大型直売センターを新規10カ所設置。

【具体的方策】

①大型直売センターの設置による「地産地消」の推進

農産物の「大型直売センター」の設置を農協などと連携して進めるなど、県民が求める新鮮で安全・安心な県内農産物の供給システムを整備し「地産地消」を推進します。

②学校給食での県内農水産物の利用促進

子どもたちに県内産農水産物のすばらしさを味わい理解してもらうために、「食育」の一環として県内農水産物の学校給食での利用を促進します。

③新たな農業の担い手育成事業の推進

農業の新たな担い手を育成するため、技術習得、就農斡旋、農地情報の提供などをワンストップで行う仕組みを整備します。「農業法人」を育成・活用して新たな都市型農業を振興します。また、都市住民が耕作放棄地を活用し耕作する農業サポーター制度や高校生の農業インターンシップなどを実施します。

④栽培漁業の推進などによる水産資源の確保

つくり育てる漁業「栽培漁業」の推進や「アマモ場」造成による海の環境改善事業などにより水産資源の確保と回復を推進します。

⑤かながわブランドの普及

新品種の開発や有機栽培による農産物など、質の高い特色ある県内農水産物を「かながわブランド」として指定し、インターネットの活用やメディアを通じたキャンペーン活動などによる普及を推進します。また、県内外の方々が「かながわブランド」に接する機会を増やすため「かながわブランド・アンテナショップ」を設置します。

【期限】

○2010年度までに実現。

【財源】

○既存財源内で、予算の組替えで対応。

22 産業人材育成と就職支援

高等職業技術校の再編や専修学校などの連携により、若者や女性や中高年代など働く意欲のある県民が、職業能力を高める学びの場を確保します。国や民間と協力して「かながわ若者就業支援センター」などの連携によって適材適所の就職支援を充実します。中小企業の人材確保のために、雇用戦略指導やアドバイザー派遣などを実施します。ニート対策などに取り組むNPOを支援します。

【現状】

神奈川においても、若者の失業率の高さ、雇用のミスマッチ、ニートの増加、中小企業での人材確保の困難など、産業人材・雇用対策を巡る厳しい状況が続いています。

これから仕事に就くために新たな技術や知識を身につけたい若者、女性、中高年の方などを対象とした職業能力開発の仕組みを充実するとともに、適材適所で仕事が探せるマッチング体制の充実が求められています。また、雇用戦略などで中小企業を支援し、優秀な人材を確保できるようにする必要があります。

【目標】

○若年失業率(15～24歳)を7．3%(2005年)から7%未満に改善。

【具体的方策】

①総合職業技術校の整備

高度化する人材ニーズに柔軟に対応するため、新しい訓練コースの設定など機能を強化した総合型の職業技術校を県の東部と西部に1校ずつ整備します。

②職業人材育成ネットワークの強化

県立産業技術短期大学校の充実、高等職業技術校の再編、認定職業能力開発施設や専修学校などとの連携により、若者、女性、中高年の方など、能力を高めるために学びたい人が、いつでも、どこでも学べる場を確保します。

③仕事探しの総合支援体制の構築

「かながわ若者就職支援センター」や「シニア・ジョブスタイル・かながわ」など適材適所の仕事探しのマッチング支援機関を連携させ、かならず仕事が探せる神奈川を目指します。

④中小企業の人材確保支援

中小企業が優秀な人材を確保できるように、雇用戦略の指導や研修の実施、アドバイザーの派遣など行います。従業員を大切にする中小企業の認定制度や、インターン受け入れの拡充、合同就職説明会の開催などを進めます。

⑤ニート・フリーター対策による若者職業自立支援の推進

ニート・フリーター対策に取り組むＮＰＯへの支援、企業による理解の促進と正規雇用の拡大などを通して、若者の職業自立を支援します。

【期限】

○2010年度までに実現。

【財源】

○既存財源内で、予算の組替えで対応。

第4章　豊かな環境

23　神奈川発・地球温暖化対策

「待ったなし」の状況にある地球温暖化対策を地域から推進するために、県として「神奈川県温暖化対策推進条例（仮称）」を制定します。また、条例に基づき、県民・NPO、企業、行政が連携して、二酸化炭素の排出削減、省エネルギー対策、新エネルギーの活用、産業廃棄物対策、マイアジェンダ登録等に取り組むことにより、県内の二酸化炭素排出量を削減します。

【現状】

地球温暖化により、世界各地で降水量の変化や台風の大型化などの異常気象が生じ、洪水などの被害や農作物や生態系への影響が生じています。

2005年に京都議定書が発効しました。本県ではこれを踏まえて、「神奈川県地球温暖化対策地域推進計画」（2006年6月策定）において「2010年の県内の二酸化炭素総排出量を、基準年である1990年の水準まで削減する」という目標を設定しましたが、目標達成は非常に困難な状況にあります。

【目標】

○「神奈川県地球温暖化対策行動推進条例(仮称)」を制定。(再掲)

○2010年までに県内の二酸化炭素排出量を6,578万トン(1990年時点の排出量)まで削減。

○マイアジェンダ登録数を10万人に倍増。

【具体的方策】

①「神奈川県地球温暖化対策推進条例（仮称）」の制定（再掲）

「神奈川県地球温暖化対策地域推進計画」（2006年6月改訂）の目標達成に向けて、温暖化対策を着実に推進するための条例を制定します。これに基づき、事業者にはレジ袋の削減、建物の環境性能の向上などの環境配慮を求めます。

②事業者の二酸化炭素排出量削減に対する支援

二酸化炭素排出量の削減に取り組む事業者に対し、省エネ対策のアドバイス、省エネを実践する人材の育成、省エネ対策に要する経費の低利融資などの支援を行います。

③クリーンエネルギー自動車の普及促進

DME（ジメチルエーテル）自動車、バイオエタノール対応車、天然ガス貨物自動車、ハイブリッド・ディーゼル貨物自動車などクリーンエネルギーを使用する自動車の普及促進を行います。

④家庭における温暖化対策の啓発・キャンペーン

「誰もが温暖化対策に取り組む」ために、日常生活で誰もが取り組めるテーマを設定してキャンペーン活動を実施します。また、家庭での取組み成果を実感できるインターネット版「環境家計簿」など省エネ行動を促進する仕組みをつくります。

【期限】

○2010年度までに実現。

【財源】

○既存財源内で、予算の組替えで対応。

24 究極のエコカー電気自動車の開発普及

二酸化炭素の排出抑制等に効果がある電気自動車の普及を図るため、「神奈川県電気自動車普及構想」に基づき、企業・大学の技術開発を支援し、電気自動車の機能向上・低廉化を図るとともに、その受け皿としてのインフラを整備します。

【現状】

電気自動車（Electric Vehicle=ＥＶ）は、二酸化炭素の排出抑制に効果がありますが、このままでは価格面・機能面で普及までに時間を要します。現在、県内企業ではリチウムイオン電池による電気自動車の技術開発を行い、機能向上と価格低減を図っています。企業だけでは充電ステーションの設置などのインフラ整備が難しく、普及には限界があります。

そのため、県としてインフラ整備などに取り組み電気自動車の普及を促進する必要があります。

【目標】

○2010年までに電気自動車の市販開始。

○電気自動車の普及を促進し、県内(全乗用車数300万台)において3,000台以上(県内乗用車の1,000台に1台)を普及(2015年目標)。

○電気自動車の普及にあわせ「急速充電ステーション」を県内に150基設置(2015年目標)。

【具体的施策】

①企業による研究開発の支援

電気自動車に関する要素技術の研究開発を行う県内中小企業を支援します。

②モデル地区事業の実施

モデル地区を指定して、充電スタンドの集中整備、駐車料金の割引等により、電気自動車の普及に向けた試行を行う。

③ＥＶ用リチウム電池の検討

幅広い分野の方々の参加によって設置した「ＥＶ用リチウムイオン電池研究会」において電気自動車用の低価格・高性能のリチウムイオン電池の可能性を検討する。

④急速充電スタンドの設置

短時間で充電できる急速充電スタンド施設を、県内都市部に150基整備します。

⑤電気自動車の誘導策（メリットシステム）の実施

ＥＶ利用時の経済性を高めるため、県立公園等の有料駐車場駐車料の割引や県内におけるＥＴＣでの高速道路利用に係る料金の割引などを行います。

【期限】

○2010年度までに実現。

【財源】

○既存財源内で、予算の組替えで対応。

25 環境共生の都市づくり

暮らしの豊かさを実感できる「環境共生都市づくり」を目指して、「ツインシティ」構想を推進します。「環境共生のための１%システム」を導入し、環境にやさしい工法やリサイクル資材などの利用を進めます。緑の回廊構想の推進や里山の保全・再生などにより、都市の緑の保全と創出を図ります。また、県民・企業と協働して廃棄物処理のリサイクル率の向上に取り組みます。

【現状】

地球環境や地域環境に配慮し、文化を大切にし、人にやさしい「環境共生」のまちづくりが求められています。

また、「神奈川みどり計画」によれば、2004年度末で「県内の「みどりの量」は１０９,７２０ヘクタールでしたが、良好な環境を創造するために、都市公園の整備や緑の保全、都市の緑化に努める必要があります。

さらに、廃棄物の減量化を進めるとともに、2006年12月に制定された「「廃棄物の不適正処理の防止等に関する条例」により不法投棄を厳しく取り締まることも必要とされています。

【政策目標】

○すべての県の公共工事で環境配慮型を推進。

○「みどり量」を4年後までに1000ヘクタール増加（対2004年度比）。

○里山竹林保全再生モデル地区　4年間で15地区。

【具体的方策】

①環境共生都市の実現

環境と共生し、文化を大切にする生活環境の創造に向けて、ツインシティの実現などを促進します。

②「環境共生のための１%システム」の導入

公共事業について、工事予算の少なくとも１%を太陽光発電や舗装材の保水性・透水性の向上、壁面緑化・屋上緑化の推進などのような環境共生のための工法や技術に充当する「環境共生のための１%システム」を導入します。また、県が進める土木・建築工事においては、リサイクル資材など環境にやさしい資材などの活用を促進します。

③都市緑化の推進や里山・竹林の保全・再生

市町村等と連携して都市公園の整備や拠点となる緑の保全と創出を図るとともに、道路や河川などの緑地と連結させ、水とみどりのネットワークを形成する「緑の回廊構想」に取り組みます。

また、「里山の保全、再生及び活用に関する条例」を制定し、ボランティアや所有者などと協働して、里山、谷戸、竹林など身近なみどり保全・再生を推進します。

④廃棄物の減量化やリサイクル率の向上

県内の廃棄物の減量化やリサイクル率の向上を進めます。また、条例を契機に、不法投棄を撲滅する取組みを強化します。

【期限】

○2010年度までに実現。

【財源】

○既存財源内で、予算の組替えで対応。

26 なぎさと川の保全･再生

なぎさと相模川・酒匂川を一体と捉え、ＮＰＯなども含めなぎさと川を保全・再生する総合的な体制を整備し、「なぎさづくり促進協議会」や山梨県とも連携し、自然環境の保全や海岸侵食対策、不法投棄防止に取り組みます。また、「なぎさと川と共生するまちづくり」を展開します。

【現状】

相模川や酒匂川は首都圏近郊にあって豊かな自然を残し、相模湾の海岸線は１５０ｋｍに及ぶ自然海岸と明治以来の歴史的に貴重な建築物を数多く残しています。

現在、相模湾沿岸では海岸の侵食が進み、大きな問題となっています。2006 年３月に知事、市長・町長、県議会代表議員による「なぎさづくり促進協議会」を創設し、連携して海岸侵食問題などに対応していくこととしています。

【目標】

○「海岸侵食対策計画」の策定。

○旧吉田茂邸の保存･整備に 2009 年度に着工し、2012 年度に開園。

【具体的方策】

①なぎさと川を保全・再生する体制の整備

市町やかながわ海岸美化財団、さらには山梨県とも連携しながら、なぎさと川の保全･再生などを担当する行政としての総合的な体制を整備し、同時に、なぎさや川の流域で自然環境保護や歴史的文化遺産の保全活動を行う市民団体のネットワークづくりを促進します。

②海岸侵食への総合対策の実施

「なぎさづくり促進協議会」での連携により、国にも働き掛けをし、侵食メカニズムの究明に向けた調査に基づき、「海岸侵食対策計画」を策定し、ダム湖の堆積土砂の河川への還元対策、養浜などを通じて、相模湾沿岸の海岸侵食防止に取り組みます。

③不法投棄ごみ対策の総合的な取組み

「廃棄物の不適正処理の防止等に関する条例」を受けて、河川・海岸を一体として取り組む総合的なごみ対策を流域市町やＮＰＯと連携して推進します。

④「なぎさと川と共生するまちづくり」の推進

湘南海岸や相模川、酒匂川の堤防や河川敷等を利用し、「神奈川やすらぎの道（潮風・川風サイクリングロードや遊歩道）」などの整備を進めます。また、旧吉田茂邸など神奈川ならではの歴史的建築物を生かしたまちづくりとして「さがみ湾文化ネットワーク構想」に位置づけている「邸園文化圏再生構想」などを展開します。

【期限】

○2010 年度までに実現。

【財源】

○既存財源内で、予算の組替えで対応。一部は県・市町村の負担金等で対応。

27 丹沢大山の再生と花粉症対策

県土の4割を占める森林の豊かな恵みを子や孫に手渡すため、森林の再生に向けて水源環境の保全・再生や丹沢大山の自然再生などの取組みと一体となって、「未来につなぐ森づくり～かながわ森林再生50年構想～」を推進します。また、花粉の出ない森づくりを推進します。

【現状】

県土の約４割・95,000ha は森林です。しかし、丹沢大山ではブナの立ち枯れが進むなど自然環境の衰退が続いています。長年にわたりスギ・ヒノキを植林してきた山地では木材価格の下落などで林業が成り立ちにくくなり放置山林が広がっています。

森林は神奈川の未来を担う子どもたちの環境教育の場でもあります。神奈川の森林全体のあるべき姿を取り戻して、未来に伝えていく息の長い取組みが求められています。

【目標】

○人工林面積を 50 年間で半減し自然の広葉樹林に転換。

○水源の森林の確保面積を 6000 ヘクタール増加。

○丹沢の奥山をシカの採食から守るため植生保護柵を 100 ヘクタール設置。

○里山竹林保全再生モデル地区を 15 地区設定。

【具体的方策】

①水源の森林づくり事業の推進

「かながわ水源環境保全再生施策大綱・再生実行５か年計画」を着実に実施し、適切に管理されている森林の拡大、ダム湖の環境基準達成率 100%の維持を図ります。

②丹沢大山の自然再生

「丹沢大山自然再生計画」に基づき、ブナ林・人工林の再生、渓流生態系の再生、シカの保護管理、希少動植物の保全・自然公園の適正利用などに取り組みます。県民協働で自然公園の適正利用を進めるため、「神奈川版パークレンジャー制度」の導入を図ります。

③天然更新による混交林づくりと広葉樹の植樹

混交林づくりに当たっては、自然の力による発芽・成長に委ねつつも、渓畔林などでは積極的に広葉樹の植樹を行います。二次林など広葉樹の荒廃についても、間伐を行い、天然更新により、多様な樹種の広葉樹林への再生を進めます。

④花粉の出ない森づくり

県が全国に先駆けて開発した「花粉の少ないスギ・ヒノキ」による植林を進めるとともに、「花粉のないスギ」の実用化と安定供給体制の整備を進めます。

⑤森林再生への県民参加促進と「成長の森」の育成

ＮＰＯ等と連携して森林保全･再生へのボランティア活動の機会を増やします。また、赤ちゃんの生まれたご家族に、記念として苗木を寄付していただき、「成長の森」づくりを進めます。

⑥県産木材の有効活用促進による林業振興

適切な間伐の推進、民間活力による木材供給センターの整備、木づかい運動の推進など、生産・加工・消費対策の総合的な県産木材の有効活用促進により、林業を振興します。

【期限】

○2010 年度までに実現。

【財源】

○既存財源内で、予算の組替えで対応。

第5章　先進のマネジメント

28　新たな行財政改革でスマートな県庁

全国トップクラスの健全財政を堅持し、4年以内にプライマリーバランスの黒字化を実現します。
引き続き、県庁組織の簡素化や職員数の適正な削減など行政改革を着実に進めます。県税事務所の事務の民間委託など、仕事の進め方を全面的に見直し、必要な現場にきちんと職員を配置するとともに県民の暮らしを守る「スマートな県庁」をつくります。

【現状】

厳しい財政状況の中にあっても、神奈川県は「財政健全度」は全国トップクラスです。新規県債発行額も自主財源１０％以内を達成してきました。行政改革では、４年間で県職員１，５００人削減を実現しました。現在、人口比でみた職員数の少なさは全国一となっています。

今後は、職員や組織の削減だけではなく、民間委託を進めるなど、大胆に業務の進め方の見直しを行い、質の高いスマートな県政を実現する必要があります。

【目標】

○全国トップクラスの財政健全度を堅持し、4年以内にプライマリーバランス黒字化。

○職員数・人件費は、既に掲げてきた、2010 年度までに「知事部局職員（病院事業庁を含む）1，500人削減」・「人件費1，500億円削減」の目標を着実に実現（対 2003 年度比）。

○第三セクターを、2010 年度までに 18 団体と半減（対 2003 年度比）。

○県税事務所の事務の外部委託を実現。

【具体的方策】

①健全財政の堅持・充実

公債費負担比率、実質公債費比率、一人当たり県債残高の低さなどの健全度を堅持し、新規県債発行額を引き続き、自主財源の１０％以内に抑制することを目指し、４年以内にプライマリーバランスの黒字化を実現します。

②例外なき行政改革

行政改革の基本方針を徹底し、知事部局職員（病院事業庁を含む。）１，５００人削減（対 2003 年度比）などを適正に実現します。

③県税事務所の事務などの民間委託や業務削減

県のすべての事業の「棚卸し」を行い、業務の削減や合理化を進め、県税事務所の事務の民間委託のほか、可能な業務を積極的に企業やＮＰＯに委託し、政策形成や県民サービスに職員を集中します。

④条例サンセットシステムの導入

条例を一定期間ごとに見直し、目的を達したものや時代に合致しなくなったものは、廃止を含めた検討を行い、県政の新陳代謝を図ります。

⑤水道事業の広域化、経営効率化、民間活力導入への検討

学識者による懇話会を設置し、横浜・川崎・横須賀市及び広域水道企業団の水道事業の将来の経営課題を検討していますが、今後、さらに改革へ向けての具体的な検討を行います。

【期限】

○プライマリーバランスの黒字化は４年以内に実現。その他は 2010 年度までに実現。

【財源】

○既存財源内で、予算の組替えで対応。

29 県民と協働する県政

「対話からの政策づくり」をすべての県政の現場で徹底します。財務情報や政策情報などを県民に分かりやすく情報提供します。「県民パートナーシップ条例（仮称）」の制定や「県民からの政策提案チャレンジ制度」の創設により、「県民と協働する県政」をつくります。

【現状】

公共サービスや公共政策を行政だけで、決定・実行する時代は終わりました。今日では、行政自身の責任はきちんと果たしつつも、県民・ＮＰＯ・企業など多様な主体が行政とともに協働して社会を支える時代です。

そこで、大切なことは、財務などを含めて県民への分かりやすい情報提供を充実し、県民と行政が情報共有することです。その上で、現地現場での対話を徹底し、県民からの政策提案を実現する新しい仕組みが必要とされています。

【目標】

○すべての懇話会等に「県民公募委員」を配置。

○「県民からの政策提案チャレンジ制度」により提案事業を4年間で40本実現。

【具体的方策】

①財務会計改革と財務情報などの「分かる化」の徹底

財務会計に民間型の複式簿記や発生主義を導入し、より効率化を図ります。分かりやすい財政スケールなどにより、財務情報を分かりやすく公表していきます。

②メディアやＩＴの活用を通じて県民とのコミュニケーションを充実

マスメディア、タウン誌やインターネットなどを通じて政策情報を提供し、「e-かなネットアンケート」により県民の意見を聴くとともに、県民と県が情報共有できるＩＴシステムを構築し、県民の政策参加を促進します。

③対話型政策づくりを現場で徹底

懇話会などに「県民公募委員」の配置を徹底し、政策づくりの過程に県民が関与する機会を増やします。知事や幹部職員の現地現場主義を徹底し、対話を重視した政策づくりを行います。

④「県民からの政策提案チャレンジ制度」の創設（後掲）

県民やＮＰＯからの政策提案を募集し、１件２，０００万円までの予算で実現します。

⑤「県民パートナーシップ条例（仮称）」の制定（再掲）

【期限】

○2010年度までに実現。

【財源】

○既存財源内で、予算の組替えで対応。

30 政策主導の組織マネジメント

知事直轄の政策推進組織や「政策補佐官」などの設置により、知事のリーダーシップを強化します。また、政策主導による組織運営を行い、現場からの政策提案も充実します。「部局長マニフェスト」の導入や組織のフラット化、政策のマネジメント・サイクルの確立により、全国をリードする「先進力のある県庁」をつくります。

【現状】

マニフェストにより、政策中心の県政を目指してきました。さらに、政策主導による組織運営へ改革をする必要があります。また、知事のリーダーシップと現場のやる気によって、政策形成を強化することも求められています。

さらに、目標管理や政策評価に基づくマネジメント・サイクルの確立で、新たな県政改革が不可欠になっています。

【目標】

○すべて部局長が「部局長マニフェスト」を提出。

○政策評価によるマネジメント・サイクルを確立。

【具体的方策】

①知事直轄組織と政策補佐官などの設置

政策推進・県政改革・県民対話を担当する知事直轄のスタッフ組織及び「政策補佐官」や「政策担当秘書」を配置し、知事の政策立案を補佐します。

②政策主導の組織運営

政策を確実に実施するために、企画部門と財政部門の統合などの組織改革を進め、政策中心の財政や人事などの組織戦略を実現します。予算に「政策枠」を設け、臨機応変に新規課題に対応する仕組みを導入します。また、現場からの政策提案や人事登用を活性化し、やる気のある組織をつくります。

③「部局長マニフェスト」の導入と組織のフラット化

毎年、部局長などに達成目標を設定させ、目標管理によるマネジメントを導入します。

また、組織階層のフラット化と政策責任者の明確化を進め、意思決定の迅速化と現場からの政策形成を強化します。

④政策評価によるマネジメント・サイクルの確立

政策評価を総合的に実施し、評価結果に基づいて翌年度の政策運営の改善を図るという政策のマネジメント・サイクルを徹底します。

【期限】

○2010年度までに実現。

【財源】

○既存財源内で、予算の組替えで対応。

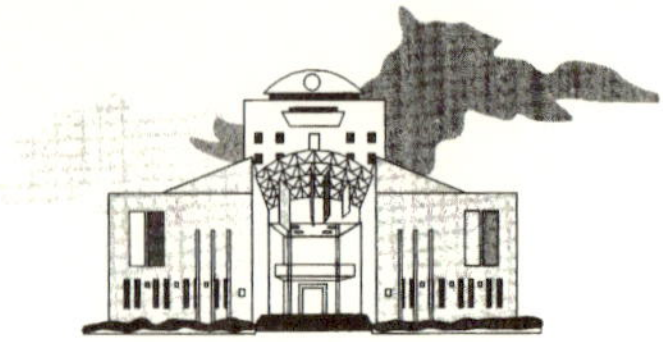

31 新時代の人材マネジメント

「県民とともに働く職員」を目指し、マネジメント能力の高い幹部職員の養成や職員のキャリア開発を進め、職員の専門性と「協働力」を高めるとともに、「県職員等不正行為防止条例（仮称）」により、信頼性の確保に努めます。また、民間人公募ポストの増設などにより多様な民間人登用を拡大します。

【現状】

先進力と協働力を持った県政を実現する決め手は、職員の意識改革と能力開発にあります。

これまでも職員のやる気を引き出すために、職員提案制度やポストチャレンジ制度などを実施し、幹部職員への民間人登用を進めてきました。

今後は、さらに職員のやる気を引き出しながら、職員のキャリア開発を進め、政策形成能力と県民との「協働力」を兼ね備えた専門性の高い職員を養成していく必要があります。

【目標】

○マネジメント能力を身につけた幹部職員を養成するため「管理職登用試験」を導入。

○課長級以上で10人の民間人登用を実現。

○2007年度中に「県職員等不正行為防止条例（仮称）」を制定。（再掲）

【具体的方策】

①マネジメント能力の高い幹部職員の養成

公平なチャレンジ機会と客観的な評価により、マネジメント能力を持った職員を幹部に登用するために、新たに「管理職登用試験」を導入します。試験や評価は、単なるペーパーテストではなく、過去の業績、政策形成能力、協働力、組織管理能力など実践的・総合的な内容とし、その企画・開発に当たっては、民間の経営者や専門家の参加・協力を求めます。

②職員のキャリア開発推進と専門性を持った職員づくり

「キャリア開発センター」を開設するとともに、大学院などへの留学支援、テーマ別の海外調査派遣、自主的研究の奨励、大学教員への職員派遣など、職員のキャリア開発を充実します。また、ポストチャレンジ制度などの充実に加え、人事における「キャリア選択制」の導入により職員の専門性を高め、多様な職能を持った職員集団を養成します。

③中途採用の拡充など民間人登用を拡大

職員採用の年齢制限緩和、中途採用の拡充、民間人公募ポストの増設などにより、多様な民間人材が職員として県庁に参画する道を開きます。

④職員の協働力の向上と信頼性の確保（一部再掲）

職員のボランタリー活動などを支援し、県民との協働力を高めます。また、「県職員等不正行為防止条例（仮称）」を制定し、職員の信頼性を高めます。

【期限】

○2010年度までに実現。

【財源】

○既存財源内で、予算の組替えで対応。

32 かながわブランド戦略

神奈川の多彩な地域資源を「かながわブランド」として総合的に発信することにより、神奈川のブランド・イメージを高め、住む人が誇りをもてる地域となり、世界からも選ばれる地域となることを目指して「かながわブランディング戦略」を展開します。

【現状】

神奈川には、自然、文化、産業、人材、個性ある街など多彩な地域資源が存在し、そのひとつひとつが地域の個性やアイデンティティを形成しています。いわば「８８０万色」のモザイク模様が現在の神奈川を表しています。

今後、こうした地域資源を統一したイメージで戦略的に発信していくことにより、モザイク模様に「輪郭」を与え、「ブランド・イメージ」を確立、向上することが求められています。これにより、住む人が地域に誇りを持ち、県外・国外からも「選ばれる地域」として、神奈川力をより一層高めることができます。

【目標】

○「かながわブランディング戦略」の策定。

○かながわブランド・プロモーションの展開。

【具体的方策】

①「かながわブランディング戦略」の策定

民間での実践を採り入れ、神奈川のブランド・イメージを向上させ、効果的に整理・発信していくための**ブランディングの**基本戦略を策定します。

②かながわブランド・データベースの構築

かながわの多様なブランドを整理し、データベースを構築し、インターネットやメディアを通して、情報発信を行います。

③かながわブランド・プロモーションの展開

かながわブランド・イメージを向上させるためのキャンペーンなどを多彩に展開します。

【期限】

○2010 年度までに実現。

【財源】

○既存財源内で、予算の組替えで対応。

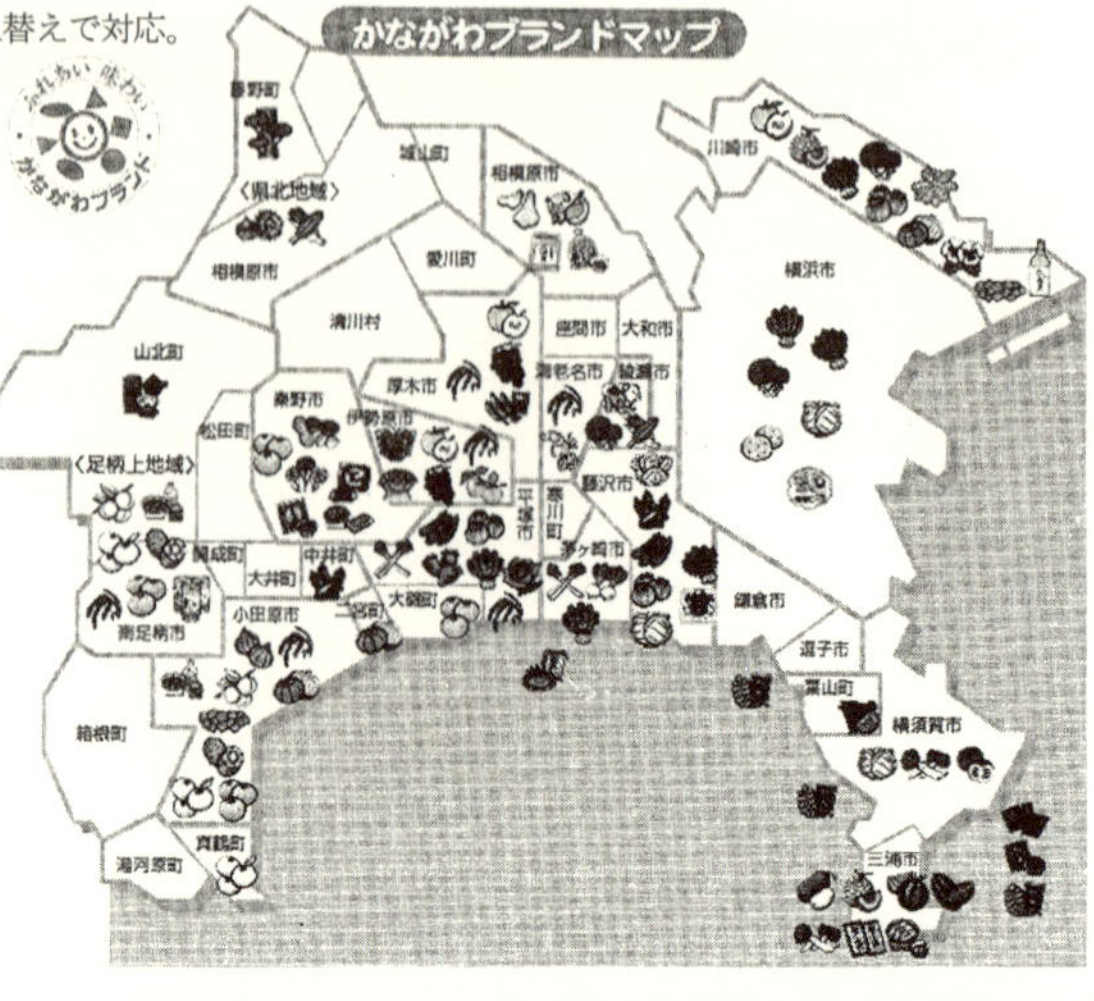

第６章　新しい自治

33 分権改革と道州制の推進

新しい地方分権改革推進法に基づく「第2次分権改革」が成功するよう、国からの税財源の移譲や法令による義務づけの廃止等について、具体的な提案と要求を行います。また、道州制特区推進法の制定をふまえて、新しい広域自治制度として、現行の都道府県制度から道州制への移行をめざして県としての取組みを着実に進めます。

【現状】

第１次分権改革を踏まえて、2006年12月に地方分権改革推進法が成立しました。これに基づいて進められる第２次分権改革において、税財源を中心として地方から具体的な提案と要求をしていくことが求められています。同時に、県民意見をもとに神奈川らしい政策を実現していくための自主立法（条例）が求められています。

４年前に神奈川県から提案した当時、道州制は実現性のないものと受けとめられましたが、その後、地方制度調査会の答申や道州制特区推進法の制定、政府与党における検討など、道州制の論議は大きく進展しています。はじめてマニフェストで道州制推進を約束した知事・政治家として、国に先行して、実現に向けた具体的な取組みを進める必要があります。

【目標】

○第2次分権改革において、国税：地方税の割合が5：5になるような税源移譲。
○国庫補助負担金の総件数を半減（一般財源化）。
○条例制定権を活用した神奈川らしい政策の実現。
○道州制実現に向けて、「道州制推進首長連盟（仮称）」を結成し、政治的な提案・要求の活動を展開。
○道州制実現のための法律（例：道州制推進特別措置法）を制定するよう国に対して提案。

【具体的方策】

①分権改革（特に財源移譲）の推進に向けた要求・提案

第２次分権改革に向けて、税財源の移譲、補助金の削減、自治体事務の義務づけの廃止等について、全国知事会等とも連携して、現場の実情を踏まえた提案を行い、国にその実現を求めます。

②条例制定権を活用した政策条例の制定

「公共的施設における禁煙条例（仮称）」、「自治基本条例（仮称）」などの制定に取り組みます。

③道州制実現に関する提言

政府の進める道州制ビジョンの策定に対して、地域主権の考えに沿った改革となるよう働き掛け、あわせて道州制について県民との意見交換を行います。また、道州制推進のための計画の策定や国と地方の協議の場の設置などを含む「道州制推進特別措置法（仮称）」の制定を提案します。

④「道州制推進首長連盟（仮称）」の結成

道州制をめざす知事、市長等による「道州制推進首長連盟（仮称）」の結成などにより、道州制実現に向けて政治家としての取組みを行います。

⑤「モデル道州制事業」の実施

首都圏連合において、１都３県が道州になった場合を想定して共通政策または共同プロジェクトを「モデル道州制事業」として実施し、その成果をもとに道州制の提案・要求につなげます。

【期限】

○2010年度までに実現。

【財源】

○既存財源内で、予算の組替えで対応。

34 首都圏連合と山静神三県連合の展開

「首都圏連合」を具体化するために、八都県市首脳会議を核として超高速鉄道「羽田・成田リニア新線」構想などの共同プロジェクトを推進します。また、山梨・静岡両県との山静神知事会議を核として観光、防災等の連携を強化し、広域課題の解決に取り組みます。

【現状】

この4年間で、神奈川県などの提案によって、首都圏サミットの年2回開催、事務局の設置、民間を交えた首都圏連合フォーラムの開催など、「首都圏連合」の取組みは大きく前進しました。今後、共同プロジェクトの推進や国に先行する提言など、具体的な成果が求められています。

山梨・静岡・神奈川の３県は、昨年、神奈川県の提案によって３県知事会議（山静神《さんせいしん》サミット）を開催しましたが、さらに共通する課題について連携することが求められています。

【目標】

○首都圏における共通政策・共同プロジェクトを3つ以上実施。

○「首都圏連合フォーラム」を毎年度開催し、提言をとりまとめ、各都県市の政策に反映させるとともに、国の改革を先導。

○「山静神三県連合（仮称）」において、観光戦略の策定、防災協定の締結などの広域連携を強化。

【具体的方策】

①首都圏の共通政策・共同プロジェクトの実施

広域的な課題に具体的に取り組むため、次のような政策・事業を展開します。

・超高速鉄道「羽田・成田リニア新線」の提案（再掲）

羽田空港・成田空港と首都圏主要都市を大深度で結ぶ超高速鉄道を建設する構想をまとめ、実現に向けて提案します。

・花粉症撲滅広域プロジェクト

花粉症撲滅には広域的な対応が不可欠であるため、スギから他樹木への転換、「花粉の少ないスギ」「花粉のないスギ」への転換などの抜本的な対策を首都圏で連携して進めます。

・東京湾再生プロジェクト

水質、干潟、漁業、観光などさまざまな側面で、東京湾再生に向けた取組みの可能性があり、ＮＰＯや民間団体との意見交換を行いながら、共同プロジェクトを検討します。

②「山静神三県連合（仮称）」における共同プロジェクト・連携の推進

３県にまたがる広域課題に対応するため、次のような事業・連携を実施します。

・富士箱根伊豆広域観光戦略（仮称）の推進

民間団体等とも連携して、「富士箱根伊豆広域観光戦略（仮称）」を策定し、一体的なＰＲを行い、首都圏の観光客の呼び込みを図ります。

・広域防災協定の締結

地震、大雨、富士山噴火等に対する防災、災害救助等に関して協定（富士箱根伊豆広域防災協定）を締結し、連携を図ります。

・広域交通計画の調整・整備

富士箱根伊豆にまたがる道路整備に関して、広域的な調整を図ります。

【期限】

○2010年度までに実施

【財源】

○既存財源内で、予算の組替えで対応。

35　市町村合併と政令市移行支援

市町村の機能を強化し、東西バランスのとれた地域主権型の県土づくりを進めるため、自主的な市町村合併の推進について構想を策定し、積極的に支援します。また、新たに政令指定都市と中核市が円滑に誕生できるよう、権限移譲、情報提供その他の支援を行います。

【現状】

市町村合併は、市町村が自主的に判断すべきものですが、県民にとっても重要な意味を持つため、県も「自主的な市町村の合併の推進に関する構想」（合併新法59条）を定めるとともに、さまざまな助言や支援等を積極的に行う必要があります。

県内には、鎌倉、湘南、小田原、箱根等の歴史と文化のある地域があることから、単なる数あわせでない、新しい地域文化をめざした合併が必要であり、また可能です。

【目標】

○「市町村の合併の推進に関する構想」を 2007 年度に策定し、これに基づき少なくとも2地域以上で、市町村の意向を聴きながら、合併の具体的検討を行うよう助言、支援。

○相模原市の政令指定都市移行を支援するとともに、さらに県西部等における新たな中核市（1市以上）の誕生を支援。

【具体的施策】

①相模原市の政令市移行への支援

相模原市の政令市移行は、多極共生型の県土づくりを進めるためにも重要であることから、同市の取組みに対して、県からの権限移譲、職員の派遣・交流、情報提供、国への働きかけ等について、県として必要な支援と協力を行います。

②県西部における自主的な市町村合併の検討の支援

県内の人口・社会経済機能は横浜・川崎など東部に集中していることから、県土の均衡ある発展を図る見地から、特に、相模川以西における市町村合併の検討を支援し、中核市など行財政基盤の整った基礎自治体の誕生を支援します。

③市町村への権限移譲

現行の「チャレンジ市町村制度」を拡充し、意欲のある市町村に土地利用、福祉、教育などの分野について複数の権限をまとめて移譲するとともに、それに必要な財源を保障します。

④コミュニティ自治への支援

町内会、区など住民に身近な単位における「自治」を進めるため、市町村における地域自治区の設置や都市内分権の取組みに対して、制度設計などの面で支援を行います。

【期限】

○2010年度までに実現。

【財源】

○既存財源内で、予算の組替えで対応。

36 協働型社会かながわの創造

県民・NPOと県との協働をより一層推進して「新しい公共」の創造に取り組んでいきます。このため協働事業に加え、「県民からの政策提案チャレンジ制度」を創設します。また、「協働型社会かながわ」を実現に向けて、コミュニティカレッジの本格開設、男女共同参画社会の実現を図ります。また、協働の原則、県とNPOの協約、NPO等への支援などを定める「県民パートナーシップ条例(仮称)」を制定します。さらに、かながわ県民活動サポートセンターのリニューアルを行います。

【現状】

公共サービスは、行政のみが担うのではなく、県民・ＮＰＯなどとともに担う時代です。

神奈川県では、これまでも「ＮＰＯ等との協働推進指針」を策定し県民と行政の協働に取り組み、この４年間でＮＰＯからの協働事業提案１８事業、県とＮＰＯとの協働事業の実施１０事業、ＮＰＯ等による政策評価８事業を実施してきています。

今後、協働の拡大を進めるとともに、さらにＮＰＯの組織体力を高めていただき、行政に対して現場から政策提案をいただくという新たな段階に入る必要があります。

また、全国にさきがけて設置された県民活動サポートセンターは老朽化が進み、改修が必要となっています。今後の運営方法などについても県民・ＮＰＯと協働で検討を進めていくことが求められます。

【目標】

○「県民からの政策提案チャレンジ制度」による政策提案40本を実現。

○「協働型社会かながわ」を実現するための「県民パートナーシップ条例(仮称)」の制定。(再掲)

【具体的方策】

①「県民からの政策提案チャレンジ制度」の創設

県民やＮＰＯから政策提案をいただく制度を創設し、１事業あたり最高２０００万円までの予算で実現します。提案政策の審査は、県民参加の公開審査を導入します。また、ＮＰＯとの協働事業提案、政策協働実施、県民・ＮＰＯによる政策評価をさらに充実します。

②コミュニティカレッジの本格開設

ＮＰＯの組織体力強化を目指し、2006 年 10 月に試行として開設したコミュニティカレッジを本格開設し、民間の教育機関やＮＰＯと協働して公設民営化などの仕組みへの移行を検討する。

③男女共同参画社会の推進とＤＶ被害者支援

神奈川県男女共同参画推進条例に基づき、「かながわ男女共同参画推進プラン」を着実に実施するとともに、「かながわＤＶ被害者支援プラン」により、配偶者からの暴力の防止及び被害者の保護を進めます。

④「県民パートナーシップ条例(仮称)」の制定(再掲)

「協働型社会かながわ」を実現するため、協働の原則、英国の「コンパクト」にならった県とＮＰＯの協約、ＮＰＯ等への支援などを定めるパートナーシップ条例を制定します。

⑤かながわ県民活動サポートセンターのリニューアルと機能強化の検討

県民活動サポートセンターの施設をリニューアル（改装・改築など）するとともに、運営形態や県立女性センターなど他の機関との連携を含めた機能強化を図るため、県民・ＮＰＯと協働で検討する場を設けます。

【期限】

○2010 年度までに実現。

【財源】

○政策提案の実現のために年１億円。

○その他は既存財源内で、予算の組替えで対応。

○施設整備に関しては民間活力なども活用。

37 自治体外交の展開

> 経済・観光・環境・民主政治などのテーマで、県民・企業と共に、具体的な成果を引き出す先進的な「自治体外交」を展開し、海外とのグローバルな協働を実現します。また、外国籍県民への対応など「内なる国際化」を徹底します。

【現状】

神奈川県は、オーストリアのＧＤＰに相当する経済力を持ち、これまでも経済・文化面などで海外との連携を図ってきました。また、外国籍県民の増加など、新たな対応が必要とされている課題も出てきています。

今後は、単なる交流にとどまらず、トップセールスや交渉を行い、具体的な成果を引き出す「外交」を自治体として展開することが求められています。開港の歴史を持つ神奈川は、グローバルな共生を図る視点から、新たな自治体外交に取り組んでいく必要があります。

【目標】

○自治体外交として次のようなテーマを設定し、県民や企業などとも協働し、具体的な成果を引き出す外交を展開します。

- ・経済外交：民間企業とも連携して、海外からの企業誘致を目指す。
- ・観光外交：アジア諸国を中心に、観光客の誘致を目指す。
- ・環境外交：最新環境技術を生かし海外における環境問題に協働で取り組むことを目指す。
- ・民主政治外交：韓国でのマニフェストに関する学術会議への参加・支援及び日本での学術会議開催支援。

○外国籍県民への支援を行うNGOに対して資金を含めたサポートを充実。

【具体的方策】

①県民協働型の自治体外交の展開

知事自らのトップ外交はもとより、県民による外交（民際外交）への支援やＮＧＯなどとの協働を含めた新たな自治体外交を展開します。

②「外国籍県民」との共生支援

増加する外国籍県民が、適正に地域で共生できるよう、技能習得支援や就労支援などにＮＧＯとの協働も含めて「内なる国際化」に取り組みます。

【期限】

○2010年度までに実現。

【財源】

○既存財源内で、予算の組替えで対応。

第4部　県民運動の提唱

県民の皆様とともに、安心して、すこやかに、環境にやさしく暮す「協働型社会かながわ」を創っていくために、ご一緒に、県民運動を進めましょう。

＊＊＊＊＊＊＊＊＊＊＊＊＊＊＊＊＊＊＊＊＊＊＊＊＊＊＊＊＊＊＊＊＊＊＊＊＊＊

【あいさつ一新運動】

平成１８年５月１日から「神奈川あいさつ一新運動」を推進しています。

この運動は、教育委員会や警察と連携し、県を挙げて取り組んでいるものです。

あいさつは社会におけるコミュニケーションの基本です。家庭、学校、職場、地域社会で積極的にあいさつを交わし、そして子どもたちの元気なあいさつをほめてあげましょう。

社会の変革は、私たち一人ひとりの小さな実践から始まります。明るく安心な地域社会の実現に向け「神奈川あいさつ一新運動」の輪を大きく広げていきましょう。

＊＊＊＊＊＊＊＊＊＊＊＊＊＊＊＊＊＊＊＊＊＊＊＊＊＊＊＊＊＊＊＊＊＊＊＊＊＊

【コミュニティ体操推進運動】

高齢化社会や子どもたちの体力低下が進行する中、ますます健康づくりへの関心が高まっています。健康は、自らの幸せとともに、家族の願いでもあります。病気になったり体力が低下しないよう、体を動かす習慣をつけることが大切です。これまで、県民が健康で明るく豊かな生活を営むことができるように、運動やスポーツをくらしの一部として習慣化することを目指す「３０３３運動」を進めてきています。

今後、県民の健康づくりのために、身近な地域や学校、職場などで、気軽にできる体操の輪を自発的に広げていただく「コミュニティ体操推進運動」を提唱します。

体操で、自らの健康づくりと明るいコミュニティづくりを進めていきましょう。

＊＊＊＊＊＊＊＊＊＊＊＊＊＊＊＊＊＊＊＊＊＊＊＊＊＊＊＊＊＊＊＊＊＊＊＊＊＊

【もったいない実践運動】

平成１７年６月から、身近な暮らしから地球環境問題を考える「もったいない運動」の一環として「マイアジェンダ登録“もったいない”バージョン」を掲げ、「マイアジェンダ登録」を進め、多くの県民や企業の協力をいただいてきました。

次のステップとして、マイアジェンダ登録数を平成２２年度末に１０万人に倍増することなどを目標に、家庭や職場、地域でできる地球環境にやさしい行動を実践する「もったいない実践運動」を展開していきましょう。

＊＊＊＊＊＊＊＊＊＊＊＊＊＊＊＊＊＊＊＊＊＊＊＊＊＊＊＊＊＊＊＊＊＊＊＊＊＊

第5部　知事の行動宣言

「現地現場主義」に徹し、「対話から政策」をモットーに、現場での皆様との対話を必ず政策づくりに生かしていきます。

＊＊

【ウイークリー知事現場訪問】【行動目標】２００カ所／４年間

知事自身がさまざまな課題を把握するために、県内の現場を直接訪問し、現場を自らの目で確かめ、対話を通して県民の皆様から生の声をうかがい、情報収集と意見交換を行います。

＊＊

＊＊

【マンスリー知事学校訪問】【行動目標】５０カ所／４年間

知事自身が学校の課題を把握するため、県内の小中高校・大学等あらゆる学校の現場を訪問し、現場の実情をしっかりと把握し、児童・生徒・学生や教員、保護者などの皆様から情報収集と意見交換を行います。

＊＊

＊＊

【県民との対話ミーティング】【行動目標】４０回／４年間

「知事と語ろう！ふれあいミーティング」やさまざまな団体などとの対話の場に、知事自身が参加し、県政の課題について説明するとともに、県民の皆様からのご意見をいただき、意見交換を行います。

＊＊

☆現場訪問などの内容はレポートにまとめ、ホームページや出版物で皆様に報告していきます。
☆訪問先については、公募もしていきます。ぜひとも皆さんご応募ください。

マニフェストを読んで選挙に行こう。

【発行】
2007年3月15日
神奈川力をつくる会
〒231-0005 横浜市中区本町1-5　西田ビル702
FAX：045-681-1888　電話：045-650-1717
ホームページ：http://www.kanagawapower.com/

頒布実費　100円

記者発表資料
平成19年1月17日

松沢マニフェスト進捗評価（最終評価）の結果【概要版】

松沢マニフェストの４年間の進捗評価の結果（15〜18年度）は以下のとおりです。

松沢マニフェスト進捗評価委員会

１．点検評価の方法

○今年度の点検評価は、過去２か年と同様に、次の基準による２本立てで行った。

①目標達成状況：マニフェストの各政策（37本）の目標をどこまで達成できたか、「成果」に着目して客観的に評価。（Ａ〜Ｄの４段階評価）

②行政対応状況：目標達成に向けて県がどこまで対応しているか、５段階区分のどの段階にあるかについて評価。（第１段階〜第５段階）

○評価は、原則として平成18年12月末時点の状況にもとづいて行った。ただし、これ以降の予定であっても、任期内（19年４月22日まで）に実施することが確実と認められるものは、評価に含めて判断した（例：年度末の退職者数の規模）。

２．目標達成の状況

○目標達成の状況をみると、Ａ評価が14件（37.8%）となり、４割近くが目標を達成した。Ｂ評価は17件（45.9%）であり、**両者を合わせると、マニフェストの８割が目標を達成あるいはある程度達成したといえる（表１、図１参照）**。特にこの１年間における進捗度の進展はめざましい。

○Ａ評価の内訳は、「県政改革」の分野が８件、「経済再生」の分野が１件、「教育再生」の分野が１件、「環境を守る」分野が２件、「暮らしを守る」分野が２件となっており、「県政改革」の分野における進捗率の高さが目立つ（**図２参照**）。

○一方、Ｃ評価は５件である。Ｄ評価からＣ評価へとランクを上げたのは、コミュニティ・カレッジと英語学習である。Ｃ評価にとどまっている項目には、児童虐待と救急体制がある。Ｄ評価は、昨年度の４件から、不登校対策の１件となった。分野別にみると、「教育再生」の分野における目標達成度の低さがやや目立っている。

○目標達成状況に関しては、政策のタイプによって達成状況の把握に違いが生じることに注意する必要がある。委員会では、37の政策を「アウトカム（成果）型」、「アウトプット（事業化）型」、「制度改革型」の３種類に分類したが、このうち「アウトカム型」にＢ評価あるいはＣ評価以下のものが多い（**図３参照**）。このタイプには、**地域社会の変化や事業の中長期的な成果を目標とするものが多く、行政が努力をしていても成果に結びつきにくい**という性質がある。また、京浜臨海部活性化や救急医療体制のように、**達成状況を把握するための指標やデータが不十分な場合も多く、それが評価を困難にしている**ケースもある。

○以上の結果を踏まえ、マニフェストの37項目の4割近くが目標をほぼ達成し、それ以外の項目も大半が目標の半分以上を実現していることから、全体として目標達成状況は良好と評価できる。ただし、C評価以下のものも6項目（16%）残っており、その要因の分析に努める必要がある。

表１　目標達成の状況

評価区分	18年度	17年度	16年度
Ａ：目標をほぼ達成（概ね８割以上）	**１４件(37.8%)**	６件(16.2%)	５件(13.5%)
Ｂ：目標をある程度達成（概ね５割以上）	**１７件(45.9%)**	１８件(48.6%)	９件(24.3%)
Ｃ：目標の一部を達成（概ね２割以上）	**５件(13.5%)**	９件(24.3%)	１０件(27.0%)
Ｄ：ほとんど成果が出ていない（概ね２割未満）	**１件(2.7%)**	４件(10.8%)	１２件(32.4%)
ＮＡ：評価が不能または困難	**０件(0.0%)**	０件(0.0%)	１件(2.7%)
計	３７件（100.0%）		

図1　目標達成状況の変化

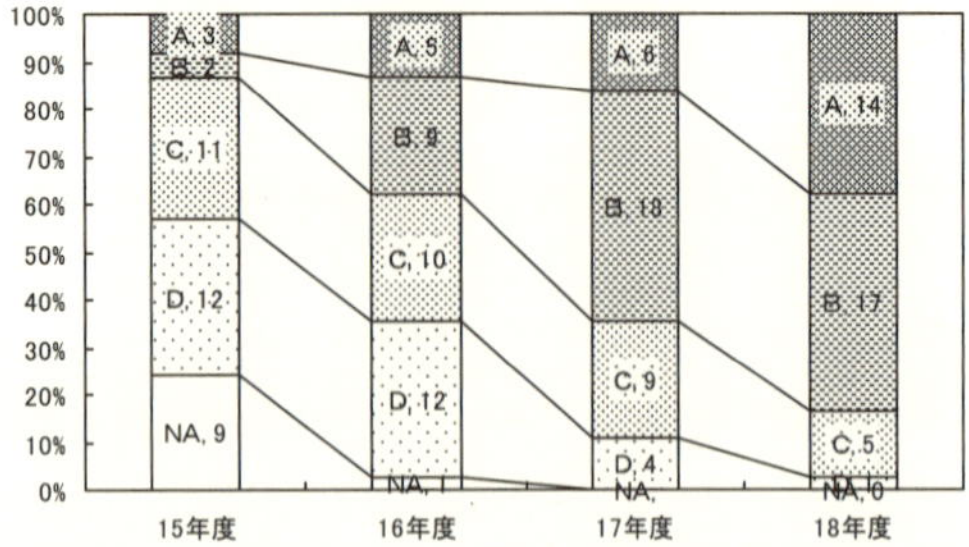

図2　分野別の目標達成状況

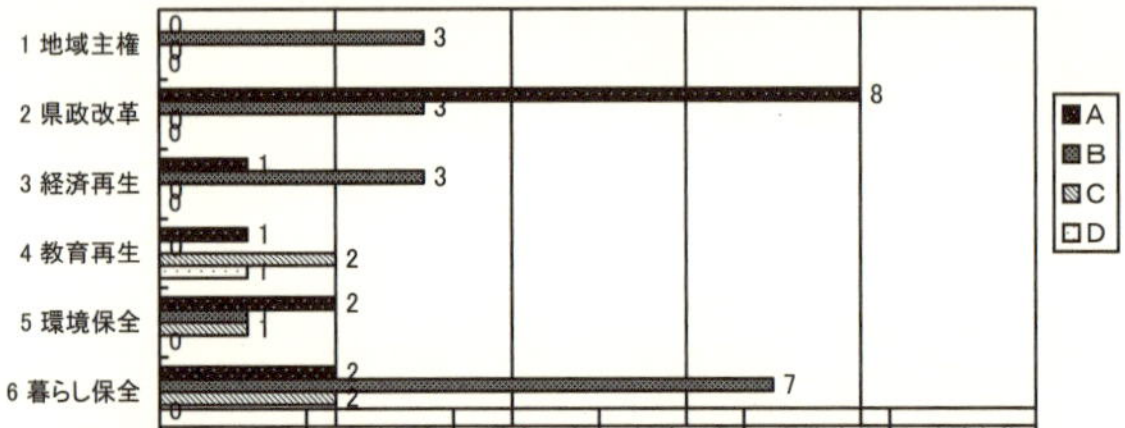

	6 暮らし保全	5 環境保全	4 教育再生	3 経済再生	2 県政改革	1 地域主権
A	2	2	1	1	8	0
B	7	1	0	3	3	3
C	2	1	2	0	0	0
D	0	0	1	0	0	0

図3　政策タイプ別の目標達成状況

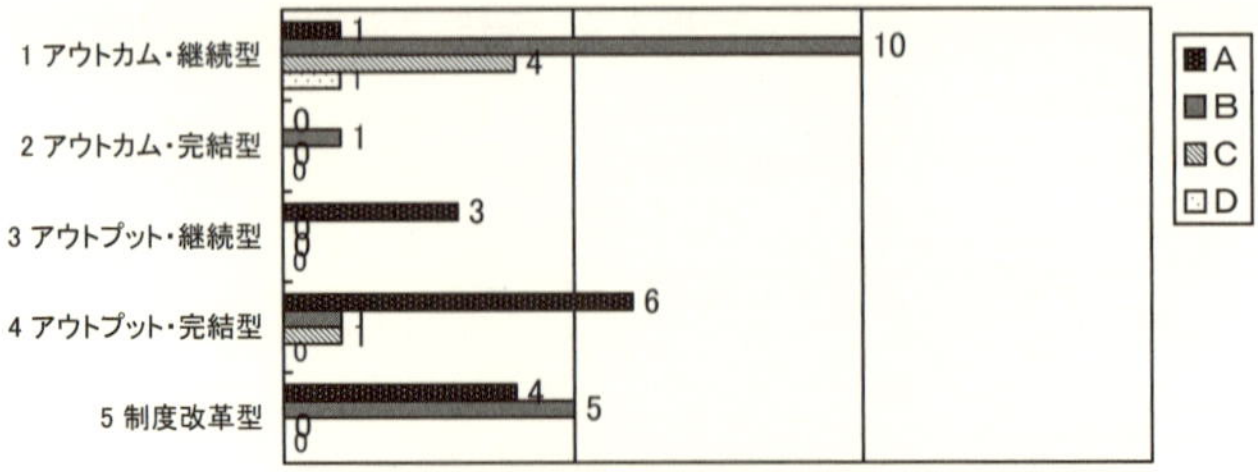

	5 制度改革型	4 アウトプット・完結型	3 アウトプット・継続型	2 アウトカム・完結型	1 アウトカム・継続型
A	4	6	3	0	1
B	5	1	0	1	10
C	0	1	0	0	4
D	0	0	0	0	1

3　行政対応の状況

○対応状況の結果をみると、第５段階の「完了」が 20 件（54.1%）、第４段階の「実施中」が 14 件（37.8%）となっており、さらに取り組みが進んだことを示している（**表２、図４**参照）。なお、「継続型」の政策の場合は、事業の「完了」という状況を想定することが難しいため、第４段階でも行政として十分な対応がなされている場合があることに注意する必要がある。

○第３段階の「準備・事業化」は道州制とコミュニティ・カレッジの２件だけとなり、第２段階の「方針決定・検討」は医療人材の１件のみとなった。このうち道州制とコミュニティ・カレッジは、昨年度の第２段階からの１段階アップしたものである。医療人材のみが昨年度と同じ第２段階にとどまった。

○注意すべき点は、行政対応状況が第４段階でありながら、目標達成状況がＣ以下のものが依然としてみられることである（不登校対策、コミュニティ・カレッジ、英語学習、リサイクル、児童虐待対策、高齢者介護、救急体制）。これは行政の取り組みが成果につながっていないことを意味している。これらについては、対応方法自体を見直したり、適切な指標がない場合には新たに指標を開発するなどの工夫が必要だったのではないかという反省点が残る。

○以上から、**マニフェストの目標達成に向けた県の取り組みについては、全体として十分な対応・努力がなされている**と評価できる。

表２　行政対応の状況

段階区分	18 年度	17 年度	16 年度
第５段階（完了・終了）	**２０件（54.1%）**	６件（16.2%）	２件（5.4 %）
第４段階（実施中）	**１４件（37.8%）**	２７件（73.0%）	２１件（56.8%）
第３段階（準備・事業化）	**２件（ 5.4%）**	１件（ 2.7%）	９件（24.3%）
第２段階（方針決定・検討）	**１件（ 2.7%）**	３件（ 8.1%）	４件（10.8%）
第１段階（未着手・未改善）	**０件（ 0.0%）**	０件（ 0.0%）	１件（ 2.7%）

図4　行政対応状況の変化

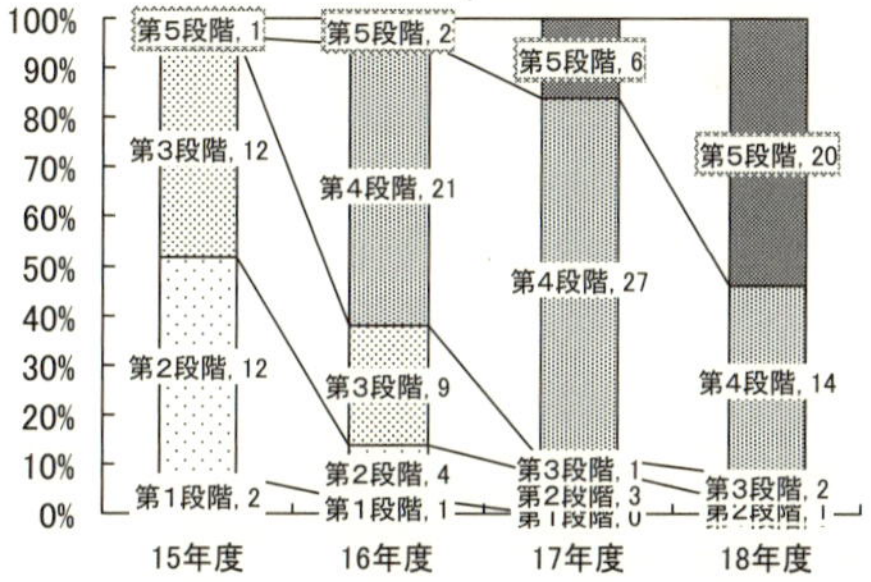

4　マニフェストの推進と県政運営の課題

○マニフェストの意義は、個々の政策を実現するだけでなく、これまでの行政のあり方を見直し、　成果重視の新しい行政運営のスタイルを構築することにある。そこで当委員会では、これまでもマニフェスト推進上の課題等について指摘してきたが、最終報告にあたり、松沢マニフェストの導入によって県行政がどのように変わり、またどのような課題を残しているかについて、3つの視点にわたって点検評価を行った。

(1) マニフェスト推進上の課題

○行政の対応状況をみるかぎり、職員はマニフェストの達成に向けて真摯に取り組んでいると評価できるが、なお**目標達成が難しいと思われる場合には、政策目標の実現のための方策を思い切って見直すことも考えるべき**である。

○**マニフェストの目標達成状況あるいは県の対応状況を測るためのデータや資料の工夫を求めたい。**既成の統計データだけでは事業の進捗度や成果が十分に説明できない場合には、新たに指標を開発してデータを収集すべきである。新規のデータ収集にはコストがかかるかもしれないが、県民に対する説明責任という観点から積極的に取り組んでほしい。

○県の事業にどれだけの費用（コスト）が投下され、どれだけの成果があったのかという「効率性」に関する説明が県側から十分になされていない。効率性の測定は、マニフェスト進捗評価と直接関連するものではないが、行政のマネジメント・サイクルを機能させるうえで不可欠である（次項参照）。委員会としては、**不断の政策評価活動を通じて、職員の間に行政コストに対する意識が高まることを期待**する。

(2) マネジメント・サイクルの確立

○「行政コスト」の把握は、事業の効率性を測定し、より少ない資源でより多くの成果を生み出すためのマネジメントの基礎となるものであり、**行政は「行政コスト」を政策の企画立案や政策評価のプロセスに取り込み、政策の質的向上を図る必要がある。**この Plan（計画）－Do（実施）－See（評価）のマネジメント・サイクルは、マニフェストの達成だけでなく、すべての県の政策や事業について確立が求められるものである。

○マネジメント・サイクルの柱となるのが政策評価である。県は平成 15 年度から「政策評価」に取り組み、18 年度からは 3,500 に及ぶ事業の点検を行っている。しかし、県の「政策評価」の内容は、重要な政策や事業の成果を継続的に評価するものではなく、事業1本1本の継続の可否を評価することに視点が置かれており、マネジメントを意識したものとはなっていない。

○政策評価は、アウトカム（成果）の達成にあたり、インプット（投入量）とアウトプット（産　出量）を適切に使用しているかどうかを、成果指標等を用いてチェックするとともに、発見された課題を政策形成に結び付け、いっそうの改善を図るために行うものである。そして達成すべき目標を明確に設定し、その達成に向けて改善と工夫の作業を継続することで、コスト指向、成果指向、顧客指向へと行政を変革するものである。

○マニフェストを踏まえた戦略プロジェクトにおいて、目標が具体的に設定されたことで、目標達成に向けた取り組みが促されたという経験を踏まえて、**今後は県の全ての事業に対して明確なアウトカム（あるいはアウトプット）の目標を設定し、マネジメント・サイクルを確立していくこと**を求めたい。

(3) 県職員の意識改革と行動変化

○委員会では、4年間の進捗状況を総括するにあたって、マニフェストが県職員の意識に与えた変化を把握する必要があると考え、県庁の幹部クラス（部長級）及び管理監督者クラス（課長級及び班長級）296 名を対象にアンケート調査を実施した（回答は 145 名・回答率 48.9%）。

○このアンケート結果から次のような結果を得ることができた。

①回答者のうち7割が「職務の中でマニフェストの内容をしばしば意識している」と回答しているように、少なくとも管理監督者クラスではマニフェストは相当に意識されている。一方、部下たちの認識度については、「多くの職員が意識している」と「半数以上の職員が意識している」をあわせても4割であり、一般職員の間ではさほど意識されていないとみている。

②マニフェストによる県行政の変化については、約８割の職員が「変化した」と回答している。どういう面で変化したかについては、知事のリーダーシップの強化、政策形成機能の強化、　県民の県政への関心の高まり・県民との対話の促進、成果主義の発想の浸透、議会と執行機関の政策論争の活性化について効果があったという認識であった。一方、一般職員の自主性・自発性の発揮やコスト意識の浸透についてはあまり効果がなかったという結果であった（以上につき**表４**参照）。

③マニフェストの導入が県の行政にもたらした影響について、具体的に記述してもらったところ、「よくなったこと」として、目標・方針の明確化、知事の方針・考えの明確化、目標管理等の効果、を指摘する意見が多かった。これに対して、「悪くなったこと」としては、数値目標・成果主義の行き過ぎ、他の施策・事業の軽視、長期的な取組みの軽視、を指摘する意見が多かった。自由記載の回答には貴重な指摘が多かった。

○以上の結果を総合的にみると、**マニフェストは確実に県の行政に変化をもたらしているといえる。知事のリーダーシップのもとで、政策形成機能の強化が図られるとともに、マニフェストの実現をつうじて県民との対話が促進された。県職員の意識としても、成果主義の発想が浸透し、スピードを意識した行政運営が心がけられるようになっている。**

○一方で、**一般職員の自主性や自発性の発揮やコスト意識については、十分な効果をあげているとはいえない**状況にある。今後も組織の体質改善に向けた取り組みが求められている。

表４　マニフェストによる県行政への効果（事項別）

	知事のリーダーシップの強化	部長・課長のリーダーシップの強化	一般職員の自主性・自発性の発揮	政策形成機能の強化	「成果主義」の発想の浸透	「コスト意識」の浸透	議会と執行機関の政策論争の活性化	県民の県政への関心の高まり等
①大いに効果あった	32(22.1%)	6(4.1%)	3(2.1%)	12(8.3%)	15(10.3%)	9(6.2%)	22(15.2%)	9(6.2%)
②ある程度効果あった	90(62.1%)	83(57.2%)	59(40.7%)	96(66.2%)	81(55.9%)	65(44.8%)	73(50.3%)	94(64.8%)
③効果なかった	7(4.8%)	27(18.6%)	45(31.0%)	14(9.7%)	26(17.9%)	40(27.6%)	35(24.1%)	17(11.7%)
④わからない	0(　0%)	29(20.0%)	38(26.2%)	23(15.9%)	23(15.9%)	30(20.7%)	15(10.3%)	25(17.2%)
NA	0(　0%)	0(　0%)	0(　0%)	0(　0%)	0(　0%)	1(0.7%)	0(　0%)	0(　0%)
合　計	145(100%)	145(100%)	145(100%)	145(100%)	145(100%)	145(100%)	145(100%)	145(100%)

(「問６：マニフェストの導入によって、県の仕事の進め方や組織運営において次のような効果があったと思いますか」に対する回答の集計)

【備　考】

○この評価結果報告書は、近日中に下記のホームページに掲載し、広く県民に公表します。

松沢しげふみ公式ホームページ:www.matsuzawa.com/

連絡先：松沢マニフェスト進捗評価委員会事務局
（松沢しげふみ事務所内）
電話 045-650-1717、FAX045-681-1888

参考資料

松沢マニフェスト政策別評価結果（最終評価）

政　策	目標達成	行政対応	評価理由の概要
Ⅰ　地域主権			
1　税財源移譲	B（B）	4段階（4）	税収増は目標を達成したが、三位一体改革はこれから正念場
2　首都圏連合	↑B（C）	↑4段階（3）	「首都圏連合フォーラム」の開催は一歩前進と評価した
3　道州制	↑B（C）	3段階（2）	県の研究会が最終報告を提出。今後の取り組みに期待したい
Ⅱ　県政改革			
4　情報公開	B（B）	4段階（4）	行政機関の情報公開は進展。議会政務調査費等の公開が不十分
5　自治基本条例	↑B（D）	4段階（4）	多選禁止条例は否決されるも2度提案。自治基本条例はあと一歩
6　ＮＰＯ支援	B（B）	4段階（4）	NPO 数は倍増するも人口当たりでは 16 位。人口多いため達成困難
7　ﾊﾟｰﾄﾅｰｼｯﾌﾟ	↑A（B）	↑5段階（4）	協働指針制定。NPO との提案・共同事業は目標以上に実施
8　ﾁｬﾚﾝｼﾞ市町村	↑A（B）	↑5段階（4）	チャレンジ制度の創設実現し、市町村への権限移譲が着実に進捗
9　職員削減等	↑A（B）	↑5段階（4）	指定管理者制度で費用節減。出先機関・三セク削減も目標達成
10　人件費削減等	↑A（B）	↑5段階（4）	人件費節減は目標以上。行政職員削減・警察官増員も達成見込み
11　県庁ﾜｰｸｼｪｱ	↑A（B）	↑5段階（4）	行政補助員等を累計 854 人雇用し、不況期の雇用の受け皿に
12　県庁ﾍﾞﾝﾁｬｰ	A（A）	5段階（5）	累計 22 件の職員提案を事業化。FA 制度等の活性化手法も導入
13　入札改革	↑A（C）	5段階（5）	条件付一般競争入札導入し落札率低下。年度内完全実施を見込む
14　民間人登用	A（A）	5段階（5）	民間人材8名採用。民間の経営手法・アイディア導入で変化の兆し
Ⅲ　経済再生			
15　京浜臨海部	↑B（C）	4段階（4）	臨海部再生への取組みが加速化。新産業の創出と集積も現実化
16　新産業育成	↑B（C）	↑5段階（4）	トップが海外企業の誘致を陣頭指揮。創業支援も本格的に稼動中
17　中小企業等	A（A）	↑5段階（4）	3年連続して目標を達成。市民起業の創出支援も本格化する状況
18　ツーリズム	B（B）	↑5段階（4）	3年間で目標の5割超の成果。8都県市の広域連携事業にも着手
Ⅳ　教育再生			
19　不登校対策	D（D）	4段階（4）	支援体制を鋭意整備中だが、不登校生徒の増加に歯止めかからず
20　県立高校改革	↑A（B）	4段階（4）	目標達成が確実。特色ある高校の今後の実施計画策定にも期待
21　ｺﾐｭﾆﾃｨ・ｶﾚｯｼﾞ	↑C（D）	↑3段階（2）	県民ｾﾝﾀｰ事業で NPO の人材育成を開始。目標 3 校の 1/3 を実現
22　英語学習	↑C（D）	4段階（4）	TOEIC 等の団体受験増加。成果指標の目標設定へと踏み出す好機
Ⅴ　環境を守る			
23　水源の森林	↑A（B）	↑5段階（4）	水源の森林づくり事業は面積的には目標をほぼ達成した
24　都市の自然	B（B）	↑5段階（4）	都市公園面積は目標に近づいたが、全国順位は8位のまま
25　森林環境税	A（A）	↑5段階（4）	法定外目的税ではないが、水源環境税の創設は達成した
26　リサイクル	↓C（B）	4段階（4）	リサイクル率は向上したが、産廃の県内処理は進んでいない
Ⅵ　暮らしを守る			
27　子育て支援	↑B（C）	4段階（4）	保育所定員数は増加。待機者数も減少したがゼロには至らず
28　児童虐待対策	C（C）	5段階（5）	防止体制は整えられつつあるが、相談件数の減少につながらず
29　高齢者介護	↑B（C）	4段階（4）	特養床数は増加。今後は実質的な待機者数の減少を目標に
30　医療人材	B（B）	2段階（2）	看護職員数増加は目標を大幅に下回る。PT・OTは抜本的対策を
31　救急医療体制	C（C）	4段階（4）	搬送時間が延びている原因を分析し「救命率向上」の評価指標を
32　男女共同参画	B（B）	↑5段階（4）	「男女平等と感じる人の割合」は計画目標達成、但し H16 より低下
33　住基ネット	B（B）	4段階（4）	個人情報保護の対応は図られたが、制度の見直しはならず
34　地震防災対策	A（A）	5段階（5）	年 20 億円規模の市町村支援、広域応援体制、活断層調査を実現
35　犯罪対策	B（B）	↑5段階（4）	検挙率は大幅に向上したが、マニフェストの目標（50%）には至らず
36　暴走族条例	A（A）	5段階（5）	「暴走族等の追放の促進に関する条例」を H16 年4月より施行
37　米軍基地対策	B（B）	↑5段階（4）	米軍基地が1カ所返還。米高官との会談など積極的に対応

※　（　）内は昨年（平成 17 年度末）の評価結果を示す。

資料編　マニフェスト進捗に関する評価方法について

－平成１８年度末の評価（総括評価）－

平成18年11月26日委員会決定

1　基本的方針

(1) マニフェスト進捗の点検・評価については、政策別（37本）の点検・評価を基本とし、これを総合して、政策分野別及び全体の点検・評価を行うものとする。
(2) 政策別の点検・評価にあたっては、成果を重視し、「目標実現状況（目標達成度）」を基本とする。定量的な把握が難しい場合でも、目標実現の状況を定性的に評価するものとする。
(3) 上記のほか、目標実現のための「行政対応状況（対応段階区分）」についても点検・評価を行うものとし、２本立ての評価とする。
(4) 県の総合計画等の決定においてマニフェストの政策内容（特に目標）とは異なる内容を定めた場合においても、マニフェストの当初の政策内容に照らして点検・評価を行うものとする。
(5) 点検・評価の結果については、県民にわかりやすいものとなるよう、ランク区分等の工夫を行うものとする。
(6) 今年度の評価は４年間の総括評価であるが、任期満了後に評価したのでは県民の「選択」の参考にならないため、平成18年12月末の時点で評価を行うものとする。評価結果の公表にあたっては、その意味で完全な総括評価ではないことを明示する。

2　点検・評価の情報

(1) 関係資料

【目標達成度に関する資料】
- 県政策課からの提供資料（総括的資料）
- 県担当部局からの提供資料（政策別資料）
- 公刊された社会統計資料（数値目標に関係するデータ）

【対応状況に関する資料】
- 総合計画等への反映状況に関する資料
- 予算への反映状況に関する資料

(2) 追加ヒアリング、質疑応答
- 必要により分野別のヒアリング調査、文書による照会を行う。

3　点検・評価の方法

【全体の流れ】

①政策内容の確認　～各政策(37本)の目標等を確認し、類型別に整理
↓
②目標達成の把握　～資料に基づき、各政策の目標達成の状況を把握
↓
③対応状況の把握　～資料に基づき、各政策に関する県の対応状況を把握
↓
④政策別の評価　～各政策について目標達成状況と対応状況を評価（ランク区分）
↓
⑤分野別の評価　～６分野別に目標達成状況と対応状況を評価（ランク区分の数等）
↓
⑥全体の評価　～上記結果を総合して、全体の進捗状況を評価（ランク区分の数等）

【具体的な手順】

(1)　政策内容の確認

①政策の「目標」については、マニフェストの記載のうち、原則として【主文】【目標】【期限】に記載された内容をもとに把握する（【方法】【財源】の内容はあくまでその手段として把握する）。
②ひとつの政策について複数の目標が掲げられている場合は、主たる目標を基本とし、その他の目標を従たるものとして把握する。

③政策については、1)目標がアウトカム指標（成果指標）を掲げるものか、アウトプット指標（結果指標）を掲げるものかという視点と、2)目標を維持するのに継続的な対応を要するものか否かという視点によって、**表1**の５つの区分に分けて把握する。

④さらに、既存の取組みを拡充・発展させるものか、新規の取組みを行うものかについても、把握する。
→これらにより、目標達成状況等の把握に違いが生じる。

表１　政策のタイプ

政策の区分	内容の説明
第１タイプ 【アウトカム・継続型】	アウトカム指標を掲げる政策で、目標を維持するには継続的な対応を要するもの
第２タイプ 【アウトカム・完結型】	アウトカム指標を掲げる政策で、一度達成できれば基本的にその状態が継続するもの
第３タイプ 【アウトプット・継続型】	アウトプット指標を掲げる政策で、目標を維持するには継続的な対応を要するもの
第４タイプ 【アウトプット・完結型】	アウトプット指標を掲げる政策で、一度達成できれば基本的にその状態が継続するもの
第５タイプ 【制度改革型／A型、B型】	制度改革等を目標とする政策（制度の創設または改正を目標とし、一度達成できれば基本的にその状態が継続するもの） Ａ型＝県だけで実行可能な改革 Ｂ型＝県だけでは実行できない改革

※アウトプットとは、政策の実施の結果として提供されたサービス等の結果を指し、アウトカムとは、そうしたサービス等によって地域社会にもたらされた影響（成果）を指す。

(2)　目標達成状況の把握

①県側の報告・提供資料により、各政策（37本）の目標達成の状況を把握する。

②数値目標を掲げた場合（定量的な把握が可能な場合）は、当該指標の最新データを把握する。

③数値目標を掲げていない場合（定性的な把握が必要な場合）は、それぞれの目標に照らして最新状況を把握する。

④　目標達成のためのデータがない場合は、これに代替できるデータを把握し、これもない場合は「達成度把握不能（ＮＡ）」と判断する。

(3)　行政対応状況の把握

①各政策について、県の対応状況（インプット）を把握する。把握にあたっては、事務事業の実施状況、研究・検討の状況、関係機関への働きかけ等を把握する。

②行政対応状況の評価にあたっては、総合計画等の行政計画への反映、予算への反映、検討会議等の状況についても把握する。

※　(2)及び(3)の状況把握は、①県側の説明、②県からの提供資料、③ヒアリング調査、④文書での照会によって行う。

(4)　政策別の評価（１）－目標達成状況

①政策別の評価については、まず目標達成の度合いについて評価を行う。評価にあたっては、**表２**の基準によって行う。

②「アウトカム型」の政策については、地域社会に生じた影響（成果）の程度について、政策目標を10割とした場合の達成の程度について評価する。「アウトプット型」の政策については、行政のサービス等の向上（結果）の程度について、政策目標を10割とした場合の達成の程度について評価する。

③「継続型」の政策については、途中から達成度が低下することもあるため、最新のデータ等を確認して達成の程度を評価する。「完結型」または「制度改革型」の政策については、原則として１度達成すれば達成度が低下することはないため、事実関係に変化がないか否かを検討すれば足りるものとする。

④「既存の取組みの拡充・発展」に属する政策については、既存の取組みの成果が現れて目標を達成す

ることもあるため、その原因に留意する。

⑤目標を達成した場合でも、県の対応によるものではないことが明らかである場合（県は対応していない、または県の対応とは因果関係がない場合）は、達成度はDまたは NA とする（県が対応していない場合または県の対応が適切でない場合はD、それ以外の場合はNA)。

⑥今年度の評価は４年間の総括評価であるが、平成 18 年 12 月末時点の状況及びその時点で入手できたデータ・情報によって評価するものとする。

★残りの任期内（19 年４月 22 日まで）に達成することが確実または予定されている場合に、その点をどのように評価するか。

→原則として 12 月末時点で達成している内容によって評価するが、任期内に達成が「確実」と認められる場合は評価に含める（ただし、その旨を付記する。なお、不確実な場合は、評価には含めず、そうした「可能性」があることを付記する)。

（例：職員数の削減＝退職者と採用者が確定しているため４月１日に削減されることは確実。２月議会で議決する＝あくまで予定であり確実とはいえない）

表２　目標達成状況の区分

区　分	達　成　の　程　度
A	目標を達成またはほぼ達成（概ね８割以上）
B	目標のある程度の割合を達成（概ね５～８割未満）
C	目標の一部を達成（概ね２割～５割未満）
D	ほとんど実績が表れていないか、または逆に低下している（概ね２割未満）
NA (not available)	評価不能（データがないため、達成度を把握できない場合など）

参考図　目標達成度のイメージ

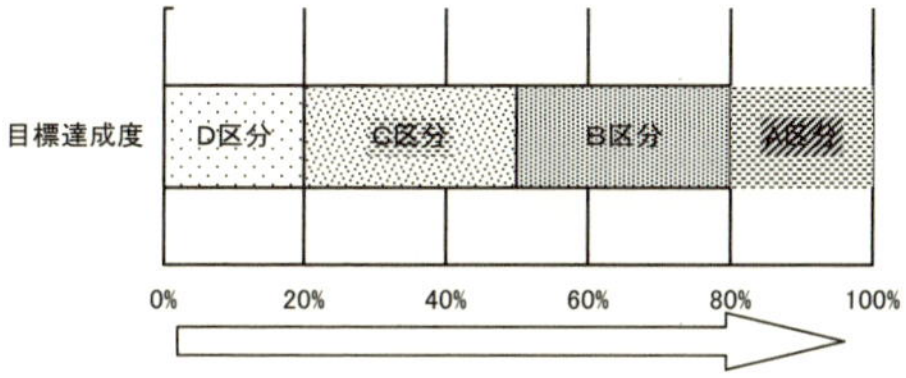

(5) 政策別の評価（２）－行政対応状況（段階区分）

①政策別の行政対応状況については、未着手の段階から完了段階までの５つの段階に区分して、現在どの段階にあるかについて評価する方法（段階区分方式）を採用するものとする。評価にあたっては、概ね表３の基準によるものとし、適用することが難しい場合には、個別に基準を補足して評価するものとする。

②政策目標が達成された場合でも、県の対応と関係なく達成されることもありうるため（地方への税源委譲、新規求人数の増加など)、行政対応状況の評価は独立して行う。

③行政対応状況を把握するため、「アウトカム型」の政策については、県の対応についてインプット（行政上の措置）とアウトプット（措置の結果として生じたサービス等の向上）について評価し、「アウトプット型」の政策については、県の対応のうちインプット（行政上の措置）について評価する。

④「継続型」の政策については、一度目標を実現しても継続的な努力が必要であり、通常、事業が「完了」することは考えられないため、原則として最終年（４年目）に「第５段階」に達するものと解する。（言い換えれば、継続型の場合は「第４段階」の幅が広く、十分な対応が行われている場合もここに含まれることに注意する必要がある。）

⑤「既存の取組みの拡充・発展」に属する政策については、既存の取組みと比較してどれだけ拡充・発展したかによって評価する。すなわち、既存の取組みと同程度にとどまっている場合は、原則として

第１段階（未着手）と評価する

⑥県が総合計画等の決定にあたり、マニフェストの目標等を変更した場合には、その変更が適切であるか否かを評価し、その結果を付記する。ただし、この評価は、目標達成状況及び行政対応状況の評価には反映させない（あくまでマニフェストに即して評価する）。

⑦今年度の評価は４年間の総括評価であるが、平成 18 年 12 月末の時点の状況及びその時点で確認できたデータ・情報によって評価するものとする。

★残りの任期内（19 年 4 月 22 日まで）に対応することが確実または予定されている場合に、どのように評価するか。

→原則として 12 月末時点で対応した内容によって評価するが、任期内に対応することが「確実」と認められる場合は評価に含める（ただし、その旨を付記する。なお、不確実な場合は、評価には含めず、そうした「可能性」があることを付記する）。

（例：１月にシンポジウムを開催する予定であり、かつ公表済み＝確実。来年度予算に計上する予定＝あくまで予定であり確実とはいえない）

表３　段階区分の基準

段階区分	**新規の取組みの場合**	**既存取組み拡充の場合**
第１段階（未着手・未改善）	未着手	既存の継続（未拡充）
第２段階（方針決定・検討）	方針決定、制度・事業の検討	拡充の検討
第３段階（準備・事業化）	制度化・事業化の作業	拡充の準備（予算化等）
第４段階（実施中）	制度決定、事業実施	拡充後の事業実施
第５段階（完了・終了）	制度施行、事業の完了・終了	事業の完了・終了

(6) 分野別の評価

①上記の政策別の評価をもとに、各政策分野（パート）別の評価を行う。評価は目標達成状況と行政対応状況に分けて行うものとし、文章で当該分野の評価の概要（特徴、課題等）を記載するものとする。

②達成度等を数値化する「評点方式」はとらず、単純にランク区分の数によって集計する方法によるものとする（A評価が３件、B評価が４件、C評価が５件…など）。

(7) 全体の評価

①上記の分野別の評価をもとに、全体の評価を行う。評価は、目標達成度と行政対応度に分けて文章で記載するとともに、総合的にみて、マニフェストの進捗を評価するとともに、今後必要な取組みや留意事項について記載するものとする。

②達成度等を数値化する「評点方式」はとらず、単純にランク区分の数によって集計する方法を採用するものとする（A評価が５件、B評価が１０件、C評価が５件…など）。

③今年度は、４年間の総括評価であるが、評価は平成 18 年 12 月末時点の状況・情報をもとに行ったものであること、したがって、残された任期内（平成 19 年４月 22 日まで）にさらに進捗する可能性があること、この時点で入手できないデータ等については評価に含まれていないことを明示するものとする。

(8) 点検・評価作業の様式

①政策別の点検・評価については、項目・方法等の共通化を図るため、別に定める「政策別点検評価表」により行う。

②政策分野別の点検・評価についても、同様に「政策分野別点検評価表」により行う。

4　評価結果の活用について

①　評価結果や今後の取り組みに関する県民に関心を持ってもらうため、評価結果のＨＰ掲載、記者発表等のほか、シンポジウム等における発表等の機会を持つよう努める。

②　評価結果報告書においては、今後の県政の取り組みに反映させるため、必要により、評価結果とは別に、「委員会からの提言」等を記載するなどの工夫を行う。

以上

【別紙】平成18年度評価作業の具体的進め方

1．委員の担当分野等について

①評価作業は、学識委員が分担して政策別・分野別の「評価案」を作成し、県民委員の意見を踏まえて委員会で結論を得るものとする。

②学識委員の分担については、次のとおりとする。
石田委員については、分野を限定せず、コスト管理の観点から意見をとりまとめ、報告書に反映させる。

分野区分	学識委員	（コスト評価）	県民委員
Ⅰ　地域主権	小池委員	石田 ※全体を通じてコスト管理の観点から意見をとりまとめ、報告書に盛り込む。	各自、選択した分野・政策について意見を提出するとともに、全体評価について意見を提出する。
Ⅱ　県政改革	伊藤委員		
Ⅲ　経済再生	桑原委員		
Ⅳ　教育再生	桑原委員		
Ⅴ　環境を守る	小池委員		
Ⅵ　暮らしを守る	和田委員		

○県民委員については、関心のある分野（または政策）を選択して意見を提出することとする。学識委員は、この意見を踏まえて「評価結果案」（文章部分を含む）を作成する。

2．評価作業のスケジュール〔記録〕

月　日	作　業　課　題
11月26日（日）	**第1回委員会**（進捗状況の把握、評価方法の協議等）
12/4AM, PM, 12/7 AM, 13AM, 28AM	**県（企画部）へのヒアリング調査**（分野別、半日×5回）
～この間	学識委員：評価案の作成、県民委員：意見の提出
12月17日（日）	**第2回委員会（政策別**評価案の説明、検討）
～この間	学識委員：評価案の修正、委員長等：全体評価案の作成
1月17日（土）	**第3回委員会**（政策別評価結果の確定、全体評価の検討・決定）
～この間	評価結果報告書の記載の修正、資料等の整備
1月17日（水）	**知事への評価報告書の提出**、記者等への発表、ＨＰへの掲載
2月　一日（一）	知事、「自己評価」結果の公表

資料4　　松沢マニフェスト進捗評価委員会運営要綱

（趣旨）

第1条　この要綱は、松沢マニフェスト進捗評価委員会（以下「委員会」という。）の設置及び運営に関し必要な事項を定めるものとする。

（目的）

第2条　この委員会は、松沢成文神奈川県知事（以下「知事」という。）の委嘱に基づき、次の事項を目的として運営するものとする。

① 松沢知事が選挙時に掲げたマニフェスト（政権公約）の進捗状況を点検・評価し、今後の県政運営に反映させること。

② 評価結果及び基礎とした情報を全面的に公開することにより、県政に対する県民自身の評価や参加をサポートすること。

③ 以上の取組みを通じて、マニフェストに基づく新しい行政運営のあり方を提案すること。

（設置期間）

第3条　委員会の設置期間は、平成16年3月6日から平成19年4月22日までとする。

（委員）

第4条　委員会は、知事が委嘱した学識委員（概ね5名）及び県民委員（概ね6名）によって構成する。

(2) 学識委員は学識者をもって充て、県民委員は県民からの公募によって選考された者をもって充てる。

(3) 県民委員の募集は別に定める要領に基づいて知事が実施し、応募者が多数にのぼった場合は、知事及び学識委員が協議して選考する。

(4) 委員は、委員会の運営及び議事に参加し、かつ議決に加わる。

(5) 学識委員は報酬及び費用弁償を受け、県民委員は費用弁償を受けるものとする。

(6) 委員の任期は2か年度とし、委嘱のつどその範囲内で知事が定める。

（特別委員）

第5条　マニフェストの研究交流その他必要があると認める場合は、委員会に特別委員を置くことができる。

(2) 特別委員は、委員の意見を聴いて知事が委嘱する。

(3) 特別委員は、委員会の議事に参加し、意見を述べることができる。

(4) 特別委員の任期は、委嘱のつど知事が定める。

（組織）

第6条　委員会に委員長及び副委員長を置く。

(2) 委員長及び副委員長は、委員の中から委員の互選によりこれを定める。

(3) 委員長は、委員会を招集し、その議事を統括する。

(4) 副委員長は、委員長を補佐し、委員長に事故があるときはその職務を代行する。

（運営）

第7条　委員会は、知事等からの説明と資料提出を受け、これに基づいてマニフェストの進捗に関して点検・評価を行う。

(2) 委員会は、点検・評価に当たっては、必要な情報を公開したうえで広く県民の意見を募集し、これを参考にするものとする。

(3) 委員会は、毎年度末から新年度５月までに報告書をとりまとめ、知事に提出するとともに、　県民に公表するものとする。
(4) 委員会の審議は公開とし、報道機関の傍聴を認めるものとする。なお、委員会が特に必要があると認める場合は、その他の者の傍聴を認めるものとする。

（関係者の出席等）
第８条　委員会は、必要があると認める場合は、県職員その他の関係者に出席を要請するものとする。

（庶務）
第９条　委員会の庶務は、委員会事務局において行う。

附　則
この要綱は、平成 16 年 3 月 6 日から施行する。
この要綱は、平成 18 年 4 月 15 日から施行する。

【参考】松沢マニフェスト進捗評価委員会 委員（平成 15～16 年度末）

委員

氏名	所属・肩書	専門分野	出欠
秋本　福雄	九州大学大学院教授	都市計画論	○
伊藤修一郎	筑波大学大学院教授	行政学、政策過程論	○
桑原　英明	中京大学総合政策学部教授	行政学、政策評価論	○
小池　　治	横浜国立大学大学院教授	行政学、政策過程論	○
和田　明子	東北公益文科大学助教授	行政学、政策評価論	○

（50 音順、敬称略）

県民委員

氏名	住所	職業等	出欠
伊藤　信吾	相模原市	弁護士	×
大津　定博	鎌倉市	会社員	○
小澤　久雄	茅ヶ崎市	公務員	○
北條　智彦	川崎市	大学生	○
長谷川朝惠	横浜市	ＮＰＯ役員	○
牟田口雄彦	横浜市	団体役員	○

（50 音順、敬称略）

松沢マニフェスト進捗評価委員会 委員一覧（平成17～18年度）

委員

氏名	所属・肩書	専門分野
石田　晴美	文教大学専任講師	公会計
伊藤修一郎	筑波大学教授	行政学、政策過程論
桑原　英明	中京大学教授	日本行政論、行政評価論
小池　　治	横浜国立大学大学院教授	行政学
和田　明子	東北公益文科大学助教授	行政学・行政経営論

（50音順、敬称略）

県民委員

氏名	住所	職業等
荒井　宏一	横浜市	大学生
大塚　敬	横浜市	会社員
島岡　稔	鎌倉市	元会社員
西本恭仁子	大和市	大学院生
長谷川朝惠	横浜市	ＮＰＯ役員
三荒　弘道	平塚市	僧侶

（50音順、敬称略）

特別委員

氏名	住所	職業等
金《キム》　在容《ジェヨン》	横浜市	留学生、大学院生
河《ハ》　東賢《ドンヒョン》	藤沢市	留学生、大学院生
李《リ》　洪千《ホンチョン》	藤沢市	留学生、大学院生

（50音順、敬省略）

ローカル・マニフェスト評価研究報告書

—松沢成文神奈川県知事マニフェスト——平成１５～１８(2003～2006)年度—

はじめに

本報告書は、特定非営利活動法人　自治創造コンソーシアム「ローカル・マニフェスト評価研究委員会」（以下、委員会と呼ぶ。）による松沢成文神奈川県知事マニフェスト（平成１５から１８年度の４年間の任期全体）に対する評価研究の報告である。

委員会の目的は、「①ローカル・マニフェストの内容、実施状況、達成度などを評価し、公表することを通じて、マニフェスト提起者（政治家）と有権者・市民との間のコミュニケーションを促進すること、②公募による評価研究委員に、マニフェストの評価とともに、マニフェストの成り立ち、意義、作成方法を研究することにより、委員自身がマニフェストを作成することのできる能力を身に付け、今後、各地域において、市民によるマニフェスト評価や市民参加によるマニフェスト作成などを促進する人材となること、③これらを通じて、マニフェスト・システムの浸透と進化を促進し、市民自治に基づく政策中心の地方政治、地方行政の促進に寄与する」ことにある。

委員会では2004年の第１回委員会より松沢成文神奈川県知事マニフェストを評価研究対象とさせていただき、マニフェストの進捗評価、すなわち、マニフェストに掲げられた政策の達成度合いを中心に評価していくための評価枠組み・技術を高めていくことに継続して取り組んできた。このほか、第２期には坂口こうじ西東京市長マニフェスト、第３期には中島興世恵庭市長マニフェストに関して、「マニフェスト自体の出来栄え」に関する評価を実施した。評価研究体制に関しては、これまでに学識者による委嘱委員が５名、公募研究委員は延べ37名（第１期13名、第２期６名、第３期９名、第４期９名）で、あわせて約40名がこの評価に参加してきた。

ところで、マニフェストを掲げて当選した知事の任期満了は、そのマニフェストのサイクルが完了する節目の時期である。委員会では、松沢成文神奈川県知事の任期満了を目前に控えた時点において、任期全体を通しての進捗評価を行うべく、第４期委員会は2006年12月から2007年１月の間、委嘱委員３名に加え、公募研究委員として９名の研究委員（次頁参照）が参加し、「市民によるローカル・マニフェスト評価」の実践を積み重ねるべく、公募研究員が中心となって評価活動を実施した。

自治創造コンソーシアムでは、当委員会で実施してきた市民参加型での評価活動を基盤とした市民レベルでのマニフェスト・サイクルの推進は、政策中心の政治・行政、市民主体の政治・行政を形成していくうえで、重要な活動であると考えている。こうした活動の輪が、各地に広がっていくことを願っている。私どものささやかな活動の試みから得られた情報やノウハウは、積極的に公開し、各地でのマニフェストの評価及び作成に活かしていただきたいと思う。評価結果はもとより、評価活動やフォーラムの記録なども自治創造コンソーシアムのホームページ（http://www.jichi.org/）においてご覧いただくことができるようにしてある。多数の方々に活用していただければ幸いである。また、ご批判、コメントをいただき、さらに深化させていきたい。

なお、これまでと同様に、公募研究員は、ボランティアである以上に、参加費や交通費等を自らご負担をいただいての参加であり、その熱意とご尽力に対して、深く敬意を表するものです。

最後となり恐縮ですが、この委員会の活動に対して、積極的な情報提供をいただいた松沢成文神奈川県知事をはじめ、神奈川県庁の関係各部局及び職員の皆様、そして、松沢知事が政治家・個人の立場から第三者機関として設置された松沢マニフェスト進捗評価委員会（小池 治委員長）の皆様には、心より感謝を申し上げる次第です。

２００７年２月１日

特定非営利活動法人　自治創造コンソーシアム
ローカル・マニフェスト評価研究委員会
委員長　廣瀬　克哉（法政大学法学部教授）

1　自治創造コンソーシアム「ローカル・マニフェスト評価研究委員会」実施体制

①委嘱研究委員
　○廣瀬　克哉：法政大学法学部教授（※委員長）
　○牛山久仁彦：明治大学政治経済学部教授
　○西尾　真治：三菱ＵＦＪリサーチ&コンサルティング主任研究員／早稲田大学マニフェスト研究所客員研究員
②公募研究委員
　○伊藤ひろえ：米子市議会議員
　○小島実和子：（社）海老名青年会議所
　○河　東賢　：慶應義塾大学政策メディア研究科（後期博士課程）
　○箕輪允智　：（株）日本能率協会総合研究所
　○丸田昭輝　：（株）テクノバ
　○原　誠一　：島根県農林水産部農林水産総務課
　○相川元晴　：日本未来リーグ
　○須崎真悟　：株式会社ＮＴＴデータ 第三公共システム事業本部
　○井桁永介　：早稲田大学大学院公共経営研究科（修士課程）
③アドバイザー：礒崎初仁（中央大学法学部教授）
④事務局
　○長野　基　：跡見学園女子大学マネジメント学部専任講師
　○井上　良一：自治創造コンソーシアム事務局長

2　評価の基準と方法

（1）評価の基準

○マニフェスト評価の基本項目として、以下の３項目を設定している。

①マニフェスト自体の評価（20／100 点）

マニフェスト自体が、候補者の政策を、有権者の立場からみて具体的に判断しうるものかどうか、あるいは政策間に矛盾が無いかなど、検証可能な信頼できる約束としてのマニフェストの完成度を図る視点である。

②マニフェストに掲げた政策の進捗評価（60／100 点）

進捗評価は大きく分けると、マニフェストの推進体制の評価と、個々の政策項目の進捗度の評価によって構成されている。前者は、マニフェスト全体として、行政計画にいかに反映させ、その推進体制をどの程度整えているかなど及び政治家としてのリーダーシップのあり方などについて、総体で評価する視点。（25 点）後者は、個別の政策ごとに、その進捗の度合いと取組みの段階、情報公開、市民・NPO の参加度などを、個々に評価する視点（全体では平均化した）。（35 点）

③マニフェスト・サイクルの評価（20／100 点）

マニフェストの評価への取組み、その結果をどのように生かしていかをマネジメント・サイクルの考え方に立って評価する視点。
○特に、当委員会の特徴としては、市民自治の観点を重視するという立場から、作成・実施・評価の各段階において、「情報公開の度合い」及び「市民・NPO 等との協働の度合い」を評価の対象としている。

（２）評価実施内容

○任期４年のわずかを残すだけとなった 2006 年 11 月時点(一部、実現が確定的であるものは任期中となる４月時点を含む)での政策の進捗状況（「②マニフェストに掲げた政策の進捗評価」）と、前年度の評価結果に基づく政策の改善への取組みの状況（「③マニフェスト・サイクルの評価」）について評価研究を実施した。なお、、「マニフェスト自体の評価」については、すでに初年度における第１期の評価により当委員会としての評価結果は確定されているため、作業を省略し、第１期の評価結果をそのまま掲載した。

（３）評価の方法

○松沢成文神奈川県知事からいただいたコメント（文書）、松沢成文オフィシャルホームページ、松沢マニフェスト進捗評価委員会の進捗評価結果報告書、神奈川県から提供いただいた資料、神奈川県庁へのヒアリング、神奈川県のホームページなどの情報に基づいて評価を実施した。
○評価作業全体を通じて、公募委員の評価意見をベースとして協議を行い、委員会全体として評価を実施した。特に、政策別の評価に当たっては、公募委員がそれぞれの政策を分担し、複数名の委員による評価意見を基礎として委員会で評価結果を取りまとめた。
○当委員会では、「評点方式」による評価を採用した。これは、市民・有権者から見て分かりやすい評価を心掛けたことと、今後、他のローカル・マニフェストの評価結果との比較を可能とするためである。

３　松沢成文神奈川県知事マニフェスト評価結果

（１）全体の評価結果

総合評価

○全体としては 80 点／100 点の評価結果であり、概ね良好な達成状況であると評価できる。

マニフェスト自体の評価

○マニフェストに期待される具体性とビジョン性はともに高い水準で満たしていると評価できる。また、マニフェストの公開提供方法も法的制約がある中で最大限の努力がなされたと評価できる。ただし、政策の体系性にはやや欠ける部分が見られ、提示されたビジョンが各政策にどのように落とし込まれるのか、関係性が見えにくい面がある。そして、時間的制約があったため無理からぬことあるが、作成過程への市民参加度は低かったと言わざるを得ない。

マニフェストに掲げた個別の政策の進捗評価

○個別政策の進捗評価結果を平均した得点は、35 点満点中で 24.6 点であった。100 点満点に換算すると 70 点という結果である。また、政策別にみるとそれぞれの得点にはばらつきがある。35 点満点中、30 点以上が８政策、25 点から 30 点が８政策で、両者を加えると 43%を占めている。20 点から 25 点までの政策が 16 政策で同じく 43%と

なる。20点に満たない政策が5政策あり、14%であった。得点があがらなかった政策でも「取組み段階」は高いものの、成果が出ていないという政策もみられた。

○評価項目のうち、目標達成度では15点満点で10.2点と2/3の達成度であった。取組み段階では10点満点の8.2点で、おおむね実施段階から制度完成（条例施行）や事業完了へ進みつつある段階にあるという結果になった。情報公開度は5点満点の3.5点で、平均的取組みよりはやや積極的に取り組まれたという評価である。市民参加・協働度は5点満点の2.6点であり、これは政策の検討もしくは実施の段階、あるいはその両方において、各政策は2つ以上の何らかの市民参加・協働のための取組みを行いながら実施されてきたという評価を意味する。

○より詳細に見ると、実施状況を示す「取組み段階」の評価が高く、10点満点中7点以上の政策が92%となっている。一方、成果（アウトカム）を示す「目標達成度」では15点満点中11点以上の高得点をあげている政策の割合は41%であり、さらに、6点から10点とある程度の政策の達成度を示す政策が49%であり、両者を併せると90%の政策で一定の進捗がみられたと評価できる。「取組み段階」の高得点と達成度を比べると両者の間に開きがあったが、これは政策の取組みは進められているものの、成果はまだ十分にあがっていない政策があることを示すが、一般に政策に取り組んでからその効果が出るまでには一定の時間を要することは踏まえておく必要がある。また、一部には、「取組み段階」の評価は高いものの、「目標達成度」の得点が高くないものがある。取組みは進められているものの、期待するようには成果が出ていないということであり、取組み方法の見直しなどが求められている。任期中にはマニフェスト・サイクルの実効性が問われる政策事例であり、任期満了時には「次のマニフェスト」の課題として確認することが大切である。

○総得点の変化を見ると、得点の高い政策の割合が着実に増加している。平成18年度には35点満点中21点以上の政策が約8割を占め、なかでも31点以上の高得点をあげる政策が14%（5政策）に拡大した。一方、10点以下の政策はゼロとなった。

平均点でみると、「目標達成度」は平成15年度から18年度にかけて2倍強に増加し、「取組み段階」も平成15年度から18年度にかけて2倍弱に増加した。

○個別の政策の進捗度、取組み度合いの変化を見ると、35点満点中で、平成15年度の14.9点、16年度の19.0点、17年度の21.8点、そして18年度では24.6点と得点合計は伸びてきた。

○本委員会の評価の特徴である、情報公開度や市民参加の視点からみて、「市民参加・協働度」で4点以上の政策の割合が約3割に達し、とりわけ、5点満点で5点という高い評価の項目が1割を超えたことは注目される。市民参加型の政策運営が重要と位置づけられた領域の政策について、複数の参加チャンネルを設定して重点的に市民参加の取組みがなされていることが読み取れる。その一方で、この領域の得点が1点という政策も散見されるが、「自治基本条例」「英語学習」「高齢者介護」など、より積極的に市民参加・協働の取組みが行われることが期待される政策も含まれている。自治基本条例など取組み段階がまだそれほど進んでいないため得点が低くなっているものもあろうかと思われるが、今後、より積極的な取組みが展開されることを期待したい。

マニフェスト推進体制に関する評価

○就任1年目の段階でほぼ整備され、今日までに政策・施策開発や実施における職員意識への浸透が図られてきている。また、対議会との関係で懸案であった水源環境税問題についても平成17年度時点で条例制定を果たした。また、神奈川県という枠組みを越えた取組みである「道州制」についても、担当大臣がおかれるようになるなど、国レベルでの改革に向けての一定の方向性が打ち出されるに至っている。これらの成果から25点満点の22点の評価結果となった。

マニフェスト・サイクルの評価

○第三者評価である松沢マニフェスト進捗評価委員会の審議過程をマスコミに公開し、平成17年度からは韓国からの研究者の参加を認めるなど、より透明度の高い開かれた評価体制を整えるための取組みが展開されてきている。また、自己評価や第三者評価の内容を検討し、サマーレビューや予算編成作業などで新規あるいは重点的取組みが編成されるなど、行政による政策形成や評価サイクルの中に、マニフェストの目標もしくは新たな政策目標が位置づけられ、進捗状況に照らして見直しや改善を進めるという「マネジメント・サイクル」のシステムが整えられていることが確認された。

○さらに、本委員会による個別政策の評価研究の結果から、前年度まで得点が低かった政策に対して重点的に加点される傾向が確認できた。つまり、前年度までの達成度合いが低い項目に対して、その状況を認識した上で、翌年度に問題点を認識した上で重点的な取組みがなされたことことが読み取れるのである。マニフェストで掲げた政策の進捗状況を評価した上で、政策運営を見直す「マニフェスト・サイクル」が機能していると評価できる。こうした点から20点満点で18点の評価結果となった。

（２）評価結果概要（平成１８年度）

	評価の基本項目	説明	配点	評価結果 H18	H17	H16	H15
①マニフェスト自体の評価			20	15	15	15	15
1	具体性	目標・期限・実現方法（工程）・財源など、形式というよりは、有権者に分かりやすく具体的な政策イメージが描けるか（わかりやすさ）	4	4	4	4	4
2	ビジョン、基本方針	将来の地域や社会の有り様などのビジョンが提示されているか。（目標設定の妥当性）	4	4	4	4	4
3	政策の一貫性・体系性	マニフェストの中で、ビジョン、基本方針、政策が体系化されているか、相互に矛盾する内容が無定見に盛り込まれていないかどうか。（無矛盾性、体系性）	2	2	2	2	2
4	マニフェスト作成への市民参加	策定過程において市民の政策提案を組み込むプロセスを持っているか（プロセスの透明性）	1	1	1	1	1
5	マニフェストの公開提供方法	選挙までの間における市民へのマニフェストの配布、周知の工夫	4	4	4	4	4
②マニフェストに掲げた政策の進捗評価			60	47	43	40	36
1	各政策ごとの目標達成度（客観評価）	目標値に対する実現度、定性的なものについては達成度合い。アウトカム（効果）を重視するが、当面はアウトプット（政策実施状況）で測る（※平均値）	15	10	9	7	5
2	各政策ごとの取組み段階（客観評価）	研究、実施検討、計画策定、施策化、予算化、実施などの各段階を測る（※平均値）	10	8	7	6	5
3	各政策ごとの情報公開度（客観評価）	政策形成過程、審議過程などの情報公開の度合いを測る（※平均値）	5	4	3	3	3
4	各政策ごとの市民参加・協働度（客観評価）	審議会への市民委員・公募委員の参加、パブリックインボルブメント（市民の参画）の状況などの度合いを測る（※平均値）	5	3	2	2	2
	（以下は、マニフェストの全体に対する評価として実施）						
5	マニフェストの行政計画等への取り込み	マニフェストの政策を行政計画に反映しているか。あるいはマニフェストに沿って行政計画を修正・変更などしているか。	5	4	4	4	4
6	マニフェスト実行の体制作りについて	マニフェストの実行を担保するために、新たな組織、ポスト、会議等を新設したり、旧来の組織や会議等の改革を図ったか。	5	4	4	4	4
7	政策実現に向けた適応力	状況の変化に対して、的確な判断のもとに政策実現に向け、手続きも含めて柔軟な適応力を持って進めているか。その場合の情報提供、説明責任を果たしているか（なし崩しの対応でないか）	5	5	5	5	5
8	首長としての意欲・努力・リーダーシップの度合い（主観評価）	意欲、努力、リーダーシップについて、対職員、対市町村、対議会、対社会などとの関係において、その度合いを測る	10	9	9	9	8
③マニフェスト・サイクルの評価			20	18	18	18	17
1	マニフェストの評価への取組み	自己評価、第三者評価などの実施状況	5	5	5	5	5
2	評価情報の公開・提供	評価のための基礎となる情報、評価結果情報の公開・提供の状況	5	5	5	5	5
3	評価活動への市民参加・協働	評価活動そのものへの市民参加機会の状況	5	4	4	4	4
4	評価結果に基づく改善（PDCAの実施）	評価結果を次の政策形成・実施に生かしているかの状況	5	4	4	4	3
評価結果（合計）			100	80	76	73	68

注）37 政策ごとの評価得点の平均を算出するに当たってはNA項目（後述）を除外して計算し、小数点以下を四捨五入している。

<中略>

（5）マニフェスト・サイクルの評価

マニフェスト・サイクルの評価では第三者評価委員会をマスコミに公開し、平成 17 年度からは韓国からの研究者の参加を認めるなど、より透明度の高い開かれた評価体制を整えるための取組みが展開されてきている。また、自己評価や第三者評価の内容を検討し、サマーレビューや予算編成作業などで新規あるいは重点的取組みが編成されるなど、行政の評価サイクルの中でマニフェストの目標などが位置づけられ、進捗状況に照らして見直しと改善を行うシステムが整えられていることが確認された。後述の個別政策の評価からは前年度までの得点の低い政策において大きな得点の伸びが確認された。つまり、前年度までの達成度合いが低い項目に対して、その状況を認識した上で、翌年度に問題点を認識した上で重点的な取組みがなされたことが読み取れるのである。こうしたことから 20 点満点中 18 点の評価結果となった。

③マニフェスト・サイクルの評価			15〜18年度・4年間	
評価の基本項目		配点	得点	理由
1	マニフェストの評価への取組み	5	5	自己評価と知事個人が委嘱した委員会による進捗状況評価を実施している。進捗評価委員会はマスコミに公開され、加えて、特別委員として海外（韓国）からも研究者の参加を認められている。また、当委員会の評価活動に対して担当職員による説明実施など、外部からの評価活動へも協力的であった。
2	評価情報の公開・提供	5	5	マニフェストの行政総合計画への反映状況、進捗状況評価委員会の評価内容そして自己評価など、評価活動に関連するほぼ全ての情報がマスコミ発表やインターネット上を通じて公開されている。また、著書や国内での各趣旨シンポジウムでの積極的発言に加えて、海外（韓国）マスコミへの発信も積極的に応じている。
3	評価活動への市民参加・協働	5	4	外部評価委員会への公募（県民）委員参加、マニフェスト推進に関するパブリックコメントの実施など積極的に取り組まれている。
4	評価結果に基づく改善（PDCAの実施）	5	4	自己評価や第三者評価の内容を検討し、サマーレビューや予算編成作業などで新規あるいは重点的取組みが編成されるなど、行政の評価サイクルの中でマニフェストの目標が位置づけられ、改善を行おうとされている。
評価得点小計		20	18	

<中略>

5）前年度の得点と翌年度の加点の関係

前年度の得点の低い政策と、翌年度の加点の高い政策を比較した。結果、平成 15 年度の得点の低い政策と、16 年度の加点の高い政策を比較すると、15 年度に NA であった 6 政策のうち 3 政策が、16 年度に上位の加点となっているのをはじめとして、得点の低い政策に対する取り組みを翌年度重点化する傾向がみられた（図 5-1）。

平成 16 年度の得点の低い政策と、17 年度の加点の高い政策の比較では、さらに相関関係が明確化している。16 年度に NA であった 3 政策は、全て 17 年度に 10 点以上の加点となる対応がなされ、NA の政策は 17 年度で解消された（図 5-2）。

最終年度の平成 18 年度においても、前年度までに得点の低い政策に対して重点的に加点される傾向が引き続いてみられる。17 年度のワースト 4 位までの政策に大きな加点があり、18 年度にはすべての政策が 15 点以上になった。（図 5-3）。

つまり、前年度までの達成度合いが低い項目に対して、その状況を認識した上で、翌年度に問題点を認識した上で重点的な取組みがなされたことことが読み取れるのである。マニフェストで掲げた政策の進捗状況を評価した上で、政策運営を見直す「マニフェスト・サイクル」が機能していると評価できる。

図 5-1：平成 15 年度→16 年度加点関係

H15・得点ワースト上位			
順位	No.	政策名	得点
1	5	自治基本条例	NA
1	8	ﾁｬﾚﾝｼﾞ市町村	NA
1	21	ｺﾐｭﾆﾃｨ・ｶﾚｯｼﾞ	NA
1	22	英語学習	NA
1	30	医療人材	NA
1	35	犯罪対策	NA
7	3	道州制	9
7	4	情報公開	9
7	13	入札改革	9
7	19	不登校対策	9
7	27	子育て支援	9
12	6	NPO支援	10
13	17	中小企業等	11
13	28	児童虐待対策	11
13	31	救急医療体制	11
13	37	米軍基地対策	11
17	2	首都圏連合	12
17	29	高齢者介護	12

H16・加点ベスト上位			
順位	No.	政策名	加点
1	35	犯罪対策	20
2	30	医療人材	19
3	17	中小企業等	18
4	4	情報公開	12
5	6	NPO支援	11
6	28	児童虐待対策	10
7	8	ﾁｬﾚﾝｼﾞ市町村	9
7	9	民営化・行政改革	9
9	7	ﾊﾟｰﾄﾅｰｼｯﾌﾟ	8
10	1	税財源移譲	7
10	16	新産業育成	7
12	3	道州制	6
12	32	男女共同参画	6
14	10	人件費削減等	5
14	14	民間人登用	5
14	27	子育て支援	5
14	29	高齢者介護	5

H15・得点ワースト上位			
順位	No.	政策名	得点
1	5	自治基本条例	NA
1	8	ﾁｬﾚﾝｼﾞ市町村	NA
1	21	ｺﾐｭﾆﾃｨ・ｶﾚｯｼﾞ	NA
1	22	英語学習	NA
1	30	医療人材	NA
1	35	犯罪対策	NA
7	3	道州制	9
7	4	情報公開	9
7	13	入札改革	9
7	19	学校改革	9
7	27	保育所整備	9
12	6	NPO法人数	10
13	17	市民起業	11
13	28	児童虐待	11
13	31	救急医療	11
13	37	基地縮小	11
17	2	首都圏連合	12
17	29	高齢者介護	12

H16・加点ベスト上位			
順位	No.	政策名	加点
1	35	犯罪対策	20
2	30	医療人材	19
3	17	市民起業	18
4	4	情報公開	12
5	6	NPO法人数	11
6	28	児童虐待	10
7	8	ﾁｬﾚﾝｼﾞ市町村	9
7	9	民営化等	9
9	7	NPO協働	8
10	1	税源委譲	7
10	16	新産業育成	7
12	3	道州制	6
12	32	男女共同	6
14	10	人件費削減等	5
14	14	民間人登用	5
14	27	保育所整備	5
14	29	高齢者介護	5

図 5-2：平成 16 年度→17 年度加点関係

H16・得点ワースト上位			
順位	No.	政策名	得点
1	5	自治基本条例	NA
1	21	ｺﾐｭﾆﾃｨ・ｶﾚｯｼﾞ	NA
1	22	英語学習	NA
4	8	ﾁｬﾚﾝｼﾞ市町村	9
4	13	入札改革	9
6	31	救急医療体制	11
7	19	不登校対策	12
8	37	米軍基地対策	13
9	18	ツーリズム	14
9	26	リサイクル	14
9	27	子育て支援	14
12	3	道州制	15
13	2	首都圏連合	16
13	25	森林環境税	16
15	11	県庁ﾜｰｸｼｪｱ	17
15	15	京浜臨海部	17
15	29	高齢者介護	17

H17・加点ベスト上位			
順位	No.	政策名	加点
1	22	英語学習	17
2	25	森林環境税	15
3	21	ｺﾐｭﾆﾃｨ・ｶﾚｯｼﾞ	12
4	5	自治基本条例	10
5	31	救急医療体制	10
6	26	リサイクル	8
6	35	犯罪対策	8
8	18	ツーリズム	7
9	8	ﾁｬﾚﾝｼﾞ市町村	6
10	13	入札改革	5
10	14	民間人登用	5
10	24	都市の自然	5
13	10	人件費削減等	4
13	17	中小企業等	4
13	20	県立高校改革	4
13	23	水源の森林	4
13	27	子育て支援	4

H16・得点ワースト上位			
順位	No.	政策名	得点
1	5	自治基本条例	NA
1	21	ｺﾐｭﾆﾃｨ・ｶﾚｯｼﾞ	NA
1	22	英語学習	NA
4	8	ﾁｬﾚﾝｼﾞ市町村	9
4	13	入札改革	9
6	31	救急医療	11
7	19	学校改革	12
8	37	基地縮小	13
9	18	ツーリズム	14
9	26	リサイクル	14
9	27	保育所整備	14
12	3	道州制	15
13	2	首都圏連合	16
13	25	森林環境税	16
15	11	県庁ﾜｰｸｼｪｱ	17
15	15	京浜臨海部	17
15	29	高齢者介護	17

H17・加点ベスト上位			
順位	No.	政策名	加点
1	22	英語学習	17
2	25	森林環境税	15
3	21	ｺﾐｭﾆﾃｨ・ｶﾚｯｼﾞ	12
4	5	自治基本条例	10
5	31	救急医療	10
6	26	リサイクル	8
6	35	犯罪対策	8
8	18	ツーリズム	7
9	8	ﾁｬﾚﾝｼﾞ市町村	6
10	13	入札改革	5
10	14	民間人登用	5
10	24	都市の自然	5
13	10	人件費削減等	4
13	17	市民起業	4
13	20	県立高校改革	4
13	23	水源の森林	4
13	27	保育所整備	4

図 5-3：平成 17 年度→18 年度加点関係

H17・得点ワースト上位			
順位	No.	政策名	得点
1	5	自治基本条例	10
2	21	ｺﾐｭﾆﾃｨ・ｶﾚｯｼ	12
3	13	入札改革	14
4	8	ﾁｬﾚﾝｼﾞ市町村	15
4	19	不登校対策	15
6	3	道州制	16
6	37	米軍基地対策	16
8	22	英語学習	17
9	2	首都圏連合	18
9	15	京浜臨海部	18
9	27	子育て支援	18
9	29	高齢者介護	18
13	30	医療人材	19
14	11	県庁ﾜｰｸｼｪｱ	20
14	33	住基ネット	20
16	18	ツーリズム	21
16	31	救急医療体制	21

H18・加点ベスト上位			
順位	No.	政策名	加点
1	3	道州制	10
2	13	入札改革	7
3	20	県立高校改革	6
3	23	水源の森林	6
3	24	都市の自然	6
6	5	自治基本条例	5
6	7	ﾊﾟｰﾄﾅｰｼｯﾌﾟ	5
6	8	ﾁｬﾚﾝｼﾞ市町村	5
6	11	県庁ﾜｰｸｼｪｱ	5
6	27	子育て支援	5
6	29	高齢者介護	5
12	9	職員削減等	4
13	2	首都圏連合	3
13	21	ｺﾐｭﾆﾃｨ・ｶﾚｯｼﾞ	3
13	22	英語学習	3
13	34	地震防災対策	3

H17・得点ワースト上位			
順位	No.	政策名	得点
1	5	自治基本条例	10
2	21	ｺﾐｭﾆﾃｨ・ｶﾚｯｼﾞ	12
3	13	入札改革	14
4	8	ﾁｬﾚﾝｼﾞ市町村	15
4	19	不登校対策	15
6	3	道州制	16
6	37	米軍基地対策	16
8	22	英語学習	17
9	2	首都圏連合	18
9	15	京浜臨海部	18
9	27	子育て支援	18
9	29	高齢者介護	18
13	30	医療人材	19
14	11	県庁ﾜｰｸｼｪｱ	20
14	33	住基ネット	20
16	18	ツーリズム	21
16	31	救急医療体制	21

H18・加点ベスト上位			
順位	No.	政策名	加点
1	3	道州制	10
2	13	入札改革	7
3	20	県立高校改革	6
3	23	水源の森林	6
3	24	都市の自然	6
6	5	自治基本条例	5
6	7	ﾊﾟｰﾄﾅｰｼｯﾌﾟ	5
6	8	ﾁｬﾚﾝｼﾞ市町村	5
6	11	県庁ﾜｰｸｼｪｱ	5
6	27	子育て支援	5
6	29	高齢者介護	5
12	9	民営化・行政改革	4
13	2	首都圏連合	3
13	21	ｺﾐｭﾆﾃｨ・ｶﾚｯｼﾞ	3
13	22	英語学習	3
13	34	地震防災対策	3

注：「道州制」については、第４期委員会において評価の考え方に関して見直しの議論があり、これまでは「道州制の実現」そのものに対する達成度をもとに評価していたが、「道州制への道筋をつけること」に対する達成度をもとに評価することに変更することとした。これは県としての取組みを評価するという考え方に立った変更であり、それが得点の伸びに反映されている。

参考文献

◆雑誌・論文

「首長多選禁止を条例化せよ」『中央公論』1990 年３月号　松沢成文　中央公論社

「神奈川維新への挑戦」『ＶＯＩＣＥ』2003 年３月号　松沢成文　PHP 研究所

「真の地方分権を実現させるには改憲が不可欠だ」『中央公論』2004 年 12 月号　松沢成文　中央公論社

「三位一体改革は一から出直せ」『ＶＯＩＣＥ』2005 年７月号　松沢成文　PHP 研究所

「道州制は国・地方を通じた究極の構造改革だ」『中央公論』2006 年５月号　松沢成文　中央公論社

「知事の不祥事はこうして防ぐ〜権力に歯止めをかける首長の多選禁止条例を」『ＶＯＩＣＥ』2007 年４月号　松沢成文　PHP 研究所

「多選禁止は条例で行うべし」『都市問題』2007 年９月号　松沢成文　東京市政調査会

◆書籍

『ローカル・マニフェストー政治への信頼回復をめざしてー』四日市大学地域政策研究所（ローカル・マニフェスト研究会）イマジン出版　2003 年

『マニフェストー新しい政治の潮流ー』金井辰樹　光文社新書　2003 年 10 月

『ローカル・マニフェストによる地方のガバナンス改革』ＵＦＪ総合研究所国土・地域政策部　ぎょうせい　2004 年７月

『知事と補佐官〜長洲神奈川県政の 20 年』久保孝雄　敬文堂　2006 年６月

『現地現場主義〜対話から政策へ』松沢成文　ぎょうせい　2006 年６月

『マニフェスト革命』北川正恭　ぎょうせい　2006 年 11 月

関連ウェブサイト

松沢しげふみ公式サイト(松沢マニフェスト進捗評価委員会評価結果及び自己評価を含む)
http://www.matsuzawa.com/
松沢しげふみ神奈川力宣言
http://www.matsuzawa.com/kanagawa/
松沢しげふみのマニフェスト 2003「神奈川力宣言」
http://www.matsuzawa.com/kanagawa/k_power/k_power.htm
松沢しげふみのマニフェスト(19) 2007「神奈川力宣言」
http://www.matsuzawa.com/pdf/2007.pdf
松沢マニフェスト進捗評価委員会評価結果(平成 15 年度)
http://www.matsuzawa.com/kanagawa/h15m_01.htm
マニフェスト自己評価の結果(平成 15 年度)
http://www.matsuzawa.com/kanagawa/h15m.htm
マニフェスト推進の現状と私の考え方について(2004 年(平成 16 年)5 月 31 日)
http://www.matsuzawa.com/kanagawa/h15m_03.htm
神奈川県
http://www.pref.kanagawa.jp/
「神奈川力構想・プロジェクト 51」(「政策宣言(マニフェスト)に掲げられた政策(施策案)の新総合計画等への反映状況について」を含む)(平成 16 年 3 月)
http://www.pref.kanagawa.jp/osirase/seityo/0415HP/hyoushi.htm
「神奈川力構想」(平成 19 年 7 月)
http://www.pref.kanagawa.jp/osirase/01/0102/sougou/sougou/kanagawaryoku/index.html
行政システム改革の中期方針(平成 16 年 3 月)
http://www.pref.kanagawa.jp/gyoukaku/tyuki-houshin/houshin/zenbun.pdf
行政システム改革基本方針(平成 19 年 7 月)
http://www.pref.kanagawa.jp/gyoukaku/gyoukakukihonhoshin.pdf
地域主権実現のための中期方針(平成 16 年 3 月)
http://www.pref.kanagawa.jp/osirase/01/0111/torikumi/honbun.pdf
地域主権実現のための基本方針(平成 19 年 7 月)
http://www.pref.kanagawa.jp/osirase/01/0111/torikumi/kihon/kihon.pdf
部局長マニフェスト一覧表
http://www.pref.kanagawa.jp/osirase/seityo/sengen/seisakusengen.html
早稲田大学マニフェスト研究所
http://www.maniken.jp/
自治創造コンソーシアム「ローカル・マニフェスト評価研究報告書」
http://www.jichi.org/home/01/index.htm
新しい日本をつくる国民会議(21 世紀臨調)「マニフェスト年表」
http://www.secj.jp/mani_chronology.htm
マニフェスト大賞
http://www.local-manifesto.jp/manifestoaward/

松沢神奈川県政及びマニフェスト年表

※マニフェストの動向に関しては、新しい日本をつくる国民会議(21世紀臨調)の許諾を受け、ホームページに掲載されている「マニフェスト年表」を参照し　て作成した。

【平成15年(2003年)1月～12月】

年　月	県政の動向	国政等の動向	松沢知事及びマニフェストの動向
平成15年1月			・シンポジウム三重で、北川正恭三重県知事がマニフェスト導入を提唱
2月			・松沢氏が神奈川県知事選挙出馬宣宣言 ・主要政策「ＴＲＹ10(トライテン)」発表。県民からの意見募集を呼び掛け
3月	・第15回統一地方選挙(県知事選挙)告示		・マニフェスト「神奈川力宣言」発表
4月	・第15回統一地方選挙(県知事選挙)投開票 ・松沢知事就任	・日本郵政公社発足 ・厚労省がＳＡＲＳを新感染症に認定	・第15回統一地方選挙(知事)で14名の候補者がマニフェストを公表(このうち6名当選)。松沢氏、知事に当選。
5月	・特別職の期末手当削減を発表(知事70％減額)	・健康増進法施行 ・個人情報保護関連5法成立	
6月	・知事交際費を全面公開 ・「京浜臨海部再生会議」設置 ・「21世紀の県政を考える懇談会」(経営戦略会議)設置	・経済財政諮問会議「骨太の方針2003」で三位一体改革の方針決定 ・有事関連三法成立	
7月	・「地方自治法第98条に基づく松沢知事の選挙及び政治活動に関する検査特別委員会」設置 ・知事と職員の意見交換会スタート		・政権公約(マニフェスト)推進議員連盟が発足

8月	・住基ネットのセキュリティ対策を国に要望		
9月	・「真鶴町湯河原町合併協議会(任意)」設置	・自民党総裁選で小泉総裁勝利 ・民主党と自由党が合併	・21世紀臨調「政権公約(マニフェスト)の導入にむけた公職選挙法改正に関する緊急提言」公表
10月	・1都3県でディーゼル自動車運行規制開始・県地方税制等研究会が「生活環境税制のあり方に関する報告書」を答申 ・「水源環境保全施策と税制措置を考える県民集会」開催(〜H 16年1月) ・「新アジェンダ21かながわ」採択 ・職員提案事業を採択 ・県立高校の学区撤廃方針決定		・公職選挙法改正案が衆議院本会議で可決、政党の政権公約を記載した冊子の配布が可能に
11月	・「知事と語ろう！神奈川ふれあいミーティング」スタート ・推進本部を設置し、安全安心のまちづくり本格スタート ・八都県市首脳会議で首都圏連合構想を提案	・衆議院選挙で民主党躍進 ・イラクで日本人外交官2名殺害	・第43回衆議院議員総選挙(第3回並立制総選挙で憲政史上初のマニフェスト総選挙)
12月	・羽田空港再拡張事業で国と県、横浜市、川崎市が地元負担を正式合意 ・「暴走族等の追放の促進に関する条例」成立	・政府与党が道路4公団の民営化決定	

【平成 16 年（2004 年）1 月～ 12 月】

年　月	県政の動向	国政等の動向	松沢知事及びマニフェストの動向
平成 16 年 1 月	・所属長等の庁内公募実施 ・「食の安全・安心県民会議」設置	・鳥インフルエンザ、国内で 79 年ぶりに発生	
2 月	・「神奈川口構想」について国との協議開始	・陸自派遣本隊第一陣がイラクのサマワで支援活動開始	・松沢マニフェスト進捗評価委員会の県民委員を公募
3 月	・「特別職の秘書の職の指定等に関する条例」否決 ・総合計画「神奈川力構想・プロジェクト 51」策定 ・「行政システム改革の基本方針」策定 ・「地域主権実現のための中期方針」策定 ・「相模原・津久井地域合併協議会（任意）」設置	・第 28 次地方制度調査会発足（小泉首相が道州制導入を諮問）	・松沢マニフェスト進捗評価委員会がスタート
4 月	・「くらし安全指導員」発足 ・次世代育成担当部長設置 ・「かながわ若者就職支援センター」開設		・松沢マニフェスト進捗評価委員会が平成 15 年度のマニフェスト進捗評価結果を松沢知事に提出 ・松沢知事が第 1 回マニフェスト自己評価を公表
5 月	・98 条委員会が審査終了 ・県議会で知事に対する問責決議案可決	・国民年金未加入問題で民主党菅代表辞任。新代表に岡田氏就任 ・小泉首相 2 度目の訪朝。拉致被害者家族 5 人が帰国 ・イラクで日本人フリー記者 2 人殺害	・21 世紀臨調主催で「政権公約（マニフェスト）検証第 1 回大会」開催。
6 月	・「移動知事室」スタート ・「広域自治制度研究会」設置 ・福祉サービス第三者評価の推進組織（かながわ福祉サービス第三者評価推進機構）設立 ・知事、副知事交際費の執行状況をホームページで公開	・国民保護法制等有事関連 7 法成立 ・道路 4 公団民営化法成立 ・年金改革法成立（保険料率の引上げと給付水準の引下げ）	

7月	・県立病院でセカンドオピニオン制度開始	・参院選で自民党敗北	・第20回参議院議員通常選挙(自民49、民主50、公明11、共産4、社民2、無所属5)
8月	・県提案型協働事業採択	・アテネ五輪で史上最多の金メダル16個獲得 ・関西電力美浜原発の蒸気噴出事故(5人死亡) ・米軍ヘリが沖縄国際大学に墜落	
9月	・「真鶴町湯河原町合併協議会(任意)」廃止		・早稲田大学マニフェスト研究所が「第1回ローカル・マニフェスト検証大会」開催。岩手県、埼玉県、神奈川県、佐賀県の各県知事が出席し、検証評価を実施
10月	・台風第22号、23号が神奈川県を直撃、死傷者や住宅被害 ・議員提案による「県行政に係る基本的な計画を議会の議決事件として定める条例」成立 ・「インベスト神奈川」策定	・新潟県中越地震(死者40人)	
11月	・「NPO等との協働推進指針」策定	・ブッシュ米大統領再選	・早稲田大学マニフェスト研究所が「ローカル・マニフェスト推進大会」開催。杉並区長、大和市長、多治見市長、枚方市長等が出席し、検証評価を実施
12月	・水源環境保全・再生の基本計画案と税制措置公表 ・「神奈川力構想・地域計画」策定 ・「犯罪のない安全・安心まちづくり推進条例」成立 ・「三位一体改革推進法」の制定を全国知事会で提案	・インド洋津波(死者12万3000人)	

【平成17年(2005年)1月～12月】

年　月	県政の動向	国政等の動向	松沢知事及びマニフェストの動向
平成17年1月	・学区撤廃による県立高校入学試験実施		
2月	・「公私立高等学校設置者会議」設置	・京都議定書発効 ・中部国際空港開港	・北川正恭氏の呼び掛けで、松沢知事も発起人となってローカル・マニフェスト推進首長連盟が発足。同時に、ローカル・マニフェスト推進ネットワークも発足
3月	・「青少年保護育成条例」改正(青少年の深夜外出抑止、有害図書類の区分陳列等) ・「財政健全化への基本方策」策定 ・「かながわぐるみ・子ども家庭応援プラン」策定 ・「がんへの挑戦・10か年戦略」策定	・愛知万博開幕	
4月	・衛生部と福祉部の統合(保健福祉部)、病院事業庁設置 ・公共施設の管理運営に「指定管理者制度」導入 ・「ウイークリー知事現場訪問」スタート ・「かながわ子ども虐待ナイトライン」スタート	・ＪＲ宝塚線脱線事故(死者107人) ・ペイオフ解禁 ・個人情報保護法施行 ・次世代育成支援対策推進法施行	・ローカル・マニフェスト推進首長連盟が総会を開催。松沢知事も参加し、講演
6月	・マイアジェンダ個人登録促進キャンペーン(もったいないバージョン)実施 ・全国で初めてゲームソフトを有害図書類に指定	・「クールビズ」スタート ・アスベスト健康被害が社会問題化 ・食育基本法成立 ・介護保険法の一部改正成立	・松沢マニフェスト進捗評価委員会が、第2回のマニフェスト進捗評価の結果を松沢知事に提出 ・松沢知事が第2回マニフェスト自己評価を公表 ・関東及びかながわローカル・マニフェスト推進ネットワーク共催で、関東ローカル・マニフェスト推進ネットワーク結成記念フォーラムを開催。松沢知事、中田横浜市長、阿部川崎市長らが参加

7月	・相模原市と津久井町、相模湖町の合併が決定		・全国知事会「政権公約評価特別委員会」が「公職選挙法改正に関する決議」を公表 ・ローカル・マニフェスト推進首長連盟、同地方議員連盟、同ネットワークが合同で「ローカル・マニフェスト型選挙の一層の推進のための公職選挙法改正に関する緊急声明」を公表
8月	・米国メリーランド駐在員事務所オープン	・郵政民営化法案否決。衆院解散	・21世紀臨調主催で「総選挙直前！政権公約(マニフェスト)検証緊急大会」を開催
9月	・「小網代の森」を近郊緑地保全区域に指定	・衆院選挙で自民党圧勝 ・民主党新代表に前原氏就任	・第44回衆議院議員総選挙(自民296、民主113、公明31、共産9、社民7、国民4、日本1、諸派1、無所属18)
10月	・水源環境保全・再生に向けた新たな仕組み(個人県民税の超過課税)が成立 ・「都市農業推進条例」成立 ・県立高校地域貢献デーの実施 ・原子力空母配備を米政府が発表 ・「在日米軍再編の中間報告」を日米両政府が公表	・道路公団民営化スタート ・郵政民営化法成立 ・障害者自立支援法成立 ・高齢者虐待防止法成立 ・第3次小泉内閣発足 ・パキスタン大地震(死者7万人以上)	
11月	・マンション等の構造計算書に偽装発覚 ・「第25回全国豊かな海づくり大会」開催 ・「市町村合併推進審議会」設置	・皇室典範会議が「女性・女系天皇容認」の答申	・ローカル・マニフェスト推進首長連盟、同地方議員連盟、同ネットワークの主催、21世紀臨調、早稲田大学マニフェスト研究所(北川正恭所長)の共催で「第2回・ローカル・マニフェスト検証大会」開催
12月	・「新型インフルエンザ対策行動計画」策定 ・「神奈川県知事の在任の期数に関する条例」否決	・平成17年の人口、初の自然減	

【平成18年(2006年)1月〜12月】

年　月	県政の動向	国政等の動向	松沢知事及びマニフェストの動向
平成18年1月	・横須賀で米兵による殺人事件発生 ・足柄上病院が分娩予約を一時休止(3月再開) ・「マンスリー知事学校訪問」スタート		
2月	・県内施設入所児童が一時帰宅中に虐待死	・石綿被害者救済法成立	・ローカル・マニフェスト首長連盟主催「第2回ローカル・マニフェスト首長連盟総会・研修会」を開催 ・社団法人わが国(ネナラ)の主催、亜州大社会科学研究所、韓国政党学会の共催で「地方選挙と政治発展に関する韓日比較国際学術会議」が韓国ソウルにて開催。松沢成文神奈川県知事、曽根泰教慶大教授、かながわローカル・マニフェスト推進ネットワークメンバーらが参加。
3月	・相模原市と津久井町、相模湖町が合併 ・「なぎさづくり促進協議会」設立		
4月	・新たな入札制度「かながわ方式」スタート ・退職者キャリアバンク設置 ・「県政改革懇話会」設置		
5月	・神奈川県の人口が大阪府を抜いて全国2位に ・「神奈川あいさつ一新運動」スタート ・「神奈川がん臨床研究・情報機構」設立	・日米両政府が在日米軍再編で最終合意 ・ジャワ島中部地震(死者5,700人以上)	・韓国の統一地方選挙の投開票。中央選挙管理委員会が候補者にマニフェストの作成を指導。ほとんどの候補者がマニフェストを作成
6月	・合計特殊出生率(平成17年速報)が過去最低の1.17を記録 ・「高校生ボランティアセンター」オープン ・神奈川県土地開発公社が解散(都道府県初) ・「かながわ環境整備センター」完成	・医療制度改革法成立 ・がん対策基本法成立 ・バリアフリー新法成立 ・自殺対策基本法成立	・松沢マニフェスト進捗評価委員会が、第3回のマニフェスト進捗評価の結果を松沢知事に提出 ・松沢知事が、第3回マニフェスト自己評価を公表

7月	・「かながわの障害福祉グランドデザイン」策定	・日銀がゼロ金利政策解除	
8月	・空母キティホーク後継艦問題で、知事が原子力空母配備は「やむを得ない」と表明	・東京都が2016年夏季オリンピックの国内候補地に決定	
9月	・「神奈川県電気自動車(ＥＶ)普及構想」発表 ・旧吉田茂邸の保存・活用について県立都市公園として整備する方針を表明	・安倍政権発足	
10月	・「景観条例」制定 ・「かながわコミュニティカレッジ」の試行開始 ・「第１回山梨・静岡・神奈川三県サミット」開催 ・「かながわ森林再生50年構想」をアピール	・北朝鮮の核実験実施表明を受け、輸入全面禁止を閣議決定 ・「教育再生会議」設置 ・全国で高校必修科目の履修漏れ発覚	
11月	・「第１回首都圏連合フォーラム」開催 ・学校と警察の情報連携「児童・生徒支援ネットシステム」スタート ・「神奈川東部方面線」が事業化へ ・県市町村合併推進審議会が市町村の組合せ検討の基礎となる6圏域等を答申 ・ｅ－かなネット(インターネット・アンケート)開始	・景気拡大2年10ヶ月、「いざなぎ景気」を超えて戦後最長記録	・かながわローカル・マニフェスト推進ネットワークが「マニフェスト日韓交流フォーラム」を開催。松沢知事、金永来氏(マニフェスト選挙推進本部代表、亜州大学政治外交学科教授が参加 ・ローカル・マニフェスト推進地方議員連盟主催、早大マニフェスト研究所共催、毎日新聞社後援による、「第1回マニフェスト大賞～地方議員の政策コンテスト」の授賞式開催 ・ローカル・マニフェスト推進首長連盟、同地方議員連盟、同ネットワーク等の主催により、「第3回ローカル・マニフェスト検証大会」開催
12月	・県民からの政策提案採択 ・「神奈川県知事の在任の期数に関する条例」否決 ・「青少年喫煙飲酒防止条例」成立	・地方分権改革推進法成立 ・教育基本法を59年ぶりに改正	

【平成19年(2007年)1月～12月】

年　月	県政の動向	国政等の動向	松沢知事及びマニフェストの動向
平成19年 1月	・県立がんセンターの総合整備に着手 ・「シニア・ジョブスタイル・かながわ」オープン	・防衛省発足 ・全国知事会が道州制の基本的考え方を取りまとめ ・国が「道州制ビジョン懇談会」設置	・松沢マニフェスト進捗評価委員会が、第4回(平成15年～19年)のマニフェスト進捗評価の結果を松沢知事に提出
2月	・「県立教育施設再整備10か年計画」(まなびや計画)策定	・宙に浮いた年金記録(5千万件)判明 ・首長選マニフェスト解禁	・松沢知事が、第4回(平成15年～19年)マニフェスト自己評価を松沢成文シンポジウムの「マニフェスト報告会」において発表。その結果を踏まえて、同会場にて知事選挙再選出馬を表明。この日からマニフェスト作成開始 ・政策方針「New TRY10(ニュー・トライ・テン)」を発表。あわせて、県民からの政策提案募集を呼び掛け(3月4日まで募集)
3月	・城山町、藤野町との合併により相模原市と津久井4町との一体化が完了・「子ども・子育て支援推進条例」制定・「丹沢大山自然再生計画」策定・第16回統一地方選挙(県知事選挙)告示	・能登半島地震(死者1人) ・夕張市が財政再建団体に	・松沢知事がマニフェスト県民討論フォーラムを開催 ・先進条例マニフェスト「ローカル・ルール11(イレブン)」を発表 ・「マニフェスト2007神奈川力 全開宣言～神奈川の力で日本を動かす～」を発表 ・神奈川新聞社、TVK(テレビ神奈川)、日本青年会議所神奈川ブロック協議会の主催による公開討論会開催。3名の知事選立候補予定者が参加。生放送で放映・統一地方選挙告示、知事選挙戦がスタート ・日本青年会議所神奈川ブロック協議会の企画による合同個人演説会(公開討論会)開催。(2回)
4月	・水源環境保全・再生の新たな取組みスタート ・第16回統一地方選挙(県知事選挙)投開票・松沢県政2期目スタート		・第16回統一地方選挙(知事選挙)。松沢知事、2期目の当選

5月	・厚木基地で7年振りにＮＬＰ(夜間連続離着陸訓練)実施 ・「学力向上進学重点校」などを指定	・国民投票法成立 ・「アジアゲートウェイ構想」最終報告	
6月	・「安全・安心まちづくりセンター」がオープン ・部局長マニフェストの取り組みスタート		・社団法人ネナラ(わが国)研究所、中央選挙管理委員会、韓国マニフェスト実践本部の主催で、「マニフェストと政策選挙発展方策」国際学術大会がソウルで開催。松沢知事、北川教授、曽根教授、かながわローカル・マニフェスト推進ネットワークメンバーらが参加
7月	・総合計画「神奈川力構想」策定 ・「行政システム改革基本方針」策定 ・「地域主権実現のための基本方針」策定	・参議院選挙で自民党大敗、民主党が第1党に ・新潟県中越沖地震(死者14人)	・21世紀臨調が「第3回政権公約(マニフェスト)検証大会」を開催 ・第21回参議院議員通常選挙(民主60、自民37、公明9、共産3、社民2、国民2、日本1、無所属7)
8月	・「インベスト神奈川」第2ステージスタート ・「かながわ教育ビジョン」策定 ・平成22年「全国植樹祭」の本県開催が正式決定	・安倍改造内閣発足	
9月	・台風第9号が本県を直撃(西湘バイパスの路面崩落、十文字橋の落橋等) ・重度障害者医療費助成など医療費助成制度の見直しを表明	・安倍首相退陣、福田内閣発足	
10月	・「市町村合併推進構想」策定 ・「神奈川県知事の在任の期数に関する条例」成立 ・「神奈川県職員等不祥事防止対策条例」成立 ・キャンプ座間に米陸軍新司令部が発足	・郵政民営化スタート ・福田首相と民主党小沢代表が党首会談	
11月	・周産期の救急受入機関紹介業務を開始	・福田首相と民主党小沢代表が2度目の党首会談 ・民主党小沢代表辞任の意向。その後、撤回。	・第2回マニフェスト大賞受賞式開催。松沢知事が「首長部門グランプリ」を受賞
12月	・「神奈川県立病院あり方検討委員会」が県立病院の一般地方独立行政法人化を報告・議員提案による「商店街活性化条例」成立	・与党税制改正大綱決定(法人事業税の一部譲与税化、ふるさと納税制度、道路特定財源の暫定税率延長等)	・かながわローカル・マニフェスト推進ネットワーク主催で「マニフェスト大賞記念フォーラム」開催。グランプリを受賞した松沢知事と北川正恭審査委員長が基調報告

【平成20年(2008年)１月～３月】

年　月	県政の動向	国政等の動向	松沢知事及びマニフェストの動向
平成20年1月	・クールネッサンス宣言		
2月	・「神奈川県地方分権改革推進会議」設置 ・県立高校における日本史必修化を発表		・第２期松沢マニフェスト進捗評価委員会の県民委員公募
3月	・臨時特例企業税条例違法判決 ・「特別職の秘書の職の指定等に関する条例」成立 ・議員提案による「がん克服条例」成立 ・「政務調査費の交付等に関する条例」改正(収支報告に全ての領収書等証拠書類の写しを添付) ・「青少年保護育成条例」改正(団体表示図書類制度の創設) ・県立病院の一般地方独立行政法人化の方針を表明 ・「原油・原材料等高騰対策本部」設置 ・県議会の政務調査費に関する監査結果 ・横須賀で米兵による殺人事件発生	・「生活者起点で日本を洗濯(選択)する国民連合」発足 ・道路特定財源の暫定税率期限切れ	・「地域・生活者起点で日本を洗濯(選択)する国民連合」(略称：せんたく)と超党派の国会議員有志による「せんたく議員連合」が合同発足会開催。松沢知事も「せんたく」発起人として参加 ・第２期松沢マニフェスト進捗評価委員会発足、第１回委員会開催